红色学府 百年传承

# 上海大學(1922—1927)
# 师生回忆录

本书编委会 编

上海大学出版社
·上海·

图书在版编目(CIP)数据

上海大学（1922—1927）师生回忆录/《上海大学（1922—1927）师生回忆录》编委会编.—上海：上海大学出版社，2021.6
("红色学府　百年传承"丛书)
ISBN 978-7-5671-4277-0

Ⅰ.①上… Ⅱ.①上… Ⅲ.①上海大学—校友—回忆录—1922-1927 Ⅳ.①G649.285.1

中国版本图书馆 CIP 数据核字（2021）第 120580 号

责任编辑　傅玉芳　刘　强
封面设计　柯国富
技术编辑　金　鑫　钱宇坤

上海大学（1922—1927）师生回忆录
本书编委会　编
上海大学出版社出版发行
（上海市上大路99号　邮政编码200444）
（http://www.shupress.cn　发行热线 021-66135112）
出版人　戴骏豪

\*

南京展望文化发展有限公司排版
上海颛辉印刷厂有限公司印刷　各地新华书店经销
开本 710 mm × 1000 mm　1/16　印张 19.75　字数 294千
2021年6月第1版　2021年6月第1次印刷
ISBN 978-7-5671-4277-0/G·3339　定价　60.00元

版权所有　侵权必究
如发现本书有印装质量问题请与印刷厂质量科联系
联系电话：021-57602918

# "红色学府 百年传承"丛书编委会

| | |
|---|---|
| 主　　　任 | 成旦红　刘昌胜 |
| 常务副主任 | 段　勇 |
| 副　主　任 | 龚思怡　欧阳华　吴明红　聂　清 |
| | 汪小帆　苟燕楠　罗宏杰　忻　平 |
| 委　　　员 | （按姓氏笔画为序） |
| | 王远弟　刘长林　刘绍学　许华虎 |
| | 孙伟平　李　坚　李明斌　吴仲钢 |
| | 何小青　沈　艺　张元隆　张文宏 |
| | 张　洁　张勇安　陈志宏　竺　剑 |
| | 金　波　胡大伟　胡申生　秦凯丰 |
| | 徐有威　徐国明　陶飞亚　曹为民 |
| | 曾文彪　褚贵忠　潘守永　戴骏豪 |

# 总序：传承红色基因，办好一流大学

成旦红　刘昌胜

1922年10月23日，在风雨如晦的年代，一所由中国共产党与国民党合作创办的高等学府"上海大学"横空出世。而就在前一年，中国共产党宣告成立，揭开了中国历史的新篇章。如今我们回顾历史，上海大学留下的史迹与中国共产党的发展紧密相连。

《诗经·小雅》有云："鹤鸣于九皋，声闻于野。"20世纪20年代的上海大学，发轫于闸北弄堂，迁播于租界僻巷，校舍简陋湫隘，办学经费拮据，又屡遭反动势力迫害，但在中国共产党和国民党左派以及进步人士的共同努力下，屡仆屡起，不屈不挠，上海大学声誉日隆，红色学府名声不胫而走，吸引四方热血青年奔赴求学。在艰难办学的五年时间里，为中国革命和建设培养出一大批杰出人才，在当时就赢得"文有上大、武有黄埔"之美誉。在波澜壮阔的五年时间里，老上海大学取得的成就值得我们永远记取，老上海大学的办学传统和办学精神值得我们永远继承和发扬光大。

1994年11月，学校党委常委会决定"上海大学成立日期确定为1922年5月27日"。1997年5月，钱伟长老校长在为上大学生作关于"自强不息"校训的报告时指出，"我们学校的历史上，1922年到1927年期间里有过一个上海大学，这是我们党最早建立的一个大学。"他又以李硕勋、何挺颖两位烈士为例讲道："没有他们的牺牲，没有那么多革命志士的奉献，我们上海大学提不出那么响亮的名字，这是我们上海大学的光荣。"

1983年合并组建原上海大学和1994年合并组建新上海大学之时，得到了老上海大学校友及其后代的热烈支持和响应，他们纷纷题词、致信，

祝贺母校"复建""重光";党中央、国务院及上海市委、市政府也殷切希望新上海大学继承和发扬老上海大学的光荣革命传统,时任中共中央总书记的江泽民同志为新上海大学题写了校名,老上海大学校友、后任国家主席的杨尚昆同志题词"继承和发扬上海大学的光荣传统,为祖国的建设培养人才"。

新上海大学自合并组建以来,一直将这所红色学府的"红色基因"视作我们的办学优势之一,将收集、研究老上海大学的历史资料,学习、传承老上海大学的光荣传统作为自己的使命和责任。2014年,学校组织专家编撰出版了《20世纪20年代的上海大学》,这是迄今为止搜集老上海大学资料最为丰富、翔实的一部文献;同年在校园里建立的纪念老上海大学历史的"溯园",如今已成为上海市爱国主义教育基地。

为了更全面地收集老上海大学的档案资料,更深入地研究老上海大学的历史,更有效地继承和发扬老上海大学的光荣传统,我们推出了这套"红色学府 百年传承"丛书,既是为2021年中国共产党100周年光辉诞辰献上一份贺礼,也是对2022年老上海大学诞生100周年的最好纪念,并希望以此揭开新上海大学"双一流"建设的新篇章。

是为简序。

# 前　言

上海大学(1922—1927)办学虽然只有五年不到的时间,但留给上海大学师生的印象和记忆是极其深刻的。这些老师和学生离开上海大学以后,对这所大学记忆犹新,通过回忆和接受访谈,谈到了他们在上海大学教学和学习的方方面面、点点滴滴,从而为我们留下了关于上海大学的回忆和访谈的珍贵文字。

关于上海大学的回忆,现在我们看到的主要有这几个方面:一是在自己人生回忆中的文字,记载了他们在上海大学任教和学习的一段经历,如沈雁冰(茅盾)、郑超麟、丁玲、杨尚昆、张治中、谢雪红、吴云等。二是对上海大学学习生活的专门回忆,如程永言的《回忆上海大学》、胡允恭的《我所知道的上海大学》、薛尚实的《回忆上海大学》、阳翰笙的《谈二十年代的上海大学》等。三是在报章上发表的作品中谈及上海大学,如孔另境的《旧事新谈——怀念革命的摇篮上海大学》,就是1949年发表在《大公报》的。四是对上海大学人物的记述,其中有的是对人生导师的回忆,如杨之华的《熔炉》是对瞿秋白的追忆,而胡允恭的《创办上海大学和传播马克思主义——蔡和森同志革命斗争的一件大事》、孔另境的《瞿秋白》、王一知的《回忆张太雷》、阳翰笙的《张太雷在上海大学》、关中哲的《与杨明轩往来的几件事》等则分别记述了他们对蔡和森、瞿秋白、张太雷、杨明轩等在上海大学任教的印象和怀念;有的是对同学的怀念和评论,如施蛰存的《丁玲的"傲气"》和《怀孔令俊》、李敬泰的《怀念王环心夫妇》等。五是对上海大学经历的事件回忆,如丁敬先的《1925年五卅上海大学学生反帝斗争回忆》、许德良的《五卅运动与上海大学》

等。六是本人的自传，如匡亚明的《我在上海大学的学习生活》就选自国务院学位委员会办公室编《中国社会科学家自述》（上海教育出版社1997年版）。七是对上海大学的片段性的回忆，如陈望道的《关于上海大学》等。

  在关于上海大学的回忆和访谈的文字中，还有两方面值得我们重视的地方，一是在20世纪五六十年代时，上海社会科学院历史研究所为了收集上海工人运动史的资料，曾派出研究人员访谈当时还健在的上海大学学生，形成了一批上海大学学生接受访谈的纪要，这些文字现在都收藏在上海市档案馆。二是在20世纪的80年代，党史研究者王家贵、蔡锡瑶等不辞辛苦，到北京、上海等地寻访曾在上海大学任教或学习过的15位师生，请他们回忆在上海大学的教学生活。这些访谈都整理成访谈纪要，并经过本人审阅。这些文字都编进了上海社会科学院出版社1986年出版的《上海大学（1922—1927）》一书中。以上这两种访谈纪要，都成为我们今天了解上海大学、研究上海大学的第一手珍贵史料。

  关于上海大学师生访谈和回忆的文字，在编纂《20世纪20年代的上海大学》（上海大学出版社2014年版）一书时曾做过一次梳理和汇集，并且增加了一定数量新搜集的篇目。在这次编纂过程中，通过进一步发掘，又增加了十篇左右的新内容，使得这本回忆和访谈的内容更加充实和完善。这些内容的增加，使我们对上海大学办学的了解和认识程度，无论在深度还是在广度方面都有了新的突破。

  上海大学教授胡申生，上海大学出版社编审傅玉芳、编辑刘强组成本书编委会，具体负责本书的编纂工作。

  对上海大学史料的发掘，是一项艰巨的工作。我们相信，随着研究的深入，还会有新的史料被发掘而问世。

  我们目前在上海大学师生回忆录的编纂方面，肯定还存在着疏漏和谬误，欢迎广大读者不吝指教和批评，并欢迎大家提供新的史料和见解，以使上海大学的史料发掘工作和研究水平能更上一层楼。

本书编委会<br>2021年5月

# 凡 例

一、本书收录上海大学(1922—1927)师生回忆和访谈文章65篇。

二、为便于读者查阅,本书所收回忆和访谈文章按作者或受访者姓氏的音序顺序编排。同一作者的回忆或访谈文章,按写作或发表时间编排。

三、对于编入本书的回忆和访谈文章等,均在每篇篇首简要介绍该文作者或受访者、该文写作或发表的时间及该文原载刊物、报纸或图书名称。同一作者或受访者收录多篇文章时只在首篇简要介绍该作者或受访者。

四、对于编入本书的回忆或访谈文章的原文注释作统一处理,即采用脚注的形式并注明"原注";由本书编者增加的注释,一律以脚注的形式注明。

五、对于编入本书的文章,除必要的文字订讹以外,其余一仍其旧。

# 目　录

曹雪松　回忆上海大学　/ 1

陈望道　关于上海大学　/ 3

程永言　回忆上海大学　/ 5

戴介民　回忆上海大学　/ 13

党伯弧　大革命时期陕籍青年在上海大学　/ 17

丁敬先　1925年五卅上海大学学生反帝斗争回忆　/ 23

丁　玲　回忆上海大学　/ 32

丁　郁　五卅时期上海大学点滴　/ 37

高尔柏　回忆上海大学　/ 39

葛克信　回忆上海大学　/ 44

龚兆奎　回忆上海大学　/ 46

关中哲　与杨明轩往来的几件事　/ 48

胡允恭　创办上海大学和传播马克思主义——蔡和森同志革命斗争的一件大事　/ 50

胡允恭　我所知道的上海大学　/ 54

黄玠然　回忆上海大学　/ 66

黄旭初　我在上海大学的一段经历　/ 68

| | | |
|---|---|---|
| 嵇　直 | 我所知道的上海大学的由来 | / 73 |
| 姜长林 | 回忆上海大学 | / 75 |
| 柯柏年 | 回忆上海大学 | / 78 |
| 孔另境 | 旧事新谈——怀念革命的摇篮上海大学 | / 81 |
| 孔另境 | 瞿秋白 | / 84 |
| 匡亚明 | 我在上海大学的学习生活 | / 90 |
| 乐嗣炳 | 回忆上海大学 | / 93 |
| 李锦蓉 | 回忆上海大学 | / 94 |
| 李敬泰 | 怀念王环心夫妇 | / 96 |
| 刘峻山 | 回忆上海大学 | / 97 |
| 刘披云 | 回忆上海大学 | / 100 |
| 刘锡吾 | 有关上海大学的情况 | / 104 |
| 刘锡吾 | 上海大学的性质与作用 | / 106 |
| 沈雁冰 | 回忆上海大学 | / 109 |
| 沈志远 | 回忆上海大学的组织情况 | / 119 |
| 施蛰存 | 丁玲的"傲气" | / 121 |
| 施蛰存 | 怀孔令俊 | / 125 |
| 宋桂煌 | 上海大学琐忆 | / 129 |
| 孙仲宇 | 关于上海大学的一些资料 | / 133 |
| 唐棣华 | 回忆上海大学 | / 140 |
| 汪令吾 | 国共合作创办的上海大学 | / 142 |
| 王伯协 | 上海大学陕南学生革命活动片段 | / 146 |
| 王秋心 | 我在上海大学的生活片断 | / 149 |
| 王一知 | 回忆张太雷 | / 151 |

王一知　回忆平民女校上海大学及早期妇女运动等情况 / 153

吴　云　在上海大学这座革命的熔炉里经受锻炼 / 157

谢雪红　我在上海大学学习的经过 / 166

许德良　五卅运动与上海大学 / 174

许德良　回忆上海大学 / 182

薛尚实　回忆上海大学 / 185

羊牧之　回忆上海大学 / 194

阳翰笙　回忆上海大学 / 198

阳翰笙　谈二十年代的上海大学 / 216

阳翰笙　张太雷在上海大学 / 221

杨尚昆　从上海到莫斯科 / 224

杨之华　熔炉 / 229

姚天羽　培养革命干部的洪炉——上海大学 / 240

姚天羽　回忆上海大学 / 247

张崇文　回忆上海大学 / 249

张开元　回忆上海大学 / 252

张琴秋　关于上海大学的回忆 / 258

张庆孚　我的革命生涯 / 260

张治中　选课于上海大学 / 262

赵希松　回忆上海大学 / 264

郑超麟　关于上海大学的回忆 / 266

钟伯庸　回忆上海大学 / 272

钟复光　回忆上海大学 / 276

周启新　上海大学始末 / 279

周文在　回忆上海大学 / 294

曹雪松
# 回忆上海大学

> 这是对曹雪松的访谈记录稿。原件藏上海市档案馆，档号：D10-1-56。题目为编者所加。
>
> 曹雪松（1904—1985），江苏宜兴人。1925年9月进入上海大学中国文学系学习。在校读书时著有诗集《爱的花园》，由上海大学教授刘大白、郑振铎分别作序。新中国成立后，创作有《杨贵妃》等电影剧本。

我是五卅后进校的，同班有张士韵、陈铁厂等，他们都是半工半读的。匡治民（即匡亚明）——东北人大校长，他常到杨树浦一带进行工人运动。张士韵已去世。

我们是文科的同班生。文科教员中最受欢迎的是田汉、茅盾、谢六逸，谢上西洋文学史，茅盾讲日本文学史，他们与别校教授不同，讲课都是自己编讲义，不是照本宣科。社会学系教授讲课，我们可以自由选课旁听，对瞿秋白、萧楚女、恽代英上课或做报告，文科生都去听。有时开大会时间长了，大家感到疲乏，但萧、恽等一登台演讲，大家又非常兴奋，即开饭时间到了，我们不愿走。平校工作，所有学生都关心，被分配做平校工作时，都很热心，动员到各区去搞工人工作，是由学生会按时计划动员的，和我们房间的几位同学常常搞到三更半夜才回校。

三次武装暴动时，我刚生病没有参加，胜利后，同学多数到北伐军总司令部政治部（邓演达当政治部主任）或军、师级司令部中去做政治工作去了。因此留校读书的人就很少了。他们多数去当宣传科长或宣传员，还有一部分同学被分配到各自的省、县去做县党部的工作。我被分配到宜兴去。

在闸北宝山路东方图书馆工人纠察队部中，有很多上大学生在工作，他们在各厂各业工人中组织工人并进行训练。"四一二"时KMT叛变包围总部时，有一些上大学生冲出来，如陶恒之等，死的也有好几个。

五卅周年纪念时，在宋公园举行，我们首先在青云路磨坊上集合。因各界来的人太多了，军警无法禁止，由上大指挥整队前往。会场上有血衣亭，何秉彝烈士的血衣也在，看的人很多。开大会了，由朱义权同学主持大会。章毓寄也是上大学生——读祭文。当时因哀恸而晕倒，全场非常感动。呼口号之声非常激烈普遍，萧楚女、恽代英等教授都发表讲演。

1936年上大同学聚在南京，毕业同学没有发到文凭，处处受到歧视。有一部分同学发起组织同学会，向于右任提出上大学生应与其他大学毕业生同等待遇，并要求补发文凭。于对上大同学有感情，他曾说过，上大是五卅运动的炸弹，同学们所提各项他都照办，文凭也补发了，他也盖了章。因某种关系，恢复上大工作，没有切实进行。

听说博古曾担任过党支部委员，高尔柏担任过支部书记，现在北京，他与阳翰笙是联襟。阳之妻是唐棣华，是上大的校花，高之妻是纯英，上大党支事可请教他们。

以下几个人也可与之联系：

一、戚惠侬——在淮海中学工作，大概在图书馆任职。

二、戴介民在华东师大，其妻项一权是上大女干部，知道东西不少。

三、孔另境收藏有百多万字材料，据说存在中华书局，校刊及宣传品都有。

四、程永言是从头到底办学生会工作的。住静安别墅，他在北站的人民银行任职。他参加了民革，从闸北区民革区委会可找到他。

# 陈望道
## 关于上海大学

> 原载邓以明著《陈望道传》（复旦大学出版社2005年版，第100—105页）。关于上海大学的情况，陈望道曾在1961年7月22日写过回忆文字，邓以明在《陈望道传》中摘引了其中的记述。
>
> 陈望道（1891—1977），浙江义乌人。中国共产党上海早期组织成员。1920年翻译出版《共产党宣言》中文全译本。1923年夏到上海大学任中国文学系主任、教授。五卅运动后兼任代理校务主任，主持行政和教务工作，直到1927年5月辞去上海大学教职。新中国成立后，长期担任复旦大学校长。

正在踌躇不决是否进去时[①]，陈独秀写给一张条子，很小很小的（署名"知名"）说，"上大请你组织，你要什么同志请开出来，请你负责。"

在上大的改组和扩大过程中，邓中夏起了很大的作用，中夏进去后搞的改组工作是带有统战性质的。起先教务长是国民党的叶楚伧，但到后来，国民党这些人在实际上已起不了什么作用。

于右任校长也是挂名的，实际办事全靠共产党员。

---

[①] 指是否应聘进上海大学任教任职。

设立了社会学系,系主任由著名共产党人、后来成为我党领导人的瞿秋白担任,以后又由施存统接任。此外还设有文学系及艺术系。社会学系的教员大都是中共上海的领导成员和理论家。

西摩路是"五卅"运动的策源地,五月三十日那天,队伍就是在这里集中而后出发到南京路去演讲,而被打死了人的。

后来警察来封上大,我们找到了运动警察的诀窍——他们只管要钱,我们给了他们些钱,警察就只管大门,不管后门。我们就把东西从后门搬出来。

上大在老西门勤业女子师范学校建立临时办公处,由教务长陈望道主持召开师生大会,会上详细报告了学校被占领的经过。大会还公推陈望道起草宣言,发表通电,强烈抗议英帝国主义的暴行。

"四一二"时期,我的印象最深,到了4月12日,一夜之间"左"的学生差不多被捉光了。学校此时已开不起来,我们就动员一些中间的学生去探监通消息,还动员了一些与右派有关系的学生去找叶楚伧等人,希望他们出来活动一下,设法营救被捕学生,但他们都不见了,躲起来了,为的是怕有人去找他们。①

---

① 原注薛尚实:《回忆上海大学》。

程永言
# 回忆上海大学

> 原载《党史资料丛刊》1980年第2辑(上海人民出版社1980年版,第80—88页)。写于1959年10月,《党史资料丛刊》收录时对原作略有删节,文字也作了修饰。对原文记述有误处也作了注释。
>
> 程永言(生卒年不详),又名程嘉咏,安徽祁门人。1922年春进入东南高等师范学校美术科,10月上海大学成立,转入上海大学学习,以半工半读形式担任学校义务书记。新中国成立后,在银行系统工作。

## 一、上海大学的成立和纠纷

上海大学的前身是东南高等专科师范学校。该校设有国文、英文及美术专修科和附中。校址在闸北青云路。创办人校长王理堂(安徽人)、校务长陈勋武(河南人)、会计汤石庵(安徽人),全校学生仅有一百六十人(附中在内),大多为寄宿生,安徽籍学生占有半数以上。设备方面,仅美术科有钢、风琴及石膏模型等,外有几本杂志,二三份报纸,非常简单。各科虽都有课程名目,但无教师,即或有之,亦都不称职。学生中有不少是在"五四"运动中受过锻炼、被当地反动力量压迫失业失学而来沪的,今天遇到这样一个学店,无不怒发冲冠。起先是组织学生会向学校当局

交涉,无效,校长王理堂反带着学生缴的学膳费去日本东京留学,这就使同学们忍无可忍了。周学文、汪钺、陈荫楠、孔庆仁、陈子英、王德庆、余益文、黄吉羽、郝某和程嘉咏(永言)等秘密地组织十人团为核心,决定改组学校,拟推翻前校长,迎接一个有革命声望的人进来,办一所革命的大学,使外地青年来沪求学有所问津。十人团内推陈独秀、章太炎、于右任三先生,拟在其中延请一位。但大家对他们都不相识,仅慕其名、崇拜其人而已。其中,于右任是领导西北靖国军失败后来沪的,在"双十节"时,曾发表过救国必须先从教育着手之言论。大家就将"五四"运动的经验用上,拟好改组宣言,揭露学店黑幕,要求社会援助。并先组织好纠察队,俟发动之时,负责监视创办人陈勋武、汤石庵行动,以免他们逃走后,形成学校断炊。还准备推选三人为全校对外一切交涉联络的总代表。如有教师来上课时,当照常上课,严守秩序。十人团还将此计划与平时对学校表示不满的教师如陈藻青、陈东阜等商量,取得了他们的支持。

安排既定,即于1922年10月"双十节"后,假伙食公开账目问题发难。由十人团议决在陈、章、于三位先生中欢迎一位来当校长,办一所革命大学。全校同学大都支持,除三四名同学因与创办人有特殊关系避开外,一致签名改组学校,并推选周学文、汪钺、程嘉咏三人为总代表,陈子英为总纠察。随即分工,先监视陈、汤两个创办人,告诉他们:学校既无校长,俟欢迎新校长后,同学决计与学校合作。他们说周学文、汪钺、程嘉咏是在做梦。而周、汪、程三人则请本校两位陈先生及各方关系探问陈独秀、章太炎、于右任三人住址行踪。得知陈独秀的行踪不定,章太炎在苏州消极,于右任住上海黄河路大铁滨,并了解到邵力子先生与于氏关系密切。周、汪、程三人即先去晋谒邵先生,请予支持。邵氏表示同情,并允力劝于氏。再去拜谒于右任,陈述东南有办一个革命最高学府的必要,及现在你若不出来挽救,全校一百六十名学生不但失学,前途绝望,还将有家难归,流离失所。于氏虽然表示愿意支持同学们,不致失学,但办一所革命大学与原来的学店是根本不同的,东南高师若接过来,是一个破烂摊子,首先需要人和经费,而当时处于革命低潮,于氏自身也贫困,不时出卖碑帖,而学校又急需添聘师资图书设备等,真是困难重重,因此,对出任校长一职,迄无肯定表示。而周、汪、程等却坚决非请他出来担任不可。

学校里，由于对陈勋武、汤石庵监视不严，陈于次日即逃出活动，警察局来干涉了，经出示改组宣言，对付过去了。陈即以学校名义在各报登载启事，诬蔑周学文、汪钺、程嘉咏三人，是被学校早已开除了的，现仍假学校名义在外招摇撞骗，学校概不负责云云，并向警察局、淞沪司令部控告。周、汪、程等向这几个机构陈述原委，并未被他们吓倒。他们请了律师王开疆，周等也请了律师黄焕升。会计汤石庵也曾深夜图逃，被同学当晚追回，并和他清算膳费账目，收回一部分现金，始予自由。

周、汪、程三人终日在外奔走求援。安徽柏烈武先生处也去陈述，他曾两次向于氏促驾。在于宅所遇到柳亚子、杨杏佛、叶楚伧等先生，也请求他们从旁代为促驾。邵先生是不时与于氏晤面的，大概是商量如何接办。于氏曾征询周、汪、程意见，谓东南高等专科师范学校校名，字既多又狭隘，拟改为"上海大学"。周等非常兴奋，当即取纸请他书就，做好牌子挂在学校门口。陈勋武既气又恼，雇用了几十个流氓冲入学校，要驱逐周等三人出校。适周等已外出，流氓即将"上海大学"校牌拿跑，激起众怒，全校师生即以长板凳为武器进行反击，流氓见势不好，只得丢下校牌而去。接着，他们又施用第二条毒计，买通流氓埋伏在各交通道上，拟候周等进出时加以伤害。他们守候了三四天，因周等已有戒备，也没有达到目的。于氏虽然表示竭力支持，但对是否出任校长还在考虑，同学们都要求校长必须到校一次。时将旬日，周、汪、程等恐夜长梦多，寝寐不安，就要求于、邵两氏先到校训话一次，以定人心。于、邵两氏允许先到学校看看。同学们即星夜赶制张贴各种欢迎标语、手旗等。1922年10月23日早晨，由程陪同于、邵两氏以及王伯察先生乘临时雇用的汽车到北火车站。同学们手执欢迎旗，列队守候，音乐队见车一到，乐声大作，同学们都高呼欢迎口号。由乐队开道，中间学生，汽车在后，向学校前进。适天公不作美，毛雨不停，计车站离校有几里地，但同学们秩序井然，个个精神振奋。及到学校时，尽管同学们衣履尽湿，但并未休息，立即召开欢迎会。

同学余益文首先致欢迎词，接着，于、邵两氏训话。他们认为青年同学们的要求是正确合理的，并允许帮助同学们前进。于氏特别指出：见在雨中的同学们精神奋发，很受感动。又谓他少年时代，曾做过小鞭炮竹，今后要制造炸弹、地雷，不仅在中国落地开花，还要炸得全世界开花结

果等等。同学们热烈鼓掌。最后,由程嘉咏致简单答词,即呼口号送别于、邵两氏。

自此之后,同学们皆认于、邵为正副校长。东南高等专科师范学校一变而为东南革命最高学府——上海大学。次日,上海中外各报都载了闸北"上海大学"学生欢迎于右任、邵力子出任该校校长等消息。"上大"成立之后,前东南高师校长王理堂即由东京赶回国,千方百计要对付周、汪、程等人。又在西门地方法院起诉开庭几次,对方败诉。自改组之时起,经过三月之久,在同学们的团结奋斗和社会的支持下,这一场斗争终于取得了胜利。

## 二、上海大学是传播马列主义的最高学府

于、邵两氏担任校职后,学校教育方针即起了质的变化。事务方面,派吴芷敬任会计、曾杰(伯兴)任舍务、程嘉咏任庶务(半工半读)、王陆一任文书(王未到职前由程代理)。教务长为张君谋博士,但未负实际责任。所有缺课及不称职的教师均更调为社会名流、教授、专家、进步人士,如左翼作家茅盾、陈望道、郑振铎等先生。周、程等几个同学,也在这个时候参加了国民党。不仅如此,"上大"还组织讲座,每一、二周讲演一次,如李大钊、章太炎、马君武诸先生都去讲过。特别要指出的是李先生,他与于、邵两氏过从甚密。李先生在沪时,适孙中山先生因陈炯明叛变来沪。李先生到校讲演,首先称赞同学们改组学校时,斗志坚强、目标明确;其次讲及中国革命是要彻底的,全场热烈鼓掌。"上大"每次开讲,都有其他大学的学生来旁听,会场内外拥挤不堪,报纸上也争先登载。过去死气沉沉的学店,而今是朝气勃勃,鼓舞了同学们的革命热情。"上大"是在五色国旗(指北洋政府的国旗)下诞生的,但从未使用五色旗,所用的是国民党党徽和蓝底白字的校旗,以示与其他大学的区别,而反对当时的反动统治。

于、邵两氏为商量"上大"的校务,在福州路(前四马路)同兴楼京津菜馆内邀约李大钊、张继两先生中午便餐,程嘉咏也在座招待,共计五人。专商谈"上大"校务,及请他们予以协助。张氏表示愿去南洋募捐,后来

学校开欢送会,而他却未去。李先生即介绍邓中夏先生(安石)出任总务长,瞿秋白先生任社会学系主任。于、邵两氏即叫程代表去宝山路欢迎邓先生到校视事。

邓先生到校后,是非常虚心和蔼可亲的,因他是中国共产党劳动局书记[①],工作甚繁,一般是上午来校多,有时下午亦来。他首先埋头苦干的,就是上海大学章程。他花了不少时间,搜集了不少参考资料,是用十行红格纸写的,规划宏伟,并确定了"上大"的教育方针。随后,瞿秋白先生亦到校,蔡和森、恽代英、张太雷诸先生也相继来当教授。斯时,中国文学系主任为陈望道,英国文学系主任由教务长何世桢兼,美术系主任仍旧洪野先生。除社会学系教授马列主义学说外,其他科系的哲学课程,多由社会学系教授兼。"上大"从此就以马列主义为思想理论基础和行动指南。李先生就是"上大"升起马列主义旗帜的第一人。上海大学成为东南名符其实的革命的最高学府。

## 三、上海大学在"五卅"运动前的革命活动

"上大"自接受马列主义思想领导,革命空气非常高涨,打倒帝国主义,打倒土豪劣绅和贪官污吏等口号已成为全校师生共同战斗的目标。当时,国内一致反对曹锟非法贿选,欢迎护法国会议员南下。在这个阶段,上海的群众团体,如雨后春笋,并不时地召开市民大会、公民大会、各界人民代表大会等。每逢游行示威、散发传单、露天讲演,"上大"学生总是和工人一道,站在斗争的前列。

1923年春,"上大"由于面貌一新,投考学生特别踊跃,较上期新生增加一倍以上。社会学系秋季增加班数,有的班多至八十人。这年夏,美术系举行毕业典礼时,由于、邵校长率领全校学生到宋园,在宋教仁烈士墓旁合摄一影。于校长并训话,略谓上海大学学生,应继承先烈遗志,挑起革命担子。这一番沉痛的训话,不仅给全体同学深刻的印象,亦给大家指示了努力的方向。

---

① 原注:误,是中国劳动组合书记部主任。

"上大"的不断革命,不断前进,当然为帝国主义和反动统治阶级所仇视。他们不时地恶意诽谤,谓"东方红色大学",加以无形的监视。而中外报纸则对"上大"学生的活动每每争先记载,进步报纸代为宣扬,因而四方革命青年都闻风接踵而来。不仅国内各省,就是从日本留学归国的王杰三,从苏联归国的陈学平等亦来社会学系就学。当时的侨胞,亦有前来学习的。于校长以学校发展迅速,遂于1923年冬去广东和中山先生接洽,并商谈国事。校长一职,即由邵力子先生代理,一切责任都落在邵先生身上。邵代校长即迁校于当时英租界西摩路即今陕西北路。校门是坐东朝西,内有花园园地,二间坐北朝南的洋房子。除教务、总务在楼下办公外,其余皆为教室。在学校附近的里弄里,另租男女宿舍及图书室。学校迁定后,为与周围群众联络起见,每日晚间分几个教室,举办平民学校、工人子弟学校、识字班等,由"上大"同学任教,学生由几十人逐渐发展到几百人。全校教室晚间全部开放,学校与群众紧密地团结起来。广东黄埔军校第一期招生,在当时还是秘密的,也是"上大"代办理的。

1924年1月,国民党在共产党的帮助下,召开第一次全国代表大会,决议改组国民党,确定联俄、联共、扶助农工三大政策,并发出宣言。凡革命志士无不欢欣鼓舞。"上大"师生对外行动虽表面一致,但暗藏的国民党极右派已开始活动,这就开始了"上大"内部的思想斗争。学生中出现了不少如《向导》《先锋》《前进》《青白》等名目繁多的刊物,你来我往,互相争辩,非常尖锐。因此,教师学生中亦有立场不稳,先后离开"上大"的。如张继、叶楚伧等早已站在校外观望。教务长何世桢、何世枚兄弟也离开"上大"去创办"持志大学"。但"上大"的革命空气却更加浓厚,同学们的斗志也更加昂扬。

1924年秋,孙中山先生北上过沪,上海市民皆鹄候于江边。"上大"学生排着队,高喊打倒帝国主义、打倒军阀的口号,在码头前列队迎接,并暗中加以护卫。整队归校时,经过"法租界","上大"的校旗和国民党党旗被巡捕抢去,交涉无效。队伍即转至孙先生公馆表示慰问,并报告此事,孙先生甚为愤慨,谓:"在中国领土,中国人民有一切自由,帝国主义者不得干涉。"即叫人打电话向有关部门交涉,旗即送了回来。

## 四、上海大学自1925年"五卅"至1927年"四一二"斗争情况

"上大"在党的领导教育下，校内又不时进行反对国民党右派的斗争，同学们的思想觉悟皆有所提高。国共两党在"上大"都有了基层组织。"上大"学生、在日商棉织厂做工的顾正红（见闸北烈士墓碑文），于1924年就参加了邓中夏等同志领导的沪西工人运动。1925年5月15日，顾烈士为了维护工人阶级的利益，和帝国主义者进行了英勇的斗争，流尽了最后一滴血。这一事件，激起了全上海、全中国人民的愤怒，不久便发生了轰轰烈烈的"五卅"反帝斗争。当时的全国学联和上海学联，是由"上大"学生林钧、刘一清、朱义权等主持的。"上大"师生和工人们一道在南京路上示威，好多人被关入巡捕房。

"上大"是一所新型的革命大学。各系科学生，可按自己的志愿、时间，选定课目学习，并许旁听，故亦有工人来参加学习。因为学校性质关系，师生流动性很大。不时有因他处革命需要而离校的，也有转至黄埔军校或赴苏学习的。"五卅"惨案发生后，英帝国主义非常恐惧，遂将"上大"封闭，并驱逐邵代校长出租界。邵代校长即在闸北青云路（过去青岛路）师寿坊（靠近原"上大"旧校址）复校，继续进行斗争。于校长亦由河南来沪，与邵代校长会商一切。这时，"上大"学生已近八百人，共产党员、青年团员占半数以上，革命斗志非常高昂。

"上大"师生自复校后，邵代校长和全体师生着手募捐，于1926年开始在江湾建筑新校舍。适广东北伐已开始，程嘉咏就随柏烈武先生南下参加北伐军，任三十军旅长职。北伐期间，"上大"师生是有不少去参加的，邵代校长就任了国民革命军总司令部秘书长。"上大"校务，则由陈望道、周由廑等组织校委会主持。留沪师生和工人一道，在党的领导下，参加了上海工人三次起义，在粉碎毕庶澄反动军的斗争中，有不少可歌可泣的事迹。

正因为"上大"有着光荣的革命传统，蒋介石在背叛革命时，也没有

放过"上大"。1927年4月12日[1]，国民党白崇禧部乘"上大"师生不备，突然进驻"上大"江湾新校址，所有留校学生非逮捕即遭杀害，六年来积聚起来的公私财产丝毫也未取出。仅"上大"印信，由一个公务员秘密设法拿了出来。死伤人数究竟多少，是无法查询的了。"上大"师生是永远也不会忘记这一天的！

## 五、"四一二"以后的上海大学

"上大"自成立开始招生后，房租、图书、器具、印刷等费用，日多一日。而来求学的青年又多贫寒子弟，大多是免费欠费的。教职员有不少是尽义务或半义务。学校的经费是入不敷出的，一直由于、邵两校长维持着。江湾新校址地皮建筑等费，除募捐外，尚欠三万五千元左右。此笔款，是经同学金耀光介绍，向一个商人以低利率借贷的，当时由校委会陈望道、周由廑代表于、邵两校长出据。自"四一二"学校被反动政府占驻后，此项借款，当然无人过问。1932年，这个商人即向上海地方法院控诉陈、周两人，要求追还欠款。业经宣判，对陈、周私人财物将施行"假扣押"。因此，于、邵即出面，于委托程嘉咏（时在伪监察院工作），邵委托同学刘宇光为代表，向苏州高二分院上诉，程和陈、周两先生等一起到苏州出庭。结果判为：要待陈、周先向伪教育部清算后，再办理欠款，从此就拖延未办了。

（1959年10月）

---

[1] 原注：日期有误，应在"四一二"之后。

# 戴介民
# 回忆上海大学

> 这是对戴介民的访谈记录稿。原件藏上海市档案馆,档号:D10-1-58。题目为编者所加。
>
> 戴介民(1902—1972),又名戴邦定,浙江黄岩人。1924年春考进上海大学中国文学系。1925年11月加入中国共产党。新中国成立后,在华东师范大学历史系任教。

关于上大党的情况:建校不久就有支部(不一定叫支部,指有组织而言),我是在五卅前进上大的,在中文系攻读,最初不多参加社会活动,即使参加,也为群众。五卅前党的情况不熟悉,可向杨之华请教。五卅后是康生负责,支委还有高尔柏(此人以后变坏),康生那时叫张云,他比我们年龄大,工作也老练得多。当时支部发展颇大,有好多小组。

上大建校后,校内就有左右派斗争,右派人数不多,以叶楚伧为首,组织"中山协会"与左派斗争,进行破坏;左派人数多,有地下党组织领导,如朱义权、高尔柏等,他们是以国民党的名义出面的。斗争以社会学系为中坚,其他系跟上。学校当时左派的、右派的都有,因此几届国民党委员,不管是左还是右,都请他们来上大演讲。如左派人物邓演达就来校做过演讲,右派胡汉民也做过演讲,以左派面目出现的汪精卫从武汉来,也请他来校演讲。

左右派的斗争是在党领导下进行的。当时邓中夏为总务长,实际是负责一切校务。而于右任只是挂个名而已,当时教员中共产党人恽代英、瞿秋白,后来萧楚女、张太雷均任过教。施存统也参加办学。从这个阵势看,学校是在党领导下与右派斗争的。当时学生中刘华、王秋心、王环心、朱义权等又是学生斗争的领导人。朱义权负责与国民党联系,邓中夏并不出面,但他是策划者。

当时与右派争执点,主要是"三民主义"。

我在校主要搞同乡会、同学会活动。同学会有几种:一是上大范围内的某一省的同学会,如上大浙江同学会。二是上大范围外的某一省之某个地区的同学会,如上大旅沪台州同学会,组织在上大,但参加人数不限上大学生,包括上海各大学的属于浙江台州地区的学生。三是某一省的同乡会,如上大浙江同乡会不限于学生,也不限于上大一校,包括所有浙江同乡,范围大得多,这种形式不多搞,不是组织,主要以前面那种为主要形式。

参加同学会不要什么手续,党是群众性的组织。如遇到什么活动,举行会议,□通知年会者,均为会员。这种组织是在党领导下进行活动的,同学会主席的确定,是党组织预先经过研究指定的,并且派有我们的地下党员参加,如浙江台州同学会,主席是张崇文("四一二"后去苏联,曾在军政大学任政治部主任,现在南京步兵兵队中任政治部主任,现各不详)就是党指定的,我当时也是这个组织的委员。

同学会的活动,主要是宣传活动,有时举行会议、发表通电,也自己办刊物,印发宣传品,办刊物用费是大家捐献的。这种刊物多半不持久,印数也不多,一二百份,不是出售,而是赠送,范围不限本市,也分寄往外埠。报道些活动情况,宣传些革命活动,可惜手头没存有刊物,亦报刊物名称遗忘。

上大在各种运动中,总是带头的。也深入工人运动,办有平民学校,这方面情况了解不多,只能谈个梗概。

五卅运动时,我们是参加的。我是学生,上大约有20队参加。参加游行那天,敌人疯狂屠杀,发生了五卅惨案。惨案发生后,开会更多了,这时连我们这些不太参加活动的人也常参加会议了。可见运动发展很深入。五卅运动中上大的作用是大的,在上海领导这个五卅运动的组织中,有上大学生林钧参加,朱义权也是领导人之一。由于上大在五卅斗争中作用重大,帝国主义工部局就在五卅运动发生后不久,派重兵封闭了上大。封闭那天,我仍在学校,敌人如临大敌,荷枪实弹,包围了上大西摩路校舍,对学校进行无理搜查。他们如此惊恐,是怕上大内部有武装组织,怕有炸弹储备,故而戒严如此。等我们被检查完毕走出校后,见沿途哨岗林立,走出校舍三四条马路后,敌人仍有机枪防守,其是把上大给层层包围住了。

上大被封后,又搬进了闸北,这时恢复上大的工作也是在共产党人的努力下做的,当时,邓中夏已离上大。五卅后,代英较活跃,在学生中威信极高,他讲话生动,富有鼓动性,每当他讲课时,不只社会学系学生听课,就是我们中文系学生也是争先去听讲授,总坐满了教室,总有人不得不在教室门上听讲。在恢复上大工作上,陈望道先生做了不少工作,他是出面工作的,但用的名义,仍是于右任,因他是挂名的校长。

这时,活动更多了,团的活动也更显明了……(仍是密议的,称CY)当时搞五卅周年纪念活动,费了很大劲,警察封锁森严。但我们仍想办法活动,在一定地方去讲演、发传单,采取的分头出发,在各店铺营业时间分头走出。等到时间一到,就用激光约定好信号,把爆竹一点爆起来,"轰"的一声响,大家都走拢来,演讲的演讲,散传单的散传单,进行反帝国主义宣传工作。

五卅惨案发生后,各学生团体更加活跃,左派力量更大了,因此右派也不大活动了。当然破坏还是有的,主要因为左派占了压倒优势,他们活动不开了。

上大在北伐时期也做了不少工作。由于我在1926年底离开上大,被派往杭州,故第二、三次起义情况不详,只能讲讲第一次起义前后。当时左派在国民党中占有很重要地位,杨杏佛负主要责任,北伐军未到上海前夕,我们就开始做起义准备工作。一方面是通过高尔柏去和国民党联系,另外,地下党组织内部在做准备,当时赵世炎、罗亦农在上大召开过干部会议,没有群众参加。会议参加干部很多,可以肯定非上大范围内的。特别印象深的一次,赵世炎在1926年底起义前做准备起义工作的报告,会

上做了批示:首先分析了国内外形势,指示上大做好宣传准备工作,并英明地警惕到会人说,要提高警惕,蒋介石国民党要叛变,大家要准备,这时就预料到蒋介石要叛变,这点给我印象很深。

我们按照党的指示,做好了准备,起义日期到了(这是事先开会讲过的)我们没有动起来,因为起义失败了,原来宣传、传单、标语、演讲等也就无从做起了。

当时北伐形势很好,上海向外调很多工作干部。我也就在1926年底被调往杭州。去杭州是作为代表与北伐军白崇禧联系的,有学生代表、工人代表等,由杨贤江带领。从海路经宁波抵杭州。当时有一个铁路工人代表因故来到,接见白崇禧时,要我暂时代表铁路工人,因我不是工人,怕对工人情况不熟,讲话露出马脚,在接见前,还做了一番准备。接见时,白崇禧真的问起来了。他说:"北伐军到上海,铁路工人能罢工支持北伐军?"我当时想,工人觉悟高,革命情绪高涨,肯定会支持北伐的,于是我就回答:"我保证铁路工人能罢工。"就这样总算应付过去了。后来我就被留到杭州,和杨贤江一道住了一个星期,就被分配到《民国日报》工作。

上大向外输送干部是很多的,向军队政治部送干部,向苏联也派了人,如张崇文、张崇德(后来此人成了托派,找了苏联老婆,归了苏联国籍,没有回国)就是。再如送往杭州的干部也很多,宁波人贺威圣也是的。

访问线索:

范守渊:江苏路延安西路地界医院工作。他在上大时间不长,情况了解不一定多。

你们问的陈铁厂,他是上大教导员,主要是和国民党进行联系的,为上大做了不少工作,他早已去世了。

吕继贵记录<br>1962年4月3日

## 党伯弧
# 大革命时期陕籍青年在上海大学

> 原载中国人民政治协商会议陕西省西安市委员会文史资料研究委员会编《西安文史资料(第四辑)》(1983年6月内部发行)。
>
> 党伯弧(1906—1985),陕西合阳人,生于1906年。1925年进入上海大学学习,同年在上海大学加入中国共产党。新中国成立后,先后任西安市政协秘书,秘书处副处长、处长,秘书长及市政协委员、常委等职。

大革命时期的上海大学,是一所革命的学校。当中国工人阶级登上政治舞台,从1925年到1927年间,上海工人群众的反帝反封建斗争,进入了一个新的历史阶段,它所进行的前仆后继的壮烈斗争史实,为革命谱写了可歌可泣的篇章。上海大学的革命师生,在中国共产党(地下组织)的领导下,与工人运动相结合,参加了伟大的革命斗争。现就本人亲身经历的所见所闻,记述如下:

上海大学是1922年10月间,由"私立上海艺术大学"①改组而成,校址从闸北迁至原公共租界西摩路,租赁房屋,进行教学。校长为国民党元老于右任。于右任出任上海大学校长,名义上是经过校内、外的国民党人

---

① 应为"东南高等专科师范学校"。

所公推,实际上是当时的中共中央决定的。在学校改组过程中,党中央曾从各方面给予了协助和支持。于右任家住上海,以擅长书法负有盛名;特别是早年在上海创办过《民立报》,以敢仗义执言深得社会人士的称誉。于右任在陕西靖国军战役之后,辗转绕道四川来到上海,从事教育事业。中共中央认为,当时的国民党左派,在反帝反封建的共同目标下,是能够同共产党合作的。

以后由于于右任长期远处广东,学校日常工作,则由副校长邵力子主持。上海大学设有三个系,即:社会学系①、中国文学系、英国文学系。社会学系主任,先后由瞿秋白、施存统(复亮)担任;教授先后有蔡和森、张太雷、恽代英、肖楚女、任弼时、蒋光赤、李季、彭述之、郑超麟、尹宽、刘人镜、王一飞、高语罕、杨贤江等。中国文学系主任是陈望道;教授有茅盾、田汉、刘大白、郑振铎、谢六逸、朱湘、方光焘等。英国文学系主任,先后由何世桢、周越然担任。何世桢后因企图夺取学校的权力,煽动英国文学系部分学生闹事未能得逞,遂拉走一些学生另创"私立持志大学"。英国文学系主任和教学工作,由周越然、周由廑昆仲和其他知名人士长期担任。上海大学三个系,连同附属中学,共约学生千余人。参加爱国民主活动的,主要是社会学系的学生,他们在中国共产党的领导下,进行合法的爱国斗争和宣传,组织群众配合工人运动,展开了轰轰烈烈的反对帝国主义侵略和封建军阀统治的斗争。这一系的学生,接受马列主义较早,思想觉悟进步较快,有很多学生毕业一、二年后,便投身于革命行列,成为党的秘密组织的骨干。有的前往广州投军,有的远赴莫斯科"孙逸仙大学"或"东方大学"学习。现就记忆所及,陕西学生先后在上海大学学习的有:吉国桢、张仲实(安人)、严信民、李子健、邹均、马文彦、何尚志、关中哲、马凌山、武思茂、王超伯、段实斋、艾稚青、张宇六、刘济生、何挺颖、谢作民、廖左民、李德馨(味五)、王向离、李树烈、党维蓉、孟芳洲、冯润璋、张庚由、王秀清、高岱、党伯弧、秦治安、李叔溪、蒲克敏、曹趾麟、刘文蔚、高伯定、柳长青、张云青、李芳(洁民)、白民善、柳必正、许尚志、王友直、王正谊、张季华、孙玉如、李景泰、刘皋天、王恒萃、焦廉甫、常光祖、武继祖、

---

① 原注:原名如此,并非社会科学系。

雷百里、王怀德等。

1925年下半年,在闸北青云路,上海大学的陕西同学为了促进团结、共同进步,还组织成立了上大陕西同学会,并出版《新群》半月刊,旨在宣传和灌输马列主义,对当时政治形势发表一些评论,发行范围是在上海各校的陕西学生、群众团体、报社;在北京的陕西学生以及陕西的一些中等学校。它对陕西青年学生的进步,有一定的影响。

上海大学的革命同学,参加党的地下工作、进行英勇斗争,并不局限于上海一隅。在沿海工业发达的地区,在内陆一些较大的城市,也有党中央派往做工作的上海大学同学。如党维蓉在青岛,白色恐怖最严重的时候,组织遭到破坏,党维蓉同志壮烈牺牲;孟芳洲在陕西参加游击队而牺牲;何挺颖在江西反围剿战争中被俘不屈而死。

中共上海大学的基层组织是党支部。支部以下按党员人数分编成若干小组,组设组长。支部与组是单线联系,各组之间,不发生横的联系。1926年革命进入高潮,中共上海市委机关,搬到天通庵车站附近的施高塔路租界区内办公,距上海大学青云路校址近在咫尺,罗亦农同志经常来校,布置工作。当时上大党支部书记是杨振铎(山西人),副书记是党伯弧,是由上海市委指派的,后来杨振铎同志因工作调走,支部召开学校全体党员大会,由市委提名党伯弧接任书记职务。市委书记罗亦农同志参加并在会上讲了话。这是党组织处于秘密活动时期的上大支部一次党员大会。上大附中则有团的组织。上海大学虽然是一个革命的大学,但三个系的学生,各有不同倾向:英国文学系的学生,参加革命活动的较少,他们多数的志愿是学好外国语,将来进洋行多拿一些工资,生活过得舒适些。中国文学系的学生,多数人希望在文学方面有所成就,将来成名成家。当时,尽管国民党右派、国家主义派、无政府主义派等等各种政治派别都有,但在党的领导下,社会学系的绝大多数同学,都积极投入革命洪流之中,党在学校的威信是很高的。上大同学在复杂的斗争中,不断分化、改组,各种政治力量进行着尖锐的较量。记得当国民党右派势力在北京召开所谓"西山会议"后,上海大学学生会于1926年进行改选时,在上大的"西山会议派"——"孙文主义学会"的学生,就企图趁机夺取领导权,把上大的学生会拉向反动的道路。上大党支部为了挫败"西山会议

派"这一阴谋,便把原任学生会主席的郭伯和临时从秘密工作中调回,主持大会,经过周密部署,在"孙文主义学会"的学生进行捣乱时,便把他们赶出会场,胜利地完成了改选工作。

1925年在小沙渡、曹家渡一带由日本帝国主义经营的内外棉十四个工厂的一些工会组织,在地下党组织的领导下,对日商进行了经济斗争和政治斗争,要求提高工资、改善待遇,承认工人组织——工会,遭到镇压,同兴七工工人顾正经同志被日本帝国主义分子枪杀,激起了广大工人群众的无比义愤。上海大学学生朱义权等所办的工人子弟学校为顾正红同志举行追悼会,对日本帝国主义者的罪行进行了控诉。租界当局派警、探将群众驱走,捣毁了会场,并将朱义权等同志拘捕关押。在群众斗争的压力下,租界当局于5月30日释放了朱义权,上海大学同学整队欢迎英雄出狱,并向南京大马路挺进,游行示威,与各方面革命群众和市民群众汇合,声势极为浩大。在老闸巡捕房前,英国巡捕把大批游行群众关进捕房,革命群众奋力冲击,要求立即释放,帝国主义分子怕得要命,凶相毕露,开枪进行血腥镇压,上海大学同学何秉彝殉难牺牲,死于南京路闹市区老闸捕房前的血泊中,这是震动中外的"五卅惨案"爆发的一个侧面。何秉彝同学是一个优秀的共产党员,是我的带路人,他的死,使我感到非常悲痛!

"五卅惨案"发生后,群众激于爱国义愤,工人罢工,学生罢课,商人罢市,南京路商店门户扃闭阒无一人,平时繁华的闹市变成了一条死街。由于上海大学同学四出奔走,广泛宣传爱国反帝,租界当局视为眼中钉,6月4日上午竟派英国巡捕与武装英国士兵包围学校,同学们被驱赶离校,学校竟被强占,成为兵营。在反动淫威的压迫下,上大革命师生不畏强暴,学校迅即在中国地界"西门"租房办公,联系离散同学,筹备复校工作。暑假后,在闸北青云路租到的楼房修缮竣工,同学们迁入新址,便陆续复课了,革命斗争和学习活动又轰轰烈烈地继续进行着,这是对帝国主义殖民统治者的有力回击。

上海民族资产阶级向帝国主义势力、买办资产阶级妥协投降,南京路商店开门复业;工人群众则坚持奋战,继续罢工,进行斗争。革命阵线分化了,革命转入了低潮。同年秋,由于日本帝国主义出兵东三省,北洋军阀政府镇压群众的反帝斗争,上海大学革命同学在上海学生联合会的组织动员下，在日本内外棉纱厂区，向工人散发传单、讲演宣传，积极声援工人的斗争，在日探巡捕暴力袭击下，孙金铿夫妇、蒲克敏、曹趾麟、党伯弧等十二人被捕，拘押在普陀路巡捕房，翌日（星期一）用囚车把这些人押解到"会审公廨"进行审讯。经上海市学联和中国济难会委托江一平律师出庭辩护，得以交保获释。上海市学生联合会当即把保释出狱的同学们用汽车迎接到闸北的秘密会址，举行茶话会，热烈欢迎同学们脱险胜利归来。这进一步激励了斗争意志，同学们决心把反帝反封建的斗争推向新的高潮。

日商内外棉纱厂区工人群众坚持罢工的斗争，是在工人群众领袖刘华同志（上海总工会代委员长）坚强领导下进行的。刘华同志是上海大学附属中学学生，在授受马列主义洗礼后，投身于工人阶级的革命事业，在党的领导下，进行着不屈不挠的英勇斗争，在敌探密布、工贼如毛的险恶环境中，日夜操劳，致成沉疴，在住院治疗病情好转出院后，当他独行经过静安寺马路时，为日探跟踪识破，致遭拘捕关押。孙传劳率领五省联军进驻上海时，日本领事特举行欢迎宴会，为了相互勾结，竟将刘华同志由租界当局引渡给中国反动军阀，于6月17日秘密杀害。刘华同志牺牲的消息传出后，上海工人群众悲愤至极，印制大号的刘华同志遗像和他英勇斗争的事迹，在静安寺路、南京大马路至外滩一带，举行飞行示威，显示了上海工人阶级的强大威力和不屈不挠的反帝英雄气概。

当北伐军挥师北上，进军华中，汀泗桥一战击溃了吴佩孚纠集的反革命武装力量后，孙传芳率部移驻江西，按兵不动，企图负隅抵抗。新军阀蒋介石，因个人在北伐出师以来，军事上未能有所建树，没有取得战绩，遂强自指挥江西战役，连连受挫，后在国民党左派部队增援下，才打垮了孙传芳的主力部队。孙在不得已的情况下，把沪宁线上的防守部队，抽调一空，另由奉军杨宇霆接防南京，直鲁联军毕庶澄部进驻上海。在这一有利形势下，中国共产党积极策划军运工作，组织工人武装力量，准备武装暴动，迎接北伐胜利。在先后三次武装暴动中，上海大学革命同学，在党组织的领导下，参加了各项工作。在二次暴动前夕，我们敬爱的周恩来同志来到闸北青云路某里弄党的秘密机关，亲自向参加武装斗争的同志，点发枪支，鼓舞士气，群情非常激动。二次暴动发难前，上大革命同学在党

支部动员命令下,在虬江路一带进行宣传鼓动,得到了市民群众的有力支持。帝国主义走狗、买办阶级雇用的大批流氓打手,预先暗藏在商店里,傍晚时蜂拥而出,大打出手,致使手无寸铁的同学多人受伤。因为众寡不敌,同学们相继退出战斗,二次暴动的准备工作,因而受阻。

在第三次暴动的准备工作中,为了探明毕庶澄部队的内部情况,上海大学党支部选派了部分北方籍的同学,打进了毕庶澄部组成的政治宣传队和其他军事组织,对准备工作起了有利作用。有的同学担任地下交通工作,在进出租界与华界毗连的检查站时,巡捕与外国水兵,检查很严密,就是在这样危难的情况下,我们的地下交通人员,胆大心细,还是把从租界里党的地下工厂印刷的宣传品,装在雇用的卧车里,闯过了租界的检查站,及时地把宣传品散发给群众。在第三次暴动的组织和指挥者之中,郭伯和同志是长期离校从事工人运动的上海大学学生会主席,以及何大海同学都是工人运动的骨干分子,在工人群众中有一定的声誉和威信,在三次暴动中,他们都作出了一定的贡献。

"四一二"反革命政变后,上海大学在江湾新建的校舍落成,学校从闸北青云路搬往江湾。那时候,白色恐怖严重,工人、学生不断遭到逮捕和杀害,人们称当时的上海是"狼虎(警备司令杨虎)成群(市长张群)"。党的地下组织相继遭到破坏,联络极度困难。即使在这种情况下,上海大学革命同学,还是潜入市区,进行秘密活动。由于上海大学革命色彩浓厚,不久,便被国民党反动派军警查封,上海大学就此夭折!但是,上海大学在中国共产党的主持指引下培育出来的革命火种,则撒向祖国各地,迸发出炽烈的火花。上海大学的光荣历史,永远是不会泯没的!

丁敬先
# 1925年五卅上海大学学生反帝斗争回忆

> 原载上海市政协文史资料委员会编《上海文史资料存稿汇编·政治军事1》（上海古籍出版社2001年版，第564—575页）。
>
> 丁敬先（生卒年不详），上海大学学生。

1925年5月日华纱厂的日本老板打死工人顾正红的惨案发生，这时我正在前上海大学二年级念书。惨案的消息传来，全校的师生都愤慨激动起来，在女同学中除了极少数的最前进的同学以外，大多数（包括我在内）平日都是死读书不参加任何社会活动的，这时虽是痛恨日本鬼子，可是除了纷纷地议论和痛骂一番之外，仍然还是读自己的书。突然，5月27日晚饭后，向警予同志来到了我们的宿舍里（向警予同志时常来校看我们，由于她的热情诚挚，我们不仅欢迎她，并且十分地尊敬她），她说："今天日本鬼子杀死我们的同胞顾正红，明天就会杀死我们，杀死全国的人，这样大的事情，我们能坐着不管吗？"她说着，她的炯炯有神的双目发射出悲愤的火焰，她右手握拳用劲地挥动着说："我们要救国救同胞救我们自己，我们要行动起来！"这时我们大家都不自主地站了起来，也挥动着拳头异口同声地说："我们一定要行动起来。"

我们宿舍里连我一共四个人。5月28日一大早我们就跑到另一间女生宿舍里（这间宿舍和我们宿舍距离较远，是杨之华、张琴秋等同学住

的),在台子上摆着参加支援工人罢工,打倒日本帝国主义者,为同胞顾正红报仇的宣传队名册,我们就在名册上签了名,立刻就组成了一队,一共六个女同学。宣传地点是法租界辣斐德路贝当路一带。当时我们就拿了标语传单,背了一条长条凳,还拿了一只铜铃,沿路拣选没有巡捕站岗的地方,轮流站上长凳宣传演说,一面就把标语传单散发给群众,一面就向墙壁上粘贴。当群众越聚越多,群情愤慨,有的还和我们一同高呼打倒帝国主义的口号时,巡捕就远远地赶了来,可是我们很机警,事先分两个人四面瞭望,一看到巡捕,就跑过来打一个暗号,即刻背起长凳分散地向横马路转弯跑去。奇怪的是巡捕只把群众驱走,并不来追赶我们(我们遇着的全是中国巡捕,后来回校汇报经过情况,分析可能是大多数中国巡捕已具有爱国意识,能够马虎就马虎了事)。我们就这样地分散又聚合,聚合又宣传,或者是粘贴标语传单,从一个地方到另一个地方,也不知走了多少远的路程,直到下午3时余方才辗转地回到学校,这时大家兴奋极了,好像自己是一个得胜的英雄,奏凯而还。

5月29日清晨一个男同学来通知我们说:"向警予请你们一队去四个人到环龙路44号她那里,有事商量,马上就要去。"于是我们商量了一下,就由我和另外三个同学即刻动身前往。环龙路44号是一栋一楼一底、门前有着小花圃的洋式住宅,我们进去,向警予同志正伏案在写东西,看见我们即刻停下笔,一面把写的东西递给我们,请我们坐下,一面就和我们说:"现在工人们已罢工几天了,请你们代表上海女学生去慰问他们,表示我们对他们的坚持支援。这是一封介绍信,介绍你们前去……"说着就指着介绍信上最后一句:"敬致,有义气!"向警予同志笑着问我们道:"你们懂吗?"我们摇摇头,她就拍着我的肩头亲切地说:"工人们最讲究义气,你们千万不要说一些文绉绉的话,使他们听不懂。杨树浦很远,你们这就去吧。"

我们急急地到了向警予同志所指示的工厂,厂门口站着工人纠察队,把介绍信拿进去,即刻迎出了两位负责的工人同志,带我们进入厂内。在厂里广场的一边,一间很大的敞开来的屋子(好像是临时搭起来的),在屋子里的地下坐满了男女老少的工人们,人人面含悲愤,但却很有秩序的静静地坐在那里。靠左边墙壁布置着小小的主席台,两位带我们进去的

丁敬先　1925年五卅上海大学学生反帝斗争回忆

工人同志向工人们介绍了我们，就请我们上台讲话。这时工人同志们响起了一阵雷轰似的掌声，我们激动得连话也讲不出来了，我记得我只说了短短的几句话，可是一说到"我们大家都是有义气的"时，就是一阵热烈的掌声和呼声。我讲完了下来，另外三位同学因为时间关系来不及上去说，我们就告辞出厂。两位负责的工人同志送我们出来，一位和我并肩走着的低声对我说："工人们已经罢工几天了，不上工，资本家就不发给工资，大多数家里已经没有饭吃了，他们饿着肚子、几天几夜不睡觉……你看还有抱小孩子，孩子饿着哭的，但他们一点不气馁，坚持斗争到底，秩序也很好，希望把这情况带回去……目前，经济支援是非常重要的……"

我们慰问工人同志之后，5月30日，上海各学校学生联合组织在租界上示威游行支援工人罢工，我校的示威游行队伍从西摩路（上大在西摩路，是租赁的房子）出发，至南京西路直向南京中路行进。这时其他各校的游行队伍，还有工人游行队伍，从四面八方滔滔而来，齐向南京路汇合。这时，沿路的巡捕因为我们人多力量大已失去拦阻我们的能力，眼睁睁地看着我们前进，当行至先施永安公司之间，突然从老闸捕房内冲出了英帝国主义者的陆战队和几十个英、印、中巡捕，挥动着枪杆木棍，冲进游行队伍勒逼我们解散退回，这更激怒了我们，一面坚持前进，一面高呼"打倒帝国主义""打倒英日帝国主义""收回租界"的口号。同时市民们也从四面聚拢来，越聚越多，霎时间把一条南京中路拥塞得水泄不通。就在这时，万恶的英帝国主义者就向我们开枪，只听见一片枪声，枪弹像骤雨一样向人丛中飞射，人群如潮水一样向四面汹涌开来，我们仍坚持向英帝国主义开枪的凶手奋力奔去。可是，人群如万马奔腾的巨浪，它把你席卷到东，席卷到西，再也没有自主的力量。我记得当我能够勉强立定脚，定一定神，举目一看时，我已是从浙江路转了弯在一家货店门口立着。我即刻扳开脚仍向南京路奔去，刚到路口，只见马路上一个人也没有了，只看见万恶的帝国主义万国商团的骑兵在马路上来回驰驱，马路上全汪着水，好像被水淹过的（据说放枪之后，又拿自来水橡皮龙头冲击人群）。我正要冲上马路，突然一只手把我向后一拉，接着在我的耳边说："赶快回校集合……何秉彝同学被打死了……受伤的同学还没查清楚……你，快回校……"我抬头一看原来是两个男同学，他们不等我回答就掉头而去寻

找另外的同学去了。

返校后,我们悲悼何秉彝同学,更记下了帝国主义者又一笔血债。5月31日,我校全体宣传队分头出动,宣传打倒一切帝国主义,收回租界,罢工、罢课、罢市,为工人顾正红报仇,为同学何秉彝报仇。我们抱着坚持奋斗的决心,我们的队叫做"敢死队"。我们在人多的地方演说发传单,在人少的地方贴标语,巡捕来了,我们就冲进商店、住户,进行我们的工作,当我们辗转走到北京路西藏路时,一辆通知报信的脚踏车(是各学校联合组织的联络脚踏车队)飞驰而来,向我们传达了命令"包围总商会"。于是我们就向天潼路天后宫桥总商会而去。到了总商会,里面已挤满了学生、工人,但还在陆续的到来,我们挤到会堂门廊外的平台上就再也挤不进去了。这时一阵阵猛烈的呼声像巨浪一样突起:"请总商会宣布罢市,不宣布罢市,我们死也不退出。"这天原是阴天,当我们走到南京东路时天已下起蒙蒙细雨,到这时雨越下越密,点子也粗大了,雨水从每个人头发上流到面颊,流到身上,流得周身都湿透了,但没有人感觉着。一直坚持到天快要黑了,商会会长才宣布同意罢市。

6月1日,我校宣传队仍然出动。因为当商会会长宣布罢市时透露了除了大公司大商店罢市,其余商店血本有关,罢市是比较有困难的,因此我们要宣传南京路上每一个商店都关门罢市。我们一队宣传的地段是南京中路二马路口,左边就是永安公司,是5月31日英帝开枪杀人的所在。我队先到二马路,从二马路出来顺着右手走上南京路的行人道时,一间双开间门面的烟纸什货店正在营业。这店的柜台是沿着行人道的,我刚刚靠拢柜台,轻声地和他们说全体罢市的道理。当店员中有两个现出严肃的面色向我点点头时,我突然感觉到从背后伸来一只巨手,一把抓住了我的右臂。我扭转头一看,只见一个又高又大的英国巡捕头子,他全副武装如临大敌,恶狠狠地一手抓住了我的右臂,一手向跟在他后面的几个中国巡捕做手势,他把我硬抓到停在二马路口的一辆小型的囚车面前,把我揿进车内就和我并排坐下。就在这时,另外五个同学,也被中国巡捕推进车来,即刻开动车子,向南京路老闸捕房驶去。

车子一直开进老闸捕房里面,把我们驱下车来,英国巡捕头子和几个中国巡捕就包围着我们向里面赶。大约向里走了十几步光景,就看见里面是一个很大的广场,远远地看去,在广场左边的一角,东一簇、西一群地站满了被捕的男学生,广场右边的一角,靠近一排平房的西廊前有着一段短短的铁栏,在铁栏内站着我们的男同学瞿景白(瞿秋白老师的弟弟)和一位姓黄的同学,另外还有几个男学生。巡捕就把我们向他们一边赶去,我眼看着瞿景白、黄同学他们,脚步就比较慢了一点。不料,那个英国巡捕头子在我的背上狠狠地推了一掌,我跌跌撞撞直向前扑去,幸亏站在铁栏口边的黄同学抢步出来一把把我拉住,要不然,扑到铁栏上至少要跌个半死。这时瞿景白同学也抢步到了铁栏口,他愤怒地举起双拳面对着那英国巡捕头子高喊"打倒野蛮的英帝国主义者",喊声未完,那万恶的英国巡捕头子对准瞿景白同学的口鼻狠狠地就是一拳。立刻鲜红的血就从瞿景白同学鼻孔、口角直淌了出来。但瞿景白同学,更加握紧双拳、踊起身子,用劲地高呼打倒凶恶的刽子手英帝国主义……这时又跑来了两三个英国巡捕头子,其中的一个一把当胸揪住瞿景白同学,一个就一拳向瞿景白同学面上打去,并说着别扭的中国话说:"你喊不喊?"说着又一拳迎面打去,这时瞿同学满面是血,血从脸上流到衣襟上,流到地上。他用手抹了抹嘴唇,挣扎着还要喊,刚一张嘴,一口鲜血和两枚牙齿就从口里喷了出来。这时我们每一个人的心中充塞着悲愤、仇恨的火焰,恨不能即刻向前打死这一群万恶的英国巡捕头子。可是,就在这一眨眼之间,一群巡捕头子就把瞿景白同学架着并包围着其余男学生向广场后面高大的水门汀房子里面去了,同时另一批巡捕就把我们六个女学生赶进铁栏后面的平房里面去(大概这是临时拘留所)。房子里面什么也没有,四面是潮漉漉的墙壁,满地是掺着碎石头的泥沙。在后端墙上有一扇铁丝网的小窗户。我们只好在房子里站着,或来回走着。过了许久,实在累了,便只好在碎石泥沙上坐下来。又不知过了多少时候,只听见自己的肚皮在咕咕地响,我想起来我袋里有着香烟,我就掏出香烟,刚刚划燃火柴,就看见一张面孔显现在铁丝网窗户上,他望着我说:"不许吃烟。"我们一看是一个年轻的中国巡捕,他的态度并不凶恶,于是一个同学就走到窗前轻声和他说:"你看,外国人对我们要杀就杀,要监禁就监禁,任何一个中国人都要起来救同胞救自己。我想,你们一定是这样的……"说到这里,那位中国巡捕掉头向后面看了看就走开了。这时我们感到很高兴,我随口大声地

唱了一句京戏，即刻铁丝网窗上又显现了一张比先前那个巡捕老一点的中国巡捕的面孔。"怎么唱起戏来了，哼，真是莫名其妙"，他严厉地向我们说。一个同学说："我们的肚子饿了，我们都是中国人呀，你能不能给我们买点东西吃？"这个中国巡捕突然面上浮出笑容说："给你们买东西是不行的，我们很同情你们，听说你们有人在和外国人办交涉，大概会释放你们的——前天外国人下令开枪，要不是我们的枪向天开，不知还要打死多少人……你们忍耐一下，看情况，或许能有东西给你们吃。"在他和我们说话时，那第一个阻止吸烟的年轻的中国巡捕就站在这个巡捕的身旁，面向着广场瞭望。这时他忽地走开，这位和我们说话的巡捕也连忙走开了。约莫又过了两个多钟头，忽听见房子外一片皮鞋、枪刀的声音，接着砰然一声房子的门开了，走进好几个巡捕，厉声地对我们说："出去。"一面就包围着我们向广场走去。

广场中排着两队英帝国主义的陆战队兵士，每一个兵士手中的步枪都装上了雪亮的刺刀。一下子两队英国兵转向面对面，从广场的正中一直排立到捕房的大门口，一齐举起枪来，交叉着刀尖，组成了一条狭仄的枪刀交叉的胡同。这时被捕的学生都从广场后面高房子里带了出来，把我们合在一起排成单人的长队，强迫着我们从这条枪刀交叉的胡同走进去。我恰好排在瞿景白同学的后面，他的身段和我差不多高，穿了一件黑灰色的单长衫，口角边还淌着血，他的鼻梁原是全部下塌的，看上去好像更加塌下去了，他一手拎起长衫的下摆，就大踏步当先领头向刀枪丛中走进去。一走进里面他就高声地喊："打倒凶暴的英帝国主义。"他这一喊，我们都有点吓昏了，只听见头顶上一片刀枪碰击的声音，我们就在这声音中很快地走出了枪刀交叉的胡同，也即走出了老闸巡捕房。看看瞿景白同学，他正气昂昂地回转身来，握着拳头，对着那些英国兵示威，这时大家都已出来，就围绕着瞿景白同学走向归途。

我们被英帝国主义者关在老闸捕房内足足八小时之久，返校后，隔了一天，忽听见许多同学纷纷地说：他们看见有许多英国兵在学校的前后左右站哨岗。当晚又有消息说：英帝国主义者要到学校里来搜捕恽代英老师和一批激烈分子。第二天，上午没有什么动静，中午吃过饭后，约莫一点钟左右，我们正在宿舍里休息，突然间听见操场上人声沸腾，接着就听见宿舍门外一片皮鞋、刀枪的声音涌进了四五个英国兵和几个中、印巡捕。一进来,英国兵就把枪口对准我们,一个中国巡捕就对我们说:"现在英国人查封你们的学校,限你们五分钟内走出学校。听清楚了吗?赶快收拾东西走路。"这时我们如同当头打了一个晴天霹雳,虽是心里早有准备,但还没有想到会这样凶狠恶毒来封闭我们的学校,看看宿舍里只有我们四个人,也不知道外面的情况怎样。而这时英国兵拿枪杆正把我们每个人床上的被褥挑起来抛在地下,又把台子上的书籍簿册乱糟糟地扔到地上,指挥着中国巡捕查看,几个中国巡捕弯下腰随便翻看了一下,站起来用脚把书踢在一起说:"快些捡好,快走。"我们抑住了满心愤怒,一口气把满地书籍簿册和所有用物拿被单包裹了,再把被褥衣物卷成一卷,也不知哪来的力气,捐起行李,提起包裹走出宿舍。到了操场,只见操场里满布着英国兵,男女同学还在一簇簇、一群群地被巡捕押着进进出出地搬行李,操场地下东一堆、西一堆地堆着被褥、箱子、网篮等物。英军陆战队如临大敌一样包围着操场,把守着校门,这时我们把东西丢在操场上,又到宿舍里去背箱子,等到把箱子背到操场,只见住在学校邻近的英国侨民妇女们,约有十余人,人人双手捧着银色茶盘,盘子里盛着玻璃杯和玻璃水壶,她们笑着、跳着把盘子捧到每一个英兵面前请他们吃,就好像在战场上犒劳得胜的战士一样。这真把我们气坏了,大家都咬着牙齿狠狠地瞪视她们。

我们——全校师生就在英帝国主义武装的压迫下离开了我们自己的学校——上海大学。我们派出代表和学校当局,就在两天之内在南市方斜路方浜桥租赁了十余栋一楼一底二楼二底的住宅,作为临时校舍。除了有许多同学已于被迫离校时回转家中或家乡外,我们则即刻住进临时校舍。住进临时校舍的第二天,校方通知说:"于右任校长已从西北赶回上海,明天借会堂召开全体师生大会。"

于右任校长虽也住在上海,却经常不到学校,学校具体负责人是邵力子和陈望道老师,大家听见他赶回上海又召开全体师生会议,都感到十分兴奋。全体师生大会开始,于右任校长,穿着淡灰色长袍,抚着胸前长髯,道貌岸然地出现在主席台上,他说:"我在西北听见上海反帝的情况,我就知道我们学校——这个革命的炮弹要炸裂了……"立刻台下哄起了热

烈的呼声和掌声。"当然,我们对帝国主义的斗争要坚持到底,但同时要听政府的命令、做政府的后盾,静候政府解决……"他接着说下去,但由于台下人声嘈杂起来,又由于他的陕西口音,以下完全没有听清楚,于校长讲完了,学生代表讲话,接着改组学生会,我被选任为学生会宣传部副部长。

这之后,我除有时代表学生会出席上海学生联合会代表会议外,最多的时间是参加上海妇女联合会为救济工人募款的活动。上海妇女联合会绝大多数是上海各大、专院校的女学生,当时著名女戏剧家钱剑秋也经常到会,她倡议编一出话剧义演,可能获得更多的款子。决定后,由她编剧并转请上海著名的职业话剧演员郑正秋导演,剧本叫作《几时醒》。剧情大意是说:一个资本家依靠帝国主义办厂,无所不用其极地剥削、压迫工人,这资本家有个妹妹是大学生,具有爱国思想、革命意志,和工人站在一起,因而时时规劝资本家。资本家的妻子是外国人办的教会学校毕业的,她帮助丈夫作恶,仇恨妹妹。由于工人一再罢工,资本家一再镇压不了,帝国主义者就一脚踢开资本家,而资本家还是这样干,妹妹对他说:"你到底几时醒?"资本家夫妇就唆使帝国主义把妹妹逮捕了去。工人得到消息,蜂拥而来抓着资本家夫妇清算。全剧至此告终。当时我竟被指定饰演剧中的资本家,我不答应,经过说服我就演了,可是当演出时,工人抓着我要我跪下来,我认为这是有心和我为难,我竟坚持不肯跪下,这时一个扮演工人的同学轻轻地说:"你忘记了,是在演戏啊。"我才恍然明白勉强地跪下来,不料由于这样一来,竟博得了满堂的骂声和喝彩声。

这出《几时醒》话剧,经钱剑秋和郑正秋两位戏剧家慎重地挑选了饰演的成员(全部女学生饰演),又慎重地把每一个饰演的人从舞台演技教起一直到全体合演,足足花了二十多天的时间,才排演成熟,就假九亩地新建的一所漂亮的京戏舞台——新舞台演出,票价分5元、3元、2元、1元四种出售。一部分5元票子由大家个别分担推销,演出之夜,真是人山人海,满了座又吵着加座。事后统计,票子卖了八九千元之多,大家高兴极了,准备连续演出,不料学联传来通知:"政府命令一切团体停止活动,惨案事件,静候政府交涉解决。"同时学联、妇联,几个积极负责的人不知到哪里去了,而我们学校的校方也在这时通知放暑假,通知说:"临时校舍是情商暂赁的,必须即时腾空归还,所有同学一律回家,不得迟延。下学期另筹校舍,准时开学。"就在这时,我突然接到湖北汉口家中拍来的电报:"母病剧,速回。"我震惊之下,什么也不管了就连夜回汉口而去,可是,回到家中母亲并没有生病,而是我住在上海的一个姑母写信通知母亲这样做的。从此,就结束了我学生时代一段短短的有意义的生命历程。

(1962年5月7日)

丁　玲
# 回忆上海大学

> 原载许杨清、宗诚编《丁玲自传》（江苏文艺出版社1996年版，第39—44页）。题目为编者所加。
>
> 丁玲（1904—1986），原名丁冰之，湖南常德人。1923年8月进入上海大学中国文学系学习。其创作的长篇小说《太阳照在桑干河上》于1952年获苏联斯大林文艺奖金。

上海大学这时设在中国地界极为偏僻的青云路上。一幢幢旧的、不结实的弄堂房子，究竟有多大，我在那里住了半年也弄不清楚，并不是由于它的广大，而是由于它不值得你去注意。我和王剑虹住在一幢一楼一底的一间小亭子间里，楼上楼下住着一些这个系那个系的花枝招展的上海女学生。她们看不惯我们，我们也看不惯她们，碰面时偶尔点点头，根本没有来往。只有一个极为漂亮的被称为校花的女生吸引我找她谈过一次话，可惜我们一点共同的语言也没有。她问我有没有爱人，抱不抱独身主义。我说我从来没有想过这个问题，现在也不打算去想。她以为我是傻子，就不同我再谈下去了。

我们文学系似乎比较正规，教员不大缺课，同学们也一本正经地上课。我喜欢沈雁冰先生（茅盾）讲的《奥德赛》《伊利亚特》这些远古的、异族的极为离奇又极为美丽的故事。我从这些故事里产生过许多幻想，我去翻欧洲的历史、欧洲的地理,把它们拿来和我们自己民族的远古的故事比较。我还读过沈先生在《小说月报》上翻译的欧洲小说。他那时给我的印象是一个会讲故事的人,但是不会接近学生。他从来不讲课外的闲话,也不询问学生的功课。所以我以为不打扰他最好。早先在平民女校教我们陀思妥耶夫斯基的《穷人》的英译本时,他也是这样。我同他较熟,后来我主编《北斗》时,常就教于他,向他要稿子。所以,他描写我过去是一个比较沉默的学生,那是对的。就是现在,当我感到我是在一个比我高大、不能平等谈话的人的面前,即便是我佩服的人时,我也常是沉默。

王剑虹则欣赏俞平伯讲的宋词。俞平伯先生每次上课,全神贯注于他的讲解,他摇头晃脑,手舞足蹈,口沫四溅,在深度的近视眼镜里,极有情致地左右环顾。他的确沉醉在那些"独倚望江楼,过尽千帆皆不是……"既深情又蕴蓄的词句之中,他的神情并不使人生厌,而是感染人的。剑虹原来就喜欢旧诗旧词,常常低回婉转地吟诵,所以她乐意听他的课,尽管她对俞先生的白话诗毫无兴趣。

田汉是讲西洋诗的,讲惠特曼、渥兹华斯,他可能是一个戏剧家,但讲课却不太内行。其他的教员,陈望道讲古文,邵力子讲《易经》。因为语言的关系,我们不十分懂,就不说他了。

可是,最好的教员却是瞿秋白。他几乎每天下课后都来我们这里。于是,我们的小亭子间热闹了。他谈话的面很宽,他讲希腊、罗马,讲文艺复兴,也讲唐宋元明。他不但讲死人,而且也讲活人。他不是对小孩讲故事、对学生讲书,而是把我们当作同游者,一同游历上下古今、东南西北。我常怀疑他为什么不在文学系教书而在社会科学系教书,他在那里讲哲学。哲学是什么呢?是很深奥的吧?他一定精通哲学!但他不同我们讲哲学,只讲文学,讲社会生活,讲社会生活中的形形色色。后来,他为了帮助我们能很快懂得普希金的语言的美丽,他教我们读俄文的普希金的诗。他的教法很特别,稍学字母拼音后,就直接读原文的诗,在诗句中讲文法,讲变格,讲俄文用语的特点,讲普希金用词的美丽。为了读一首诗,我们得读二百多个生字,得记熟许多文法。但这二百多个生字、文法,由于诗,就好像完全吃进去了。当我们读了三四首诗后,我们自己简直以为已经掌握俄文了。

冬天的一天傍晚,我们与住在间壁的施存统夫妇和瞿秋白一道去附近的宋教仁公园散步赏月。宋教仁是老同盟会的,湖南人,辛亥革命后牺牲了。我在公园里玩得很高兴,而且忽略了比较沉默或者有点忧郁的瞿秋白。后来施存统提议回家,我们就回来了,而施存统同瞿秋白却离开我们,没有告别就从另一条道走了。这些小事在我脑子里是不会起什么影响的。

第二天秋白没有来我们这里,第三天我在施存统家遇见他,他很不自然,随即走了。施存统问我:"你不觉得秋白有些变化吗?"我摇摇头。他又说:"我问过他,他说他确实堕入恋爱里边了。问他爱谁,他怎么也不说,只说你猜猜。"我知道施先生是老实人,就逗他:"他会爱谁?是不是爱上你的老婆?一知是很惹人爱的,你小心点。"他翻起诧异的眼光看我,我笑着就跑了。

我对于存统的话是相信的。可能秋白爱上一个他的"德瓦利斯",一个什么女士了。我把我听到的和我所想到的全告诉剑虹,剑虹回答我的却是一片沉默。于是我们的小亭子间寂寞了。

过了两天,剑虹对我说,住在谢持家的(谢持是一个老国民党员)她的父亲要回四川,她要去看他,打算随他一道回四川。她说,她非常怀念她度过了童年时代的四川酉阳。我要她对我把话讲清楚,她只苦苦一笑:"一个人的思想总会有变化的,请你原谅我。"她甩开我就走了。

这是我们两年来的挚友生活中的一种变态。我完全不理解,我生她的气,我躺在床上苦苦思磨,这是为什么呢?两年来,我们之间从不秘密我们的思想,我们总是互相同情,互相鼓励的。她怎么能对我这样呢?她到底有了什么变化呢?唉!我这个傻瓜,怎么就毫无感觉呢?……

我正烦躁的时候,听到一双皮鞋声慢慢地从室外的楼梯上响了上来,无须我分辨,这是秋白的脚步声,不过比往常慢点,带点踌躇。而我呢,一下感到有一个机会可以发泄我几个钟头来的怒火了。我站起来,猛地把门拉开,吼道:"我们不学俄文了,你走吧!再也不要来!"立刻就又把门猛然关住了。他的一副惊愕而带点傻气的样子留在我脑际,我高兴我做了一件有趣的事,得意地听着一双沉重的皮鞋声慢慢地远去。为什么我要这样恶作剧,这完全是无意识和无知的顽皮。

我无聊地躺在床上,等着剑虹回来。我并不想找什么,却偶然翻开垫被,真是使我大吃一惊,垫被底下放着一张布纹信纸,纸上密密地写了一行行长短诗句。自然,从笔迹,从行文,我一下就可以认出来是剑虹写的诗。她平日写诗都给我看,都放在抽屉里的,为什么这首诗却藏在垫被底下呢?我急急地拿来看,一行行一节节啊!我懂了,我全懂了,她是变了,她对我有隐瞒,她在热烈地爱着秋白。她是一个深刻的人,她不会表达自己的感情;她是一个自尊心极强的人,她可以把爱情关在心里,窒死她,她不会显露出来让人议论或讪笑的。我懂得她,我不生她的气了,我只为她难受。我把这诗揣在怀里,完全为着想帮助她、救援她,惶惶不安地在小亭子间里踱着。至于他们该不该恋爱,会不会恋爱,他们之间能否和谐,能否融洽,能否幸福,还有什么不妥之处,在我的脑子里没有生出一点点怀疑。剑虹啊!你快回来呀!我一定要为你做点事情。

她回来了,告诉我已经决定跟她父亲回四川,她父亲同意,可能一个星期左右就要成行了。她不征询我的意见,也不同我讲几句分离前应该讲的话,只是沉默着。我观察她,同她一道吃了晚饭。我说我去施存统家玩玩,丢下她就走了。

秋白的住地离学校不远,我老早就知道,只是没有去过。到那里时,发现街道并不宽,却是一排西式的楼房。我从前门进去,看见秋白正在楼下客堂间同他们的房东——一对表亲夫妇在吃饭。他看到我,立即站起来招呼,他的弟弟瞿云白赶紧走在前面引路,把我带到楼上一间比较精致的房间里,这正是秋白的住房。我并不认识他弟弟,他自我介绍,让我坐在秋白书桌前的一把椅子上,给我倒上一杯茶。我正审视房间的陈设时,秋白上楼来了,态度仍同平素一样,好像下午由我突然发出来的那场风暴根本没有一样。这间房以我的生活水平来看,的确是讲究的:一张宽大的弹簧床,三架装满精装的外文书籍的书橱,中间夹杂着几摞线装书。大的写字台上,放着几本书和一些稿子、稿本和文房四宝;一盏笼着粉红色纱罩的台灯,把这些零碎的小玩艺儿加了一层温柔的微光。

秋白站在书桌对面,用有兴趣的、探索的目光,亲切地望着我,试探着说道:"你们还是学俄文吧,我一定每天去教。怎么,你一个人来的吗?"

  他弟弟不知什么时候走开了。我无声地、轻轻地把剑虹的诗慎重地交给了他。他退到一边去读诗,读了许久,才又走过来,用颤抖的声音问道:"这是剑虹写的?"我答道:"自然是剑虹。你要知道,剑虹是世界上最珍贵的人。你走吧,到我们宿舍去,她在那里。我将留在你这里,过两个钟头再回去。秋白!剑虹是我最好的朋友,我不忍心她回老家,她是没有母亲的,你不也是没有母亲的吗?"秋白曾经详细地同我们讲过他的家庭,特别是他母亲吞火柴头自尽的事,我们听时都很难过。"你们将是一对最好的爱人,我愿意你们幸福。"

  他握了一下我的手,说道:"我谢谢你。"

  等我回到宿舍的时候,一切都如我想象的,气氛非常温柔和谐,满桌子散乱着他们写的字,看来他们是用笔谈话的。他要走了,我从桌子前的墙上取下剑虹的一张全身像,送给了秋白。他把像揣在怀里,望了我们两人一眼,就迈出我们的小门,下楼走了。

  事情就是这样。自然,我们以后常去他家玩,而俄文却没有继续读下去了。她已经不需要读俄文,而我也没有兴趣坚持下去了。

丁　郁
# 五卅时期上海大学点滴

> 原载中共上海市委党史研究室编《上海党史资料汇编（第一编）》（上海书店出版社2018年版，第157—158页）。
>
> 丁郁（1900—？），1924年进入上海大学社会学系学习，1925年加入中国共产党。曾任中共上海区执行委员会候补委员，妇女运动委员会主任、妇女部主任，上海女界国民会议促成会书记。

因我舅父同上海大学校长于右任是朋友，经他介绍，我在1924年未经考试就进了上海大学社会学系。我读书时，上大的地址是在西摩路（现陕西北路），社会学系的主任是李季，教师有施存统、恽代英、蔡和森等。

上海大学有社会学系、文学系、英文系等几个系。其他系上课比较正常，我们社会学系没有正规的上课，主要是搞社会活动。有的参加工人运动，有的搞学生运动、妇女运动。社会学系的学生大多是男的，女同学只有杨之华、张琴秋、黄胤和我等几人。文学系女同学比较多。

1925年初，我由杨之华、张琴秋介绍加入中国共产党。上大的党组织是教师和学生编在一起的。我们党小组的组长是施存统。他常常同我们开小组会，领导我们学习。

关于五卅运动，上海大学是学校领导动员参加的，由老师做报告，讲了顾正红被日本人杀害的情况，发动学生起来斗争。我们听了怒火满腔，

热血沸腾,决心要为烈士报仇。当时,学校领导对五卅行动作了具体的计划和部署,力图把反帝爱国斗争推广到社会上去。学校的组织分工有通讯队、救护队、敢死队等,敢死队的任务是到各大马路上宣传演讲。

我和黄胤两个女同学报名参加了敢死队。我是准备牺牲的。那时,我住在汪协如家,五卅前夜,我写了一张绝命书:"我死了,请告诉我妈妈一声。"第二天早晨放在床上就走了。上午,我和黄胤到南京路老闸捕房斜对面,向商店借了只长凳向群众进行演讲,讲日寇侵我领土,杀我同胞,屠杀顾正红烈士等,听讲的市民越围越多,都愤怒异常。英国巡捕出来干涉,我们两人和敌人争辩,结果蛮横的敌人把我们逮捕了。我们是最早被捕的一批。通讯队立即把这一情况通知游行的组织者,游行队伍纷纷向老闸捕房涌来。

我们被关在捕房里,一点不知道外面又发生了什么事情,只看到英国巡捕进进出出乱作一团,有的抬担架,有的拿水龙。接着,我们对面就关进了几十个男学生。后来,听到巡捕房外面群众不断的口号声、抗议声、敲铁门声,巡捕房的铁门几乎要被冲破了,然后又听到枪声,知道事态扩大了。下午,巡捕房要放我们回去,我们表示,对面的男同学不出去我们也不出去。这样,拖到晚上才出巡捕房。我们回校后,将经过情形向老师作了汇报。

隔了两天,巡捕房派大批巡捕到上海大学搜查,学生全部被赶出学校,铺盖、衣物都被丢在马路上,学校被封闭了。学生们只得各人自找暂时安身之处。

上海大学为了坚持斗争,在闸北租了民房,继续上课,并决定向社会募捐,重建校舍。于是,学校成立了募捐队,我被派到广州去募捐。我到过黄埔军校,曾向周恩来同志募捐。募捐任务完成以后,我向组织上提出请求,因家庭经济困难,难以继续求学,想找个工作。组织上同意了我的要求,把我派在邓中夏那里,做整理材料、剪报等工作。

# 高尔柏
## 回忆上海大学

> 这是王家贵、蔡锡瑶等于1980年3月在桂林访问高尔柏时的记录整理稿,原载王家贵、蔡锡瑶编著《上海大学(1922—1927)》(上海社会科学院出版社1986年版,第86—91页)。题目为编者所加。
>
> 高尔柏(1901—1986),江苏青浦(今属上海)人。1924年9月进入上海大学社会学系学习,同年加入中国共产党。1926年,中共上海区委批准成立上海大学独立支部,直属上海区委领导,高尔柏为第一任支部书记。

上海大学三个系的教师阵营很强,都是当时全国有名的学者或革命家。英文系教授周越然的英语水平极高,也是全国有名的一位学者;至于社会学系的教师,那是中国的最早的一批高水平的马克思列宁主义的社会科学家。他们所讲的课程均有讲义,可惜现在已找不到了,否则倒是一部重要的文献。

上海大学还有一所附属中学,附中主任为侯绍裘,是一位杰出的共产党员,也是一位中等教育专家,主任下设有教务主任钟伯庸,事务主任沈志远(沈观澜),训育主任高尔柏。学生中共产主义青年团员很多,其中如王稼祥被选派去莫斯科中山大学学习,参加了CP。

1924年我入上海大学社会学系,并兼任上海大学附中训育主任,同年参加了党,介绍人是施存统和杨贤江。杨贤江是商务印书馆《学生》杂志的主编,在全国青年学生中很有威望。大革命失败后,被蒋介石通缉,逃亡日本京都。我后来也逃亡日本,和他同在京都,他未回国,病逝于京都。

上海大学校内CP较多,CY更多,校内建有一个党支部,支部是由区委(管上海、江苏等地区)直接领导,约在1926年到1927年春,我曾担任支部书记,由区委书记罗亦农直接领导。党对上海大学非常重视,瞿秋白离开上海大学到党中央工作后,为了深入上大,还出席一个小组的会议指导工作(大约在1925年上半年),于此可见党对上海大学的重视了。

上海大学的党支部,下面分几个小组,小组的划分大致根据党员所属学系而分,但有特殊情况,如有教师参加的属于一组;政治觉悟较高的也时常划在一组。我记得秦邦宪入党后曾划在政治觉悟较高的那一组,使他得到较多的帮助,进步也更快了。所以小组的划分不是死板的,小组开会则选在比较安全的地方,如各人住室或是僻静的教室或办公室,有时也去附近的宋公园内。总之,以安全为主。开会时派人放哨,特别是区委常借上海大学教室或其他房间开会,在此情况下,支部就派一定数量的党团员去放哨,务使不出事故。当时反动军阀对上海大学极为注意,我们就不得不严加防范以保障安全。

党员的组织生活内容是丰富的,一般有:学习革命理论,学习国内外时事,学习党的政策,布置革命工作,讨论学校工作,讨论发展对象等,以及其他有关的事。那时学习革命理论的书籍,主要是陈望道译的《共产党宣言》和布哈林的《共产主义ABC》,以及其他由区委指定的资料。支部和小组每次开会,总要布置革命工作,特别是在历次运动中,有时来不及开会讨论,就由支部布置下去。比如在五卅运动中,要派出好多同学去检查日货,而时间又来不及仔细讨论,就只好由支部决定,请学生会出面组织同学去工作。当然在组织中,党团员都是负主要责任,带头向前的。

这里说一下发展党团员、扩大组织的事。当时到上海大学学习的青年学生,除了极少数外,一般都比较进步,有革命要求的。因此,在这些青年学生中发展党团员比较容易些。那时发展党团员的主要条件:是否坚决反对旧社会,为革命奋斗到底;是否遵守党的纪律,服从组织,严守秘密。至于家庭成分等方面,那是不大考虑的。另外,吸收党员还有从CY中选拔的,也有由CP方面提出某些CY同志,请CY方面负责考虑介绍的。CY同志参加CP后,并不一定脱离CY组织,也有兼两重组织关系的。至于CY发展团员,要求就比较低些。上海大学CY组织在同学中比数很大,约占三分之一。我担任CP支部书记时,CY的支部书记为欧阳继修,他去黄埔军校任教官后,由吴熙继任。在上海大学附属中学内,CY也是不少的,如秦自安、胡醒灵、唐棣华等。

上海大学同学在党的领导下,积极参加反帝反军阀的斗争,如1925年的五卅游行,上海大学学生队伍行至南京路时,突然受到巡捕的屠杀和逮捕,上海大学何秉彝同学惨遭枪杀,受伤的同学也不少。有位姓梅的同学回校后,把自己的长袍给人家看,上面有四个枪洞,幸而没有打在身上。他说:"我要把这件袍子保存起来,作为纪念,这样,我一见到这件衣服就增加了对帝国主义的痛恨,决心一辈子革命,打倒帝国主义,打倒军阀。"当时上海大学有两张著名的传单,一张是在中国第一次提出了"打倒帝国主义"这个口号,另一张是关于顾正红烈士的。人们读了这些传单,颇为激动,引起了对日本帝国主义枪杀顾正红的愤怒。当时上海大学同学和全市各校同学一道,在上海市学生联合会统一号召下,全体出动,劝告全市大罢工、大罢市、大罢课,推动了震惊全球的五卅运动。至于当时上海市学生联合会,设委员长、副委员长各一人,委员长由交通大学代表担任,副委员长由上海大学代表担任(我在五卅后曾代表上海大学学生会去担任过几个月的副委员长工作)。

1926年底至1927年初,孙传芳在南京,毕庶澄在上海,对人民施以法西斯压迫,引起了人民群众的强烈不满。上海大学学生在这一斗争中走在前列,勇敢地与军阀斗争。有一次在上海大学附近,青云路的一块空地上召开群众大会,会后预备游行示威,哪知军阀已得到情报,便把马路封锁了,前排士兵上刺刀的长枪横握在手,勇敢的上海大学女同学,在杨之华的带领下,挺起胸膛直向前冲,而这批胆小鬼士兵竟不知所措,让同学们冲过去了。还有一次,上海学生联合会布置全市学生散发反对军阀的传单,上海大学同学全体出发,在上海各区散发传单。军阀下令把散发传

单的人统统逮捕，由各区警察局解至龙华的警备司令部。上海大学的同学被捕的不少，附属中学的幼年同学也有被捕的，如胡炳生等，事态非常严重。我们一方面对同学家属做了工作，同时进行营救，发动舆论界请各大报援助，和地方上各方面有名人物声援，还请当时著名的律师董康及其他律师营救，记得第一步是允许把二十岁以下的少年学生先释放，以后逐步解决了。

当北伐高潮国民革命军快接近上海地区的时候，上海的革命群众积极参加各项活动，特别是周恩来亲自组织和指挥的上海工人第三次武装起义，获得了辉煌的战果。在这次斗争中，上海大学的同学也是积极参加了的，比如上海大学同学郭伯和在周恩来领导下负责闸北区的战斗，指挥革命工人攻占了闸北警察署，肃清了在闸北地区的所有兵匪和恶棍，立下了不朽战功。国民党方面为了配合北伐军进攻上海，并为维持北伐军攻占上海后的地方行政，设立了一个"东南军政委员会"，国民党人钮惕生为主任委员，委员有杨杏佛、杨贤江、梅龚彬，上海大学方面侯绍裘和我也被委任为委员。这个委员会曾由钮惕生联系驻沪海军二艘军舰届时起义，以及其他一些有关迎接北伐军事宜，但没有起过多大作用。

上大同学经常深入工人群众中宣传揭露资本家的剥削，特别是外国资本家惨无人道的压迫；并创建工人夜校，提高工人的文化程度和政治觉悟。女工方面，常由杨之华领导女同学们去做各项工作。童国希、彭进修、项一椵、赵君陶、唐纯茵等都经常参加，她们每天在天亮前，即工人交接班时去，做好工作才回校。女工们对待她们热情友好，时常请她们去家中作客，团结得很好。女同学们也从女工方面学习了一种真挚、诚实、热情的优良品德，提高了自己。

参加国民党，做国民党的工作，在当时是一项特殊任务。当时国共合作，自从孙中山决心改组国民党，召开第一次全国代表大会后，我党同志被派参加国民党、做国民党工作的有不少人。国民党的各级党部以及各个单位，大多数有共产党员参加工作，如周恩来担任了黄埔军官学校的政治部主任，侯绍裘担任国民党江苏省党部的常委等。上海大学同学中派去担任国民党工作的也有不少，秦邦宪、朱义权和我都曾被派到国民党上海市党部工作过，林钧则负责国民党的商人运动。我们为了做国民党工作,也都参加了国民党。国共合作时期,在各级国民党的组织中,协定我党党员参加领导工作的占三分之一,如某个国民党党部的执行委员为九人,则我党可以提出三个共产党党员,保证选出参加领导机构,所以我党参加国民党工作的党员,有些人是要给国民党知道的。

我们在国民党中,也进行了与国民党右派的斗争。比如在上海大学,党支部主办过一份《中山主义》八开的报刊,是针对国民党右派孙文主义学会的。《中山主义》主要提倡孙中山的三大政策——联俄、联共、扶助工农,从理论上驳斥国民党右派的反动观点。那时,这个小刊物也起了不少作用,尤其对上海大学同学的思想认识是有一定帮助的。

上海大学党支部也领导同学们进行反宗教运动。当时很多同学分别派到各个教堂,在做礼拜的时候散发反宗教的传单,并作演说,说明宗教是一种迷信,天主教和基督教是帝国主义用来侵略我们的工具,是帝国主义深入我国的间谍。我和几个同学曾去四川路青年会作过一次这样的宣传。

在上海大学,中国共产党为使青年能在革命工作中发挥更大的作用,特派一批同学去苏联深造。上海大学同学中如秦邦宪、王稼祥、姜余麟、孙宗桓、张崇德,上大附中事务主任沈观澜,都是被派去学习的,商务印书馆编辑董亦湘也是这一批去的。这个选派工作是由区委直接办理,上大附中主任侯绍裘曾参加这个工作。这批同学去苏联后,均在莫斯科中山大学学习。

上海大学的同学在校时,一方面学习,一方面参加斗争实践。但在必要时,党就派到各方面去从事革命工作。上面已提到欧阳继修被派去黄埔军校当教官,秦邦宪、高尔柏、朱义权、林钧等去国民党上海市党部工作,还有像李硕勋被派去国民革命军第六军某师任政治部主任,严谦去福建东路军指挥部工作,张超被派去中国救济会工作等,这种情况是非常多的。一般情况,均由区委决定要哪些人,上海大学党支部就通知他本人去联系。

(1980年3月访问于桂林)

# 葛克信
# 回忆上海大学

> 这是1962年10月25日对葛克信的访谈记录稿。原件藏上海市档案馆，档号：D10-1-59。原件称此件为"第三次访问葛克信记录"。题目为编者所加。
>
> 葛克信（1905—1976），江苏如皋人。1923年8月进入上海大学英国文学系学习。新中国成立后，任上海《文汇报》管理部副主任兼文汇印刷厂厂长。

一、陈望道先生于1950年曾召集上海大学的师生开过两次座谈会，会址在戴介民先生所办的中学校中。到会的有二十余人，我亦参加了。大家谈了自己所记得的事情，当时有记录，存陈先生家里，也搜集了一些文史资料。当时陈先生拟将复旦大学改为上海大学以资纪念。据陈先生云：上海大学原有师生住在本市者总有百十人，以后仍要继续搜集上海大学的资料。他召集会议搜集史料，可能是邵力子向他提出过，而他自己对此事亦颇关心云。

项一权在座谈会上负招待之责，她又是上大生，记得的东西不会少。

二、我在上次和你们会谈后就动手写了一本《上海大学亲忆》，写得不系统，想起了什么我就写什么，仅供参考。希望以后能按某一项事情，搜集材料，加以整理，或召集座谈会，互相启发，互相补充，才能达到比较完整的地步。

我写的东西,已交给了"上海市民革委员会",可能已上交市政协保存。如要找来看,可与民革秘书长武和轩先生联系。

三、上海大学丛刊,出是出好几部书,我记不大清楚了。可问关中哲,关的通信处可问周伯勉先生——他是于右任的外甥——现住瑞金二路46号,电话:37764。蒋抱一也知道蒋家可问矣。

四、关于学运方面,刘一清、朱义权二人知道甚详,他们在解放前后,都与我通信。他们当时在苏北南通的余东外场或在角斜盐坊做事,可打听一下。

梅电龙、全世堪负责学生会工作,全在大革命后一去无消息,梅现任民革中央的秘书长,梅的别字为龚彬。

王弼在上大时,负担流难会工作,听说在青岛。

巫钲一死于日本。

张崇德的下落,李平心可能知道。

五、孤星社的活动情况,安剑平最了解,他的通信地点,要问孟超,或高尔柏。

六、第三次工人起义,金耀光是否参加了,这要弄清楚。我没有听说这人的名姓。

# 龚兆奎
# 回忆上海大学

> 这是1962年1月19日对龚兆奎的访谈记录稿。原件藏上海市档案馆，档号：D10-1-52。题目为编者所加。
>
> 龚兆奎（生卒年不详），上海大学校工。

一、我在上大当校工，从上大开办起直到五卅后我跟汪季之到北京前为止。上大有校工三十多人，建立了校工工会。每月要交会费，那时的工资只有三四元，最多六元。上大的公文由我送，工资由我去支取。经常要送油印的小报、传单及各种宣传品到各区去，沪西樱华里、日华纱厂送的最多，送到厂门口有人来领，因为约好了，工人看见脚车上有上大的牌子就来拿。顾正红死的时候、孙中山逝世纪念时，我也送过传单，西门体育场开大会，青云路开追悼汪寿华烈士的大会我也参加了，以后晚上贴标语、写口号。

二、上大的校址：原在青云路青云里有五幢弄堂房子，后搬西摩路南洋路，五卅后又搬回青云路师寿坊租第八、九、十、十一四幢房子为校舍。我曾同一位同志去看西摩路原址，房子多已拆掉，盖过新房子，认不出来了，只有一间老虎灶还在，可问问情况。

三、上大办的平民夜校，在西摩路敦裕里上大附中课堂内，报名上课的有三十余人，校工有十多人轮流上课，其余的是小烟纸店的伙计、小贩、洗衣作的、娘姨,弄堂里的老百姓也有几个。上课总是在晚上,每周上三次,课本是油印的,边认字边讲道理,讲资产阶级、无产阶级,工人为什么要受压迫受痛苦,帝国主义在租界上欺负人,讲过三民主义,也讲过共产主义,上课的先生都是社会学系的大学生,如刘一清、程永言等常来。

到师寿坊也办了夜校,报名的有百来人,有小船上的,有粪箕工人,有小贩小工,也有娘姨,来读书的一概免费。在大学部课堂里上课,墙上挂有马克思、孙中山的像,讲课的还是社会学系的学生,讲苏联革命成功,工人当了家,讲马克思、列宁领导革命,全世界穷人都要翻身;讲大家要民主,要当主人,工人要团结起来,不要吵闹,不要打相打,以后要男女平等,做八小时工作,租界要收回,要打倒帝国主义。

四、五卅时刘华领导沪西东洋厂工人到南京路去示威。上大学生通通出发到大马路(附中学生大部分参加了),被英国巡捕打死一位姓何的学生,打伤的有五六位,我站在新世界门口没有遭难。

关中哲
# 与杨明轩往来的几件事

> 原载中国民主同盟中央委员会文史委员会、中共陕西省委党史研究室编《杨明轩》(陕西人民出版社1991年版,第111—112页)。
>
> 关中哲(1903—1995),陕西华县人。1924年2月进入上海大学社会学系学习。1925年加入中国共产党。新中国成立后,任西北民族学院教授、汉语系主任、图书馆馆长,甘肃省文史馆副馆长、甘肃省政协委员。

1923年,我到上海大学读书。上海大学的正副校长,虽然是于右任和邵力子,但实际负主要职责的大都是共产党员,如邓中夏负责校务,瞿秋白任社会科学系主任等。1923年冬到1924年夏,杨明轩任职上海大学并兼附中的主任,和瞿秋白、邓中夏等来往密切。他学识渊博,为人正直,我们在上海大学读书的陕西人都非常尊敬他,乐于和他交往。他让我在学生中多做些工作,根据他的意见,我担任了学生中一个社会主义青年团支部的书记并兼学生会的负责人。

上海大学的进步力量很强大,引起了反动派的不满,准备对校内的共产党员和进步人士下毒手。一天深夜,杨明轩到我的住处对我说:"反动派要下毒手了,你赶快离开上海!"说着就把一张船票交给我,要我第二天就走。当我问起他怎么办的时候,他说:"你先走,不要管我!"

回到陕西后,我去绥德在省立第四师范学校任教。那时绥德四师的校长是常汉三,校内有一个党的特别支部,蔡楠轩是书记,何寓础负责组织,我负责宣传。1927年秋,宋哲元命令井岳秀在绥德"清党",我在绥德四师待不下去了,便和赵少西、雷五斋商量,一起回西安。绥德县长是进步人士韩兆鹗,他给我们雇了三条毛驴。当我们经山西大道,将要进潼关的时候,碰到了从武汉返回的杨明轩。他在国民军联军驻陕总司令部教育厅厅长任内,推行进步的教育改革措施,多有建树,大革命失败后不能在西安立足,去了武汉。他对我们说,西安还在"清党",他欲去绥德。我们说了绥德的情况,便和我们一同进潼关,到了我的家乡华县。他与华县咸林中学的创建人和负责人都有关系,因此我们就吃住在咸中。过了几天,他们三人继续西行,安排我留在咸中教书。临走时,他还嘱咐咸中的负责人注意保护我的安全。

后来,由于种种原因,我失掉了党的关系。1943年至1947年间,我在三原中学任校长。当时民盟西北的组织已在各地活动,杨明轩是主要负责人之一。他知道我在三原后,对我十分关心。通过张锋伯给我带话,让我参加了民盟组织,继续进行革命活动。

1948年8月到1949年春夏,国民党反动派强迫西安的几所大学南迁。时在陕甘宁边区的杨明轩对此事十分关心,通过西北大学学生、地下交通丁光(王顺命)、毛西超,指示我在教职员和学生中做工作,阻止学校南迁。我当时在西大任秘书主任。实际上,大部分教职员和学生反对迁校,学校只是在表面上做了些应变准备。即:一方面,派几个最反动的教职员到四川找校舍,以削弱校内的反动势力;另一方面,强调迁校需要一大笔经费,天天给南京政府打电话要钱,拖延时日。胡宗南曾当面强迫校长杨钟键迁校,他就以还未找到合适的校舍和没有迁校经费来应付。

解放以后,杨明轩任西北军政委员会委员兼文教委员会主任,他的意见还要杨钟键继续担任西北大学校长,并指示以学生会的名义欢迎他到校任职。后因杨钟键要从事他的专业研究,才由侯外庐任校长了。

胡允恭
# 创办上海大学和传播马克思主义
——蔡和森同志革命斗争的一件大事

> 原载《回忆蔡和森》（人民出版社1980年版，第115—119页）。
>
> 胡允恭（1902—1991），又名胡萍舟，安徽寿县人。1923年考取上海大学社会学系，同年加入中国共产党。大革命失败后，先后任中共济南市委书记、山东省委宣传部部长、省委书记。新中国成立后，历任福建师范学院院长、南京大学历史系教授。

20年代的上海正是国际帝国主义、主要是英法日美帝国主义侵略中国的桥头堡，也是中国的东南财阀勾结帝国主义出卖祖国的魔窟，是一切罪恶的渊薮。然而同样一个上海，它又是中国革命思想的发源地，中国共产党诞生的圣地。

当时的上海确是："一面是庄严的工作，一面是荒淫无耻！"（鲁迅语）

1915年9月具有划时代意义的《新青年》杂志问世。在俄国十月革命爆发后，首先刊载了李大钊同志的两篇文章：其一，《庶民的胜利》；其二，《布尔什维主义的胜利》。这是传播十月革命、传播马克思主义、列宁主义的嚆矢，给全国青年以极大的鼓舞。

1920年上海共产主义小组首先建立，11月在上海发行了《共产党》月刊，鲜明地竖立起马克思主义的旗帜，给帝国主义在中国的殖民统治敲响了丧钟！

1921年7月1日中国共产党在上海诞生,从此,中国无产阶级革命斗争,有了光荣、伟大、正确的共产党领导! 1922年9月,党的机关刊物《向导》周刊,在上海发行。不久这个刊物,便由杰出的无产阶级革命家、理论家蔡和森同志主编。

《向导》问世,不仅带着疾风迅雷的雄威,要把上海一隅的乌烟瘴气、荒淫无耻的等等罪恶一扫而空,而且它更是新民主主义革命的指标,同时象征着中国第一次大革命的蓬勃的怒潮正要席卷全国。

和森同志一面精心筹划、办好这份新生的刊物《向导》,几乎每一期都有他的文章;一面和瞿秋白、张太雷、邓中夏同志等,准备筹办一所大学,为党培养一批青年革命战士。

适逢1923年1月26日孙中山先生和苏联派到中国的代表越飞(译音)在上海发表《联合宣言》。苏联表示:帮助国民党建立军官学校,建立正式的革命军队。孙中山完全接受了苏联的帮助,并提出了联俄、联共、扶助农工三大政策。从此国共合作便在酝酿中。

同年6月,中国共产党在广州召开第三次全国代表大会,侧重讨论、通过了和国民党合作的议案。1924年1月,国民党第一次全国代表大会召开之后,国共合作便成为现实。和森同志、秋白同志、中夏同志等和国民党上海负责人进一步商谈了创办一所大学的问题。在双方协商下,很快地办成了一所大学,定名为"上海大学",并商定由国民党元老于右任担任校长,邵仲辉(即邵力子,当时任上海《民国日报》副刊《觉悟》主编)先生为总务长。我方由邓中夏同志担任教务长。全校设四个系:(一)社会科学系,系主任由秋白同志担任;(二)中国文学系,系主任由陈望道(无党派)先生担任;(三)外国文学系,系主任由何世桢(此人后来成为西山会议派重要人物)担任;(四)生物系(?),系主任似乎是由周建人先生担任。主要的教授有蔡和森、张太雷、瞿秋白等同志。恽代贤(代英同志胞弟)同志曾在外语系教英文《三民主义》。此外有施存统(后脱党,改名施复亮)同志,托派分子彭述之也曾在社会学系任课。

上海大学是新生的大学,没有固定的经费,只能在闸北青云路青云里前上海文科专门学校旧校址内,因陋就简,布置了几个教室,校门上挂了一块"上海大学"的校牌而已。

和森同志担任的主课是《社会进化史》,这份讲义,不久即整理出版了。他讲的是社会进化,实质上全是社会发展史,例如:他严肃认真地阐述了恩格斯的名著《劳动在从猿到人转变过程中的作用》,并且多次引证《家庭、私有制和国家的起源》(上述两书当时还没有中译本)中有关章节,把社会进化史讲得生动活泼,深入浅出,全系同学都表示欢迎,倾注全力听讲。开始只是社会科学系的学生,稍后,有许多其他系的学生也来旁听,不但教室人满,连窗子外面都挤满了旁听同学。

和森同志每讲到关键的章节,总是博引旁征,讲得详尽明确,例如讲到从猿到人,首先是由于四肢分工,两只手不但起了劳动作用,而且由于两只手的经常劳动,影响了大脑和身体的发达和变化。他指出恩格斯曾说明,手的发展变化,影响大脑和身体的发展变化,是由于生理上的"生长相关律"所起的作用。和森同志更阐述了"生长相关律"的科学原理,让同学们懂得了究竟什么是"生长相关律"。可见他对生理学也有较深的造诣。讲到五种生产方式,特别把每一个有关概念,解释得十分详细,指出概念的连续是做学问的基本条件之一。对于每一生产方式为什么会自然而然地衔接交替,以及每一生产方式的特点和特征,也都讲得很清楚。讲到火和铁的被人类所利用,总是依据马克思主义的原理,说明火和铁使用对人类进步所起的作用。最后讲到资本主义为社会主义所代替,是社会发展的必然规律,不以人们的主观意志为转移的。他又阐述了恩格斯的名著《社会主义从空想到科学的发展》的论证。青年同学们由此才懂得历史也是一门科学,思想逐步开朗,认识也不断进步,使上海大学的学生思想面貌焕然一新。

和森同志当时还是青年,不独已成为名教授,也是出色的马克思主义理论家,善于传播马克思主义。他主编《向导》为时不过两年多,便写出了一百四十多篇文章,全是宣传马克思列宁主义,或者揭发国际帝国主义和中国的封建势力相勾结的罪恶行径,简直没有一篇闲散的作品,现在读起来,还是令人肃然起敬。

当时的上海大学全体教职工,不满三十名,同学不满三百名,可是这个学校绝不是平静的,而是存在着严重的矛盾和斗争。例如学生中,当时安徽学生以国民党的小头子凌家的子弟和他们的附和者,俨然成为一派,颇有势力(这些人后来大半成为孙文主义学会分子)。社会主义青年团员(后日改为共产主义青年团)、共产党员也有较强的力量。教师中有共产党员,也有思想反动的国民党员,因此矛盾斗争时常公开化。

秋白同志、太雷同志的讲课,与和森同志相同,博得同学们一致赞扬和信仰。

和森、秋白、太雷同志等除教课和社会活动外,按期为《向导》撰写文章,同时又在其他杂志上写文章,笔锋犀利,观点正确,不但在上海市发生了极大的影响,而且引起了日本的报刊对和森同志等的文章,发生极大的恐慌。常在报刊上制造反动的、煽动性的消息说:一般人看不起中国上海大学,那是十分错误的。这所简陋的大学,将是东方共产主义的宣传所,共产党诞生的摇篮。在这所大学里,将会涌出洪水,跳出猛兽,等等。因此,引起当年淞沪镇守使何丰林(浙江督军卢永祥的部下)等特别注意,谣言也因之蜂起。

1924年春,上海大学被迫迁到英租界西摩路一座两层楼的小洋房中(租来的民房)。由于地方小,只设课堂,连办公室都没有。在这样艰苦的环境中,和森同志等对封建军阀和帝国主义捕房等的监视和阴谋诡计,一面防范,一面等闲视之,继续坚持上课。同时还增设了一门时事报告,由和森同志、恽代英同志轮流讲演,更加热烈地传播马克思主义和分析中国革命的形势,终于为中国共产党、伟大的革命事业,培养了一批坚强的战士。

胡允恭
# 我所知道的上海大学

> 原载胡允恭著《金陵丛谈》(人民出版社1985年版,第10—23页)。

一

上海大学(以下简称"上大")创立于1922年10月,它的前身是私立上海文科专门学校。校址在闸北青云路(即今西宝兴路)青云里,校舍是一个二层楼的破旧小房子,因陋就简,略加整理就变成学校了。由于没有固定的经费来源,校舍紧张,所以教师和学生多半住在校外。

上大的创办,正值国共两党酝酿合作之际。培训革命理论人才和建立革命新军是当时的一项重要任务。因此加强上海大学,创办黄埔军校就提到议事日程上来。为充实上海大学,我党派了邓中夏、蔡和森、瞿秋白、张太雷等到上大,邓中夏任教务长,其他人任教授,给上海大学注入了革命的新鲜血液,使之面貌焕然一新。

国民党派于右任为上大校长。于右任是老同盟会会员,参加过辛亥革命和倒袁运动,手创西北军,杨虎城、胡景翼等都是他的旧部,当时颇有声望。派邵仲辉(即邵力子)任总务长。由于于右任经常参加社会活动,校务时常由邵仲辉代理。当时上大主要有三个系:中国语言文学系,系主任为陈望道;英国语言文学系,系主任为何世桢;社会科学系,系主任为瞿秋白。另有美术系,只办了一段时间就停办了。

1923年由于共产党人和国民党左派的共同努力,上大巍然独立于黄浦江边,学生人数猛增,校舍愈感拥挤,遂于次年2月间迁址到公共租界西摩路(现陕西北路)132号。迁校后分为大学部和中学部,规模更大。1925年"五卅"运动发生后,帝国主义惊恐万状,强行封闭上海大学。经过上大师生顽强的斗争,于1926年在江湾又建新校舍。

由于上大师生一直站在反帝反封建斗争的前列,因此成了由黄埔军校起家的蒋介石的"眼中钉"。1927年4月底5月初,北伐军到了上海,白崇禧秉承蒋介石的旨意,突然派兵进驻江湾新校址。上大不少学生被捕,财产被抢劫一空。上大由此而被迫关闭停办。

## 二

上大从创办到封闭,充满着内部矛盾和斗争。上大的学生,从政治上看可分为两大派。多数人是要求进步的,他们中一部分是共产党员或倾向共产党的,一部分虽倾向国民党,但那时国民党的主体也是革命的。所以这两部分学生均属于革命派。少数派则是以何世桢、何世枚、凌铁庵、凌焦庵(安徽定远人)这两家的子弟或亲属为主,加上受他们影响较深的一些青年。

上大学生进校前,有不少同学就已形成独立的政治见解。虽然学生进校时,共产党员、青年团员为数甚少。但他们中一部分受"五四"运动的影响,思想上已渴求革命;还有一部分是在全国各地参加过如火如荼的实际斗争,而受反动当局开除学籍或受北洋军阀政府通缉逃到上海,进入上大的。所以,他们一般思想比较进步,加上进校后受到蔡和森、瞿秋白、张太雷、安存真等的马列主义教育,进步更快。不久,党团组织迅速发展,人数与日俱增。当时上大发展党员,主要看其家庭出身;看其对反帝反封建斗争的政治态度;看其学习态度和执行任务的情况;看其能否遵守纪律。一般说,上述几方面比较好的就加入社会主义青年团,入团后经过一段时间的考察,表现比较好,即转为共产党员,没有候补期。入党时要宣誓,初期还发一本红皮的党证,后觉得不妥,又取消了。那时,我们入

党,对党的基本理论知识知道得还很肤浅,但信仰马列主义却坚定不移。我们认为入了党,政治生命就交给了党,因而立志把自己的一切(包括生命)献给党,为党的事业奋斗终身。

上大创办后不久,便出现了派系斗争,并逐渐公开化。开始由于党团员少,共产党方面的力量远没有何世桢、何世枚、凌铁庵、凌焦庵派系强。但随着时间的推移,共产党方面的力量不断扩大,逐渐形成势均力敌的局面,再进一步,就大大超过何、凌派系了。

在上大三个系中,社会科学系共产党员最多,所以最为活跃,进步力量相当雄厚。当然也有少数学生如国民党中央委员张继、谢持的女儿,她们出身富贵,除上课外,什么国家大事也不关心。英文系因为何世桢、何世枚十分反动,学生中多半属何、凌派系,我方党团员甚少,所以这个系右派势力占优势。中文系两派力量差不多,因而成为两种力量争夺的对象。

陈德徵在芜湖教书时还比较进步,恽代英同志那时也在芜湖任教,他们相处还好。但陈到了上海后,一是见何、凌势力大,有心投靠;二是陈虽会教书,但文笔远不如秋白等同志,对此有些妒忌,于是很快倒向何、凌。从芜湖来的一些学生开始对陈印象不错,后见他逐步转向反动,因而带头掀起学潮,终于赶走了陈德徵。此事更引起何、凌的不满,成为两派公开斗争的导火线。

正巧这时,学生薛卓汉把其弟弟私自带进教室听何世桢的课。何突然点名,把薛的弟弟查出来,当场对薛进行严厉训斥,说他违反校规,并要求严办薛卓汉。但薛是社会系的学生,教务长邓中夏同志和社会系系主任秋白同志根本不予理睬,使何世桢毫无办法。何之所以抓住这件小事,小题大做,实际上是对进步学生赶走陈德徵的一种报复。

1924年春,上海大学增设现代政治一课。任课教师,国民党方面推派汪精卫、胡汉民,中国共产党方面则推恽代英。他们三人轮流讲授。汪精卫讲的词藻比较丰富,有一定的鼓动性,内容主要是有关打倒帝国主义、打倒军阀,完成北伐等问题,当时尚有一定的革命性。胡汉民讲"三民主义的连环性"。他说要实现三民主义,一是要民族独立;二是要打倒帝国主义,收回民权;三是改善人民生活,这就是民生。胡在讲课中说民生主义包括了共产主义。除民生主义外,不需要共产主义,给右派学生鼓了气。

1924年下半年起我就开始听恽代英同志的课,他从好望角的发现讲起,一直讲到资本主义如何对外实行扩张,怎样发展到帝国主义阶段。他深刻地分析了帝国主义侵略中国,必然要和中国的买办阶级和封建军阀相勾结,因此反帝和反封建是一个问题的两个侧面。他明确提出我们共产党人赞成三民主义,但它不是革命的最终目标。他在课堂上尖锐地指出:要实现民生主义,就是要实现孙中山先生所提出的耕者有其田,人人有衣穿、有饭吃、有房屋住。这必然要触动地主阶级的利益。尽管中国的民族资产阶级主体是要革命的,但他们的革命有局限性。如南通的张謇等民族资产阶级也无不拥有许多田产。所以在反对勾结帝国主义的大地主大买办阶级时,他们会赞成;但革命继续深入,侵犯了他们的利益,他们就会起来反对。所以依靠他们是不可能把革命进行到底的。

恽代英的现代政治课,观点明确,说理透彻,深得同学好评。显然,他的理论和胡汉民的观点是完全对立的。不久,胡汉民、汪精卫离沪去广州,现代政治课由代英一人主讲,这引起何、凌的强烈反感。

1924年底或1925年初,沈玄庐(沈定一)突然离开上海大学,脱离共产党,投向何、凌派。此事一度成为何、凌派攻击我党的口实。

上大的这种派系斗争(实际上是阶级斗争)一直延续到黄埔军校。何、凌派系后来成为戴季陶主义和孙文主义学会的骨干。

## 三

上大录取新生比较严格,尤其是社会科学系,入学时要考五门功课:中文、政治、伦理、数学、英语,而前三门是主要的。被录取的学生,绝大多数思想进步,成绩优良。此外,也有一些有特殊地位人士的子女或亲属。这就决定了在这设备简陋、房屋破烂的上大教室里,连座位也分成等级。一般穷苦学生自然坐在设置粗糙的长凳上,而那些有钱有势的子弟则从家里带来皮椅子、藤椅子坐在前面。

50年代末,上大的一位老同学严祖荣(康生的同乡)来南京,和我叙起往事。他突然问我:"解放后,你有没有和康生通信?"我说:"我又不认

识康生,怎么会去和他通信?"严很惊讶地说:"到现在你还不知道康生就是当年在上海大学常和你坐在同一条凳子上的那个大个子张云吗?"这才引起我对张云在上大情形的回忆。康生,当时名字叫张云,出身地主家庭,很有钱,当时为装着要革命,他每次上课都和穷苦学生坐在后面的长凳上听课。他的衣着也较朴素,但使人讨厌的是,他嘴里时常叼着进口的高级纸烟,给人一种说不出味道的洋不洋、土不土、颓废阴沉的感觉。尤其在日常交往中,不但和我们党团员接近,同时和何、凌子弟打得更热。因此大家都说他滑头。那时张云虽然也有入党要求,但因为他的政治态度摇摆不定,所以上大党组织没有及时讨论吸收他入党。

上大是一所新型的革命大学。在学习上,实行学分制,并采用百分制记分法。本系必读三门功课,另外可任意选修两门(本系、外系均可)。只要五门功课考试合格,就准予毕业,发给文凭。

上大办学富有创新的精神,其特点:一是教学内容具有鲜明的革命性。在上大讲授的内容中,充满了马列主义学说,十分新颖,诸如"阶级争斗""社会主义""共产主义""资本主义""帝国主义"等等概念,毫不避讳。上大的教材,基本上都是本校教师自编的讲义,由于不少教师既有渊博的理论知识,又有一定的革命斗争实践经验,因此编出的讲义也是有血有肉,深受大家的欢迎。所有的讲义除供本校学生使用外,还对外出售,常常被抢购一空。

二是理论联系实际,教得生动活泼。特别是社会学系教授不采用一般大学教条主义的教学方法,而十分注意实际效果。例如,秋白讲授社会哲学史时,他对欧洲各种哲学流派了如指掌,尤其对黑格尔的哲学,以及由黑格尔哲学到马克思主义哲学都讲解得十分透彻。他讲课时经常了解同学的原有程度和接受能力,决不满堂灌。他常引用许多古今中外的故事,深入浅出地把一个个问题讲得极为通俗易懂。秋白十分注意结合当时革命斗争的实际,反复分析、解释,尽力讲清每一个概念。这样,既宣传了革命道理,又把现代政治讲活了,同学们很喜爱听他的课。所以,每当秋白讲课时,再大的教室也总是挤得满满的。

和森同志担任的主课是《社会进化史》,这份讲义,不久即整理出版了。他讲的是社会进化,实质上全是社会发展史。例如:他严肃认真地阐述了恩格斯的名著《劳动在从猿到人转变过程中的作用》，并且多次引证《家庭、私有制和国家的起源》（上述两书当时还没有中译本）中有关章节，把社会进化史讲得生动活泼，深入浅出，全系同学都表示欢迎，倾注全力听讲。开始只是社会科学系的学生，稍后，其他系的学生也来旁听。不但教室人满，连窗子外面都挤满了旁听的学生。

和森同志每讲到关键的章节，总是博引旁征，讲得详尽明确。如在讲到从猿到人，首先是由四肢分工，两只手不但起了劳动作用，而且由于两只手的经常劳动，影响了大脑及身体的发达和变化。他指出恩格斯曾说明，手的发展变化影响大脑和身体的发展变化，是由于生理上的"生长相关律"所起的作用。和森同志更阐述了"生长相关律"的科学原理，让同学们懂得了究竟什么是"生长相关律"。可见他对生理学也有较深的造诣。讲到五种生产方式，特别把每一个概念，解释得十分详细，指出概念的连续是做学问的基本条件之一。对于每一生产方式为什么会自然而然地衔接交替，以及每一生产方式的特点和特征，也都讲得很清楚。在讲到火和铁被人类所利用时，总是依据马克思主义的原理，说明火和铁的使用对人类进步所起的作用。最后明确指出：资本主义为社会主义所代替，是社会发展的必然规律，是不以人们的主观意志为转移的。他还阐述了恩格斯的名著《社会主义从空想到科学的发展》。青年同学们由此才懂得历史也是一门科学。从而思想开朗，认识进步，精神面貌焕然一新。

和森同志当时还是青年，不独也成为名教授，也是出色的马克思主义理论家，善于传播马克思主义。他主编《向导》为时不过两年多，便写出了一百四十多篇文章，大力宣传马克思、列宁主义，或者揭发国际帝国主义和中国的封建势力相勾结的罪恶事实，简直没有一篇闲散的作品。现在读起来，仍令人起敬。

三是治学的严谨性。上大的教师多半是热心于教育事业的，他们对学生要求极严。并不是只要他们懂得几句革命口号，而是要求学生有扎实的理论基础。因此，他们总是满腔热情地帮助、指导学生，直到完全理解为止。有的教师每讲完一个专题，都归纳出几个重点，反复讲解。同学如有不懂，可随时提问，由教师一一解答。秋白在讲《共产党宣言》时，要求每个学生都能熟背。当时《共产党宣言》是由陈望道根据日文本意译

的,尽管与原文有些出入,但译文文字流利、华美,青年人极易读熟,正因为当时要求甚严,所以我至今尚能记忆当中某些词句。再如安存真讲授政治经济学时,对概念十分重视。他讲"经济"这一概念,首先说明"经济"两字的内容,对什么是自然经济,什么是社会经济,经济与政治的关系等,都讲得一清二楚。当时,我还以为他从概念到概念,过于拘泥。后来当读到列宁《我们究竟拒绝什么遗产》一文时,才知道列宁对概念的重视,由此才体会到安存真老师教学的认真和严谨。

四是办学的灵活性和多样性。上大并不满足常规的教学。在教学内容上,以课堂为主,又走出课堂;在教学对象上,以校内学生为主,又走向社会;在聘请教师上,以固定教师为主,又兼聘专家学者和社会名流来校设立特别讲座。例如李大钊多次来校讲过"演化与进步""社会主义释疑"等专题。陈独秀主编的《新青年》、蔡和森主编的《向导》、瞿秋白主编的《前锋》等进步刊物,在上大广为流传,不少同学从中吸取了政治营养。此外,上大还免费在校内或深入工厂、街道举办平民学校、工人子弟学校、识字班等,由上大同学任教,既宣传了群众、教育了群众,也提高了自己。

## 四

但是,上大的创办,遭到了国内一些反动文人攻击,他们说上大是"野鸡大学""里弄大学",是"误人子弟"。北洋政府也说,泥鳅翻不了大浪,因此不屑一顾。但外国新闻界却十分重视。日本的大报《读卖新闻》《朝日新闻》经常报道上大,他们提醒北洋政府不能仅看形式,而且要看上大的实际内容。瞿秋白、蔡和森等人都曾在苏联留过学,他们是马列主义的忠实信徒。这些人完全能够左右青年学生,引导他们向社会主义迈进。他们还预言:"上海大学将来不独是中国共产主义的摇篮和温床,而且是东亚各国共产主义的摇篮和温床。"上海公共租界工部局1924年12月《警务处日报》上也称:"最近几个月来,中国布尔什维克之活动有显著复活,颇堪注意。这些过激分子的总机关设在西摩路132号上海大学内,彼等在该校出版排外之报纸——《向导》,贮藏社会主义之书籍以供出售,如《中国青年》《前锋》。该大学之大部分教授均系公开共产党人,彼等正逐渐引导学生走向该政治信仰。"他们屡次敦促北洋政府尽快封闭这所学校。

上海大学是东南名副其实的革命的最高学府。它先后为我党培养出许多革命骨干,成为培养革命理论干部的重要基地。黄埔军校第一期招生,就在上大内代招,负责这次招考的是戴季陶和施存统。上大考取黄埔军校的学生很多,因而培养出一批既懂文又通武的优秀人才。

上大为适应革命斗争形势的需要,不断向外输送人才。上大许多优秀学生纷纷南下,投奔国民政府,参加国民革命,有的在北伐战争的艰苦征途中,作出了卓越的贡献。后当革命高潮延伸到长江中下游时,不少同学毅然放弃学业,立即投身残酷的地下斗争,并且有些同学为此而献出了年轻的生命。

在反帝反封建的斗争中,上大师生作出了重大牺牲,写下许多可歌可泣的事迹。1924年轰动一时的黄仁(上大学生)事件,是他们献身革命的第一次尝试。

1924年底,孙中山先生应邀北上和冯玉祥谈判,途经上海。帝国主义出动了大批巡捕和包探,企图阻止孙中山先生登岸。上大师生手执青天白日旗(当时学校用国民党旗),沿途高呼"打倒帝国主义""打倒北洋军阀"的口号,鼓动市民上街欢迎孙中山。我参加了这一革命行动。当游行队伍快到码头的时候,遭到英国巡捕和包探的武装干涉,上大师生与之展开了英勇搏斗,终于迫使巡捕、包探不得不让开一条路,让欢迎队伍进入码头,把孙中山先生安全地护送到寓所。在上大师生与英国巡捕搏斗过程中,上大的旗子被巡捕抢去。孙中山先生到寓所后,即刻打电话给英捕房,对英巡捕的行径提出强烈抗议,后英巡捕不得不把上大旗帜送回。孙中山先生在寓所前向上大师生和市民作了简短演讲,赞扬上大师生和上海人民的革命精神,勉励大家再接再厉,坚持斗争,争取更大的胜利。

1925年5月15日,顾正红同志壮烈牺牲的消息,激怒了全上海人民,由此而发生了轰轰烈烈的"五卅"反帝斗争。在这一斗争中,首先为国捐躯死于南京路的何秉彝,就是上海大学的学生。"五卅"运动的领导人之一刘华,也是上大的学生。秋白同志的弟弟瞿景白,是上大的学生,时年

仅20岁,在"五卅"运动中,表现得非常英勇,带头高呼革命口号,鼓励大家前进,后被英帝巡捕房逮捕。在法庭上,景白毫无惧色,作了义正辞严的答辩,使法庭审判官感到惊惧不已。不少上大学生也像瞿景白同志一样,被租界巡捕逮捕,甚至惨遭杀害。据《上大五卅特刊》记载,仅在"五卅"惨案的当天,上大学生受伤的就有13人,被逮捕关押的达131人。

由此可见,上大确实是一所革命的洪炉。当时"文有上大,武有黄埔"之说,颇为确切。

## 五

上大的教师先后有几十人,学生有160人左右。现在尚能记忆的只是极少的一部分,为了对上大有一个比较全面的了解,我仍将部分师生的简况作如下回顾:

### 教　师

瞿秋白:社会科学系主任,兼授社会运动史和中国哲学史。

邓安石:即邓中夏,除任教务长外,还兼授伦理学等。

蔡和森:教社会进化史。

张太雷:教工人运动史。

恽代英:教现代政治课。

陈望道:中文系主任,兼授文法和修辞。

何世桢:英文系主任,兼授北京大学编写的《政治学大纲》。

沈仲九:即沈铭训,教中国哲学史,专门批判胡适的反动学术思想。

高语罕:原名高超,曾留学德国,我党早期党员,我印象他教"黑格尔哲学"。

安存真:教政治经济学。

施存统:后改施复亮,教社会运动史、社会思想史。

李季:教马克思主义哲学。

周建人:教生物和哲学。

沈玄庐(定一):教中国文学史。

恽代贤：教英文本的《三民主义》。

彭述之：早年的共产党员，留法生，后为托派头子之一。

卜士奇：早年的共产党员，留苏生，在上海大学任教一年，即去苏联考取红色教授，回国不久即投敌参加CC，改名卜道明。在国民党教育部任副部长或司长，后随蒋逃台。

何世枚：教英语。

陈德徵：教中文。

方光焘：教中文，解放后曾任南京大学教授。另有沈泽民、杨贤江、胡朴安、李春蕃等教师。

## 学　生

薛卓汉：安徽寿县人，早期的共产党员，曾任毛主席的秘书和红一军政治部副主任。1931年被张国焘所冤杀。

王步文：安徽潜山人，1930年任中共安徽省委书记，1931年不幸牺牲。

王逸常：安徽人，北伐时曾任北伐军总政治部后方政治部代理主任。

杨尚昆

匡亚明

张其雄：黄埔一期生，曾任广州国民革命政府某部秘书。北伐时任唐生智前敌指挥部政治部秘书。北伐达武汉后，彭泽湘任政治部主任，张任副主任，后病故。

陶淮：安徽寿县人，留苏生，1927年从苏联回国后，曾在我党中央某部门工作，后病故。

徐梦秋：安徽寿县人，曾参加过二万五千里长征，并任红一方面军政治部主任，后派到新疆。盛世才在新疆反蒋时，由徐梦秋、毛泽民、陈潭秋三人带领一百多名共产党员去盛部帮助工作。后盛世才反共，毛泽民和陈潭秋两同志遇害，徐叛变投敌。

陶良：留苏生，北伐时曾任冯玉祥部某军政治部主任，已故。

黄天白：安徽凤台人，早期的共产党员，1924年被派到北京，担任我党重要工作，不久被捕，慷慨牺牲。

张琴秋：女,已病故。

胡宏浪：安徽人,在鄂豫皖苏区任过营长,后被国民党逮捕,英勇牺牲。

刘一清：当时上大学生会负责人之一。

丁玲

吴云：安徽凤台人,早期的共产党员,后脱党。

吴震：早期的共产党员,黄埔四期生,曾任鄂豫皖苏区营长,被张国焘杀害。

吴霆：早年的共产党员,后脱党。

瞿景白：革命烈士。

冯雪冰：北伐时在国民革命军总政治部宣传科工作。

高尔柏：曾任上大党组织负责人,在上大曾和高尔松办《棠棣之花》刊物。

高尔松：高尔柏的胞弟。

桂超：安徽凤台人,早期的共产党员,北伐时任营政治指导员。1927年冬,孙一中、廖运泽在安徽寿县为国民革命军三十三军柏文蔚办学兵团时,担任教官。

张曙云：安徽寿县人,早期共产党员,是安徽名书画家张树侯先生的儿子,黄埔四期生,后患精神病老死家中。

谢芸皋：安徽六安人,曾任我地下党全国互济会副主任。

许达文：曾任我地下党江苏省盱眙县委书记,后被捕牺牲。

许达据：许达文的胞兄,老死家中。

徐梦周：徐梦秋的胞弟,解放前于右任在山西办××学院时,徐任教务长。

姚云漪：女,教师杨贤江同志的爱人。

覃恩：黄埔一期生,曾任国民党高级军官。

邱青钱：黄埔一期生,后改名邱清泉,曾任国民党高级军官,在淮海战役中被我军击毙。

杨之华：瞿秋白同志的爱人,"文革"中冤死狱中。

陈比南：早年的共产党员,彭述之的爱人。

傅学文：邵力子的爱人。

张云：即康生。

曹轶欧

谭××：原十九路军军长谭启秀的胞弟，共产党员，曾在新四军中工作。

许石麟：曾任汤恩伯的政治部主任。

严祖荣：山东人。

武德风：安徽六安人。

方运超：安徽寿县人。

黄让之：安徽人。

朱松年

王进之：在上大时为陈德徵派，很反动。1930年在《钟声报》任职，后成了国民党特务。

# 黄玠然
## 回忆上海大学

> 这是王家贵、蔡锡瑶于1980年1月、1982年7月先后两次在北京对黄玠然的访谈记录。原载王家贵、蔡锡瑶编著《上海大学(1922—1927)》(上海社会科学院出版社1986年版,第111—112页)。
>
> 黄玠然(1901—2004),原名黄文容,浙江浦江人。1926年2月进入上海大学社会学系学习,同年加入中国共产党。新中国成立后,曾任全国工商联党组副书记。

我原在浙江法政专科学校读书。当时受安体诚老师的影响,接受了五四时期的新思想。我是学校的学生会负责人之一,1925年由支援上海的五卅运动转入到驱逐浙江教育厅厅长的运动,掀起了有名的"浙江风潮",学校把我们开除了。这时,上海大学派代表团到我们学校来慰问,并请我们到上海大学去读书。于是我同张崇文、周泽等四人于1926年2月进上海大学,我是8月离开上大的。

张崇德是张崇文的亲哥哥。我们在上大学习期间,他是学校的党支部委员,非常活跃,很多活动都由他出面讲话。周泽、张崇文和我都是张崇德介绍入党的。

在这一时期,如没有特别活动,学生们都认真上课,正正规规的,李季教我们《资本论》,蒋光慈教俄文,萧朴生教哲学。

　　上大和上大社会学系,在为党培养干部和宣传马列主义方面的作用是充分予以肯定的。仅从我自己来说,阶级观念和阶级斗争的观点是在上大确立的。我们在未参加革命前仅有朴素的感情,没有阶级观点。我的家庭是一个小地主,张崇文的家庭是一个官僚,我们当时参加革命,只凭一股革命的热情,没有真正的阶级立场。在上大社会学系学习了马列主义理论,才树立了阶级观点的基础,反对那个剥削阶级家庭。在革命过程中,是你影响家庭,还是家庭影响你呢?这个问题关系很重大。当时参加革命的青年学生,大都是资产阶级和小资产阶级家庭出身,为什么斗争那么坚决呢?就是因为树立了阶级斗争的观点,分清了敌我。上大能培养出那么多的革命骨干,这个教育是一个决定性的因素。

　　在上大读书时,浙江同乡会是上大各同乡会中一个人数最多的组织,它给我印象比较深的是,在开会时见到了许多浙江人,还有我们的许多小同乡。他们开会时讲浙江问题,分析浙江的革命形势,那些是反动势力,那些是革命力量。参加了这次会,使自己对浙江问题比较清楚,知道了那些是浙江的财阀,那些是地主阶级,从而对浙江问题比较了解。

　　我在1926年8月离开上大,调到中央宣传部工作,当时部长是彭述之,我只是做些具体工作。上海工人三次武装起义前,看见赵世炎、汪寿华他们很忙,经常开会。那时我们不能参加的会也不过问。仅感到党在动员一切力量准备起义。第一次暴动前,组织上调我和高语罕去办一张小报,准备报导暴动情况,一切都准备好了,可是到下午没有人来反映情况,我上街去看动静,只见工人无精打采回来了,觉得奇怪,后来上面来通知说,起义未成功。

黄旭初
# 我在上海大学的一段经历

> 原载《20世纪20年代的上海大学（下卷）》（上海大学出版社2014年版，第1921—1024页）。
>
> 黄旭初（生卒年不详），浙江桐乡人，1924年进入上海大学社会学系学习。

上海大学是共产党培养干部的学校。校长于右任，常在北京，充当国民党与冯玉祥的联系人。代理校长邵力子，虽是共产党员，但他主要是办《民国日报》，并不到校。校务实际是由共产党人主持。"上大"有三个系：中国文学系，主任陈望道；英文学系；社会科学系，主任施存统；总务长韩觉民。学生以社会科学系为最多，多数是党团员；很多党的领导干部，都在这个系兼课。上海大学共产党支部直属上海地委，附中党员划成一组，组长即侯绍裘。侯绍裘介绍沈观澜入党时主持过小组会外，就很少开会了，因为他除了担任附中主任外，还兼任迁在闸北的景贤女中教务主任和国民党江苏党部常务委员，工作很忙。"上大"的很多党团员学生，除了在校学习外，还要做学生运动、工人运动等社会工作。这时我除了在附中教书外，还担任了郭景仁（坦夫）主持的上海店员工会文书。

5月15日，上海发生了日本纱厂"内外棉七厂"枪杀工人顾正红事件。24日，上海共产党组织决定发动群众在潭子湾为顾正红开追悼大会。那天是星期日,上海大学大部分同学由西摩路(陕西北路)校址,经北站转往参加。另有少数同学带着旗帜、传单,拟经戈登路(江宁路)、普陀路前往潭子湾,但遭到普陀路英捕房的阻拦,还逮捕了朱义权等两个同学。同时被捕的还有两个文治大学的学生。当晚,"上大"同学开完追悼会回来,得悉同学被捕,无不愤慨万分,于是立即召开大会,讨论营救方法。此时文治大学也派代表来联络。大会决定派我和林钧去找叶楚伧,请他设法营救被捕的同学。叶楚伧是当时国民党中委,派在上海执行部工作,与邵力子共同主办《民国日报》,还在上海大学中国文学系兼课。我们连夜赶到民国日报社。叶楚伧早已知道学生被捕的事,劈头就责备我们:"你们又闯祸了!"林钧再三请求叶楚伧设法营救,但叶连说:"呒办法。"后来叶楚伧不耐烦听我们的话,就站了起来,在房间里走来走去,再三说无法可想。坐在旁边的邵力子见到此情况,劝我们不要再求叶楚伧了,说还是明天去和"上大"的法律顾问克威律师商量吧。我们回到"上大",大会已开好了。侯绍裘说,已成立了营救被捕同学后援会,设法发动各校同学支援,掀起一个营救被捕同学的运动。

第二天上午,捕房要审讯被捕同学。当时只有外国律师才能出庭租界的法院。我和林钧一早就赶到克威律师那里,请他出庭为被捕同学辩护,设法保释。克威是"上大"的法律顾问,所以我们和他谈案情的谈话费可免付,但要付出庭费,每庭一百两银子,而且要现付。经我们再三说明这笔费用须要向同学募捐,而同学大都贫困,连学费也付不清,希望能减少,并在事后付。结果,克威只答允出庭费从每庭一百两银子减为一百元,可以缓交。克威的中国帮办徐维绘表示:"你们是穷学生,我的翻译费每庭四十两银子不要了。"我们以为外国律师出庭辩护,一定可以把被捕的同学保释出来,就硬着头皮在合同上签了字。

随后,我们搭克威的汽车,一起往会审公堂。上海、文治两校很多同学旁听。公堂上的中国正审官关炯之形同木鸡,不发一言,由陪审的英国领事,主持一切。英国领事问了被捕同学几句话后,就令还押,说星期六再审。星期六轮到日本领事陪审,顾正红是日本纱厂的工人,所以推给日本领事去办。克威律师起立请求庭上准予保释,"庭谕"不准,被捕的同学仍然还押。

闭庭后，上海、文治两校同学联席会议，群情愤激，决定发动各校同学，扩大运动。但这时已是5月下旬，各校同学都忙于准备学年考试，发动较为困难。

28日下午，我在全国学联碰到了梅电龙(龚彬)，他拉我一起到闸北党的上海地委。到后我才知道有重要会议。会议是由中共中央总书记陈独秀主持。参加会议的有代表工会的李立三，代表上海执行部的恽代英，代表店员工会的郭景仁，代表学联的梅电龙，把我算作上海大学的代表；此外还有蔡和森等人，有的我不认识。中共上海地委书记文恭任记录。会议首先由李立三报告日本纱厂工人罢工的情况。说工人只能再支持两星期，日本资本家了解这个情况，所以故意不理，如果不动员社会上其他力量压迫厂方和工人谈判，罢工可能完全失败。接着，恽代英、梅电龙、郭景仁和我，也分别介绍了有关方面的发动情况，大家都觉得扩大运动有困难。恽代英说，如果要扩大运动来支持工人的罢工，应当动员所有的党团员上街讲演，发动群众。陈独秀不同意，认为现在是国民革命，不是社会主义革命，不能由党团员单独干；而且全上海的党团员不过百余人，根本不能扩大运动。经过反复讨论，认为30日是被捕学生审讯日子，如果日本领事会审后，准予保释，学生就发动不起来了。6月2日工部局纳税外人会要开会通过所谓交易所注册、增加码头捐和增订印刷附律等提案。这些提案，不但有损中国主权，而且也危害民族资产阶级的利益，只要发动学生上街演讲，是可能把工人的罢工扩大为国民革命运动的。现在离30日只有一天了。最后决定，明天29日作最后一天的努力，发动工人、学生于30日上街演讲。发动办法，学校内有共产党组织、共青团组织或国民党组织的，由中共上海地委和国民党上海执行部分别各自通知所属的党团员，在校内召开学生大会，由工人代表介绍罢工工人苦况，学生代表讲被捕学生苦况，以激起学生的爱国义愤。

30日，工人、学生上街演讲。指挥部设在望志路(兴业路)永吉里34号国民党江苏省党部，由恽代英、侯绍裘负责指挥。高尔柏则坐镇在环龙路上海执行部，负责对外联络工作，有30个学生用自行车担任交通，传达命令与传递消息。演讲地区，划定苏州河以北的租界，由南洋大学、同文书院、复旦中学等校负责；苏州河以南的租界，由同济大学、上海大学等校负责。上海大学负责南京路以南,派定由我指挥。原来商定演讲是从30日下午1时开始,但29日李立三到南洋大学、同文书院、复旦中学作动员时,说成是上午,所以30日早上,其他各校还未出发,传单也还没有印好,徐家汇方面的南洋大学、同文书院、复旦中学等三个学校的同学都出发了。他们进入租界,前往指定的地区演讲,并在闸北景贤女中设立指挥部。总指挥部见此情况,即发出紧急命令,一面令南洋大学等三个学校的同学下午继续演讲,一面令各校提前出发。下午,上海大学等各校先后出发,最后到的是在吴淞的同济大学。

第二天清晨,我到南市学联,派我专管宣传。这天各校学生上街演讲的更多,连圣约翰、精心这样一些学校也参加了。指挥部秘密设在大东旅馆,由南洋大学的张永和和上海大学的刘一清分任总司令和总指挥。各校推一人任纠察,指挥部与各校纠察之间由交通员负责联络,交通与纠察之间有联系暗号。店员、市民激于爱国义愤,自动参加工人、学生演讲示威队伍的也不少。南京路成了标语、传单世界。这天的主要工作,是动员商人罢市。下午3时,天已下雨,侯绍裘邀我同去传达命令,叫学生分往各商店鼓动罢市。我们到达南京路时,学生已包围天后宫总商会,要求罢市了。总商会开会讨论罢市问题,正会长虞洽卿不在上海,会议由副会长方椒伯主持。在群众的巨大压力下,总商会被迫通过罢市的决定。晚上,我从瞿秋白那里得知,党中央与上海地委已联合组织一个行动委员会,领导这一运动。瞿还说,总商会已被迫通过罢市,明天的工作主要是巩固罢市,仍然要发动群众到南京路示威、游行。

6月1日早上,我从闸北去南市,路过租界,看见南京路一带,已是人山人海,商店全部罢市。成千上万的徒手群众,高呼"打倒帝国主义""为死难者复仇"的口号,真是地动山摇。下午4时,帝国主义集中了在上海所有武力,把南京路一带包围起来,还在先施公司、永安公司屋顶上架炮,准备更大规模的屠杀。这时学联内各人主张不一,后来协商出一个办法,由学联代表找北京政府驻上海的交涉员,要他向工部局交涉撤围,然后学联设法劝散群众。这天牺牲的群众,还是比30日多。

从2日起,党组织已决定不再发动群众到南京路示威,以免无谓的牺牲,而尽力把运动向全国扩展。

五卅运动后,我回到上海大学。这时"上大"因西摩路校址被捕房封闭,已迁到青云路师寿坊,虽是个弄堂大学,可是各地革命青年来此求学的不少。学校里的党支部直属中共江浙区委①,委员有高尔柏、李季、施存统三人,高尔柏任支部书记。附中党员分为两个小组,我参加的那个小组,组长是沈观澜。党的组织生活比以前健全些,支部会、小组会虽还不常开,但不像过去整月不开会。开小组会主要是阅读中央指定党员应读的书刊上的文章。

---

① 原注:五卅运动后中共上海地委扩大为江浙区委,领导江苏、浙江、安徽、江西、福建、上海党的工作。上海不另设地委或市委,由江浙区委直接领导。

嵇 直
# 我所知道的上海大学的由来

> 原载中共江苏省委党史资料征集委员会、江苏省档案局编《江苏革命史料选辑》1983年第6期。由镇江市委党史办黄克家、李之采访记录整理。
>
> 嵇直(1901—1983),江苏镇江人。1922年2月进上海私立东南高等专科师范读书,参加领导学潮,为上海大学的成立作了准备工作。1925年参加中国共产党。新中国成立后,曾任农业部办公厅副主任,北京图书馆副馆长、民政部民政司副司长等职。

1922年1月,我进入了上海东南高等专科师范学校读书。这是个"野鸡"大学,是一些无聊文人,冒充教育工作者,欺骗想上大学而又未能考取大学的青年人,为收学费搞投机买卖而办的。我到该校一个月,看看这个学校实在不像话,就发动一批同学,反对学校的领导,要学校改组。我们召开了全体同学大会,成立起学生会。在这个大会上大家一致选举我当了学生会会长。我记得当时的监票人有徐特立同志的女婿黄俊(现在四川某大学教书)和王秋心。在我到上海之前,通过订购杂志和投稿,我已结识了商务印书馆主编《学生杂志》的杨贤江同志。当我做了学生会会长后,到会的革命者就更多了。1922年3月张秋人同志介绍我参加了中国社会主义青年团。入团后,我的主要任务,一是改造学校,一是积

极参加社会工作。

　　改造学校,首先是撵走那一批开学店的人。这一批人走了,学校怎么办下去呢?邓中夏同志来了。邓中夏是北大学生,少年中国学会的发起人之一,参加了"二七"大罢工。他来了以后,做了不少工作。为了把这个学校办下去,最初请的是于右任来任校长,校名也改为上海大学。瞿秋白同志从苏联回来,就在上海大学讲课。恽代英、沈泽民等许多共产党员也到上海大学讲过一些课。后来,张秋人同志也来了。

# 姜长林
# 回忆上海大学

> 这是王家贵、蔡锡瑶等于1982年在上海访问姜长林的记录稿，经姜长林本人审阅。原载王家贵、蔡锡瑶编著《上海大学（1922—1927）》（上海社会科学院出版社1986年版，第112—114页）。
>
> 姜长林（1899—1987），江苏松江（今属上海市）人。1924年参加由上海学生联合会、上海大学等学校主办的上海夏令讲学会。

1924年暑假前，在报纸上看到全国学生总会和上海学生联合会联合在上海大学举办夏令讲学会。当时我在松江小学当校长，受侯绍裘的革命影响，慕上海大学的名气，特地从松江到上海大学来学习的。在这次讲学会，我与杨之华是同期的同学，学习时间不到两个月。我感到讲学会的教师除上课认真外，讲课内容也很好。记得瞿秋白第一次来讲课时，大家热烈得不得了，都等候在门口欢迎他。他的讲题是"新经济政策"，介绍俄国的情况，大家闻所未闻。课后自由活动时，我们都围着瞿秋白，听他谈俄国革命的所见所闻。讲课的先生除邓中夏、瞿秋白外，戴季陶讲三民主义，吴稚晖讲文学，汪精卫、邵力子也讲过课。

办夏令讲学会的目的，是宣传革命理论，选择发展对象，也就是物色积极分子，做好发展组织的准备工作。我本人就是在这次夏令讲学会以后入党的。我自己感到参加这次讲学会后，思想境界高了许多，比如说，

我原来是松江一个小学的校长,有固定的收入,生活很好。后来侯绍裘要我到松江初中(侯绍裘所办)去工作,收入比过去少,但我接受任务愉快地去了。又如五卅运动期间,我在国民党江苏省党部工作,为了宣传五卅运动,侯绍裘写文章,恽代英刻蜡纸,我就负责油印和散发等工作,常常自己掏腰包,不仅无怨言,而且心甘情愿。总之,讲学会培养了一批干部。

关于《民国日报》,邵力子在五卅前被帝国主义驱逐出租界去了广州以后,《民国日报》的方向就向右转了,由戴季陶等人写文章,为谢持等西山会议派掌握了。那时他们在环龙路44号办公。

国民党江苏省党部早就成立,有朱季恂、张曙时等人。五卅运动以后改选时,排除了右派,由侯绍裘、柳亚子等组成。叶楚伧是国民党上海执行部的常务委员,《民国日报》主编。陈德徵曾担任过执行部职员,也在《民国日报》任编辑。何世桢、何世枚在执行部的地位比较高些。萧淑宇是持志大学的学生,嚣张得很,经常出入执行部,他当时骂国民党江苏省党部赤化,拿卢布,我们那时经常和他进行辩论。

国民党整理党务案提出时,江苏省党部九个委员中七个是共产党员,但其中三个未公开身份,就打埋伏了。另外四个中要退出一个,当时我和刘重民都提出辞职。那时我已调到济难会工作,济难会主任是阮仲一,组织部由阮仲一兼,上大学生王弼任秘书,宣传部由我负责。

陈德徵在1927年"四一二"以后,接收国民党上海市党部,吴开先本是共产党员,叛变到陈德徵那里当了小职员。陈德徵这个人很狂,他搞民意测验,说是群众心目中他自己第一,蒋介石第二。蒋介石知道此事后,把他一撤到底。抗战时期他在大后方办报,又被蒋介石撤了职。

1925年5月30日那天,恽代英、侯绍裘、高尔柏等我们几个人整晚都在江苏省党部,干了一个通宵。有人说,五卅示威指挥部在孟渊旅馆,我没有听说过。

我在江苏省党部工作时,最早看到戴季陶反共小册子《国民革命与中国国民党》,当时戴季陶准备按国民党系统发下去。我马上拿了两本,当日就送给瞿秋白一本,秋白马上就写《中国国民革命与戴季陶主义》的文章,批驳戴季陶的反动观点。9月秋白文章出来,国民党许多要人和戴季陶本人都大吃一惊。

于右任主张执行孙中山的联共政策。大革命失败后,张秋石、侯绍裘、刘重民(都是共产党员)都牺牲了。后来柳亚子为张秋石立衣冠冢,请于右任题词,于题了词,这些说明了于右任的政治倾向。

# 柯柏年
## 回忆上海大学

> 这是王家贵、蔡锡瑶等于1982年6月在北京访问柯柏年的记录稿,经柯柏年本人审阅。原载王家贵、蔡锡瑶编著《上海大学(1922—1927)》(上海社会科学院出版社1986年版,第108—111页)。
>
> 柯柏年(1904—1985),原名李春蕃,广东潮安(今潮州)人。1924年9月由沪江大学转入上海大学社会学系学习,并在上海大学加入中国共产党。新中国成立后,历任外交部首任美澳司司长、驻罗马尼亚人民共和国大使、驻丹麦王国大使等职。

上海大学从闸北搬到英租界西摩路时,孙中山先生仍在世。上海大学就是国共合作办起来的学校,由于右任担任校长。

孙中山先生联俄、联共、扶助农工三大政策得到全国人民的热烈拥护,所以,国民党中的右派分子,内心虽然不赞成,但不敢公开站出来同活着的孙中山先生相对立。相反的,有很多右派分子还以左派的面貌出现,大肆活动。戴季陶在"西山会议"以前,在上海国民党办的《建设》杂志上,大讲《资本论》。我记得他曾在上海大学对学生演讲如何研究《资本论》时说,如果要读《资本论》,就得把马克思写《资本论》时所看过的许许多多前人的著作全部读一遍,才能真正读懂。其实,戴季陶自己就做不到把马克思写《资本论》所看过的前人有关著作全都读一遍,为什么要对上海大学的青年学生唱这样的高调呢？我想，无非是要抬高自己的身价罢了。再举一个例子，胡汉民是国民党右派的头子之一，但在"西山会议"以前，他也是以左派的面貌出现。记得他在《建设》杂志上用历史唯物论的观点写过一篇关于中国家族发展史的文章。孙中山在北京逝世，他们这一群右派头子在西山开会，把过去的左派伪装丢弃了，显出真面目。至于像何世桢、何世枚始终是右派人物，没有伪装过。

在1924年夏天以前，我还没有加入共产党，但与几位共产党员有个人来往。当时张秋人、俞秀松有时到沪江大学来找我谈，常常来的是张秋人。上大学生会要在1924年暑假办"夏令讲学会"，约我去讲"帝国主义"。在此以前，我曾把列宁的《帝国主义论》前六章译成中文，登在《民国日报》副刊《觉悟》上。当时英文版只有前六章，我是根据英文版译的，也就只有前面六章。在《觉悟》刊登后，新文化书社将它印成书，还擅自加上"浅说"两字，成为《帝国主义浅说》，没有稿费，只送给我一百本书。因为我译过《帝国主义论》前六章，张秋人就来和我联系，要我就在夏令讲学会讲"帝国主义"。我答应了，并着手准备讲稿。列宁的《帝国主义论》主要是参考霍布森的著作写的，我就根据霍布森的著作中的原始材料，还搜集经济的集中、集权等问题的材料，整理后写成文章，在《觉悟》上发表。讲稿准备好了，恰巧沪江大学在暑假将我开除，我就搬到上海大学斜对面的一家油酒店的楼上住下（阳翰笙也住在这家商店的楼上）。在夏令讲学会把我准备了的稿子讲了一遍。

当时的上海大学可说是各种革命运动的中心之一。中国有不少学校是外国基督教会办的，美国教会办的最多，英、法教会办的次之，其他国家教会办的也有。这些教会学校，因为五四运动以来接连发生学生运动和群众爱国运动，其主要矛头是反对日本帝国主义，它们可以不牵涉进去，乃采取不干涉态度。但教会学校当局并不支持这些反日的爱国运动，而是给学生设置许多障碍。以美国教会所办的学校为例，我所念书的沪江大学是美国教会所办的，每次爱国运动一爆发，学校当局总是站在学生的对立面，要参加运动的学生离校，俟运动结束之后才回校。学生和广大群众从实践中体会到，帝国主义办教会学校的实质是对我国进行文化侵略，中国要彻底摆脱帝国主义的压迫，就必须反对帝国主义对中国进行文化

侵略的工具。我到上海大学后,青年团开展反帝国主义的文化侵略运动,召开"非基督教同盟"(这里的"非"字是作为"反"字理解)成立大会,还请吴稚晖演讲,并决定在《民国日报》副刊上出版《非基督教双周刊》。同文书院、南洋大学、上海大学等校都有人参加编辑工作,我是上大的代表参加和负责编辑。在青年团的领导下,双周刊办了一个时期。这可说是反帝国主义侵略的一个方面。

1924年孙中山先生同北京的段祺瑞、淞沪的卢永祥是结成统一战线的。所以,在上海民国路南市一带,我们的活动比较自由。党办的书店——上海书店,就开在民国路。

上海的《民国日报》和《时事新报》是青年学生喜欢看的报纸。《民国日报》的编辑有好多是共产党员,如张太雷、沈玄庐、施存统等,办有《觉悟》副刊。《时事新报》是研究系的报纸,有副刊《学灯》。虽然《觉悟》没有稿费,但并不缺稿。《学灯》有稿费,每千字一元。《觉悟》的内容大都是讨论马列主义,社会改革。《学灯》的内容大都是谈杜甫等人的文学作品,反对战争。当时第一次世界大战刚结束,和平主义的影响较大,还有人宣传土耳其的基马尔主义。比较起来《觉悟》在进步的青年学生中,影响较《学灯》来得大。

在20年代,上海大学可说是上海的革命中心,上海什么进步的运动,都是上海大学的学生带头当先锋。可以说,北京的北京大学,上海的上海大学,广州的广东高等师范学校(后来改称中山大学),是全国的三所最有影响的大学。

上海大学在革命运动中地位的确立,主要归功于瞿秋白,他的《社会科学概论》《社会科学讲义》对当时青年学生的影响是很大的。他当时的著作很明显是受布哈林的影响,但这是时代历史条件的限制。毕竟他那时的著作还是发挥了积极的作用,宣传了历史唯物主义。

于右任担任上海大学的校长,直至学校1927年被封闭。每次提到上海大学,就令人忘记不了这位美髯的老校长。

孔另境
# 旧事新谈
——怀念革命的摇篮上海大学

> 原载1949年6月14日上海《大公报》,现选自《我的记忆——孔另境散文选》(上海文艺出版社1987年版,第231—233页)。
>
> 孔另境(1904—1972),原名孔令俊,浙江桐乡人。1923年进入上海大学中国文学系学习。1925年加入了中国共产党。新中国成立后,历任大公职业学校校长、山东齐鲁大学中文系教授、春明书店总编辑、上海文化出版社及上海文艺出版社编辑部主任、上海出版文献资料编辑所编审等职。

自从国民党的反动程度随着时间的前进而日益加剧以后,每年一度的"五卅运动"纪念,一年比一年冷落起来了。近几年的报纸上连"五卅"这两个字也看不见了!然而今年,随着人民解放军的解放上海,"五卅纪念"日又突然显得热闹起来,职工学生和党政当局连接着开了几天纪念会,人们在记忆的角落里重新拉出了24年前的一幕:中国的工人和学生以无比的英勇来反抗帝国主义者的侵略!

我们知道,领导这次伟大反帝民族斗争的是中国共产党,正确地勇敢地执行中共政策的是当时革命的上海大学学生。

凡是参加过当日如火如荼的这一运动的人们,总不会忘记当时"上大"学生的英勇姿态的,第一个牺牲在老闸捕房门口的是"上大"的学生

何秉彝,后来发动上海各大学学生参加这运动的也是他们,到各工厂去组织群众的又是他们,当时领导上海工商学联合会,主持人民外交的也是"上大"学生。"上大"学生无疑是那次民族斗争中的先锋队。

上海大学的校址最初设在闸北青岛路,后来搬到西摩路,因为参加五卅运动被工部局封闭,才又搬回闸北青云路(即前青岛路)。到北伐前夜,已在江湾购地数十亩,自建校舍,不意1927年4月12日蒋介石在上海实行"清党"大屠杀,上海大学即遭反动当局之封闭,于是这个有着光荣历史的革命学府,随着反革命政权的存在一直被埋在地下至今22个年头!

担任上海大学校长名义的是于右任,而实际主持校务的是代校长邵力子,许多文化界的领导人物和革命政党的领导者都是该校的教师,著名的如瞿秋白、恽代英、施复亮、陈望道、茅盾、郑振铎、刘大白、沈泽民、杨贤江等。出入于该校的学生,先后不下二三千人,有一大半在历次的革命战斗中成仁了,现在分散在全国各处执行着革命任务的大概还有许多吧。

这个学校的生存期间是正当中国民族觉醒开始和帝国主义者搏斗,同时中国人民大众已开始在中共革命的领导之下和军阀封建势力以及一切顽固的反革命分子战斗。上海大学学生大多是来自各地的革命青年,可以说是革命的小资产阶级大集合。在学校里,他们受着先进的革命导师的熏育,学习许多战斗的知识和经验,但是因为客观的革命要求的迫切,多半没有读完应读的课程就出发到各地去参加实际战斗了!

在国民革命军的北伐战役中,"上大"学生是成千成百地参加在里边的,虽然大半是担任着非军事的工作,可是他们在部队里和人民间所起的作用实在是很大的,当时有"武黄埔、文上大"之誉。后来这个用"上大"学生头颅热血换得的北伐胜利成果,为地主资产阶级的反革命集团所窃篡,宁汉合作以后,1927年的大革命寿终正寝,革命发展到另一个新的阶段,有见识的"上大"学生都纷纷自动地被动地(被武汉政府所"欢送")退出了已成革命对象的军政机关,或直接参加到中共领导的武装部队里,或暂时隐姓埋名做些文化教育工作——自然也有不少的落伍分子仍留滞在反革命阵营里,以遂其升官发财的欲望,或甚至效忠于反动政权而成为特务!

时间过去了22年,中国的劳苦大众和善良人民终于在中共正确的领导之下获得了解放,"上大"学生以无数汗血换来的中国革命发展的轨道终于畅通了,中国的革命大业将以无比的迅速向前发展,"上大"的精神从此获得了发扬!

但"上大"的实体难道永远被埋在瓦砾蔓草之中了么?难道只能在记忆里依稀想象它了么?难道它只能在革命的历史里记录一下么?我为它抱屈,我为它落泪!愿有心人注意及之。

# 孔另境
# 瞿秋白

> 原载孔另境著《庸园集》(1946年1月上海永祥印书馆出版发行,第40—50页),现选自《我的记忆——孔另境散文选》(上海文艺出版社1987年版,第131—137页)。

1925年是一个飓风骇浪的时代!

从全国各地汇集拢来的数百个腾跃的生命,在简陋的几幢民屋内做着拯救中国命运的工作。他们不顾社会的讪笑和菲薄,不受暴恣的压迫,忘记一己生命的健康和价值,用一种超乎宗教的热情生活着。

有谁能否认这不是超乎当时的时空而存在的怪物呢?有谁能否认从这小集团内所发生的热力在最近十年来的作用呢?

时间确乎过去了15年了,人生的细胞已不知新陈代谢了若干次了,然而我仍能清晰地回忆起当年宛然的情景。

以四间民屋的客堂连贯辟成的狭长的教室内,拥挤得无从插足,数百颗活跃的心灵期待听受一次庄严的启发。时间在晚上,而地点又落在上海之北郊,四周的民家都已在准备作梦寐的休息了,可是在这狭小的天地里却显得紧张和活跃,仿佛像寂寞空旷的古寺里的一盏"长命灯"。

突然一个瘦长白皙的人形出现在前面的讲台上,谁也未注意他是什么时候进入这个讲室,这反乎常例的出现,顷刻镇压了喧嚷的人声,站在讲台上的人仿佛迟疑了一下,又似乎故意等待了一下,才用极低的声压吐出了一句话来：

"我是瞿秋白。"

这有趣的自我介绍的开场白，要是在绅士淑媛们的集会里，一定要引起一阵喧笑，然而在这里，没有谁觉得可笑，这种没有第三者介绍词的演讲，正是这里的特色之一，大家听见了这一句话的反应差不多是一致地——

"不错，你正是我们所仰望的瞿先生！"

瞿先生的声调始终没有怎样高昂，他的全篇讲演词非常冗长，可说完全是学术讲演的方式，中间并没有什么激昂慷慨和声色俱厉的表现，这和我们平日习见习闻的那些革命领导者的鼓动式讲演完全异趣。在当日的情景之下，这样的讲演实不为大家所欢迎，可是究因为震惊于瞿先生的大名，没有谁甘愿牺牲这项应得的权利，所以大家勉力提起精神一直听到结束。

之后，瞿先生就在这个集团里担任了社会科学系的主任，领导着最活跃的一群青年从事于革命理论的研讨。

我虽不是这一系里的学徒，但这一系里的功课却自主地选读了几种，其中"社会哲学概论"一门正是瞿先生所主讲。这一门的内容原本相当深奥和干燥，而先生讲演方式似乎又太偏于学院式一点，先生的口才原不算差，但比之日常接触的其他许多革命领导者，他们那种口若悬河的雄辩，自有不逮之处，所以一般人对先生功课的感想总觉得有些沉闷，而这"社会哲学"当然更其来得沉闷了。

先生在那里负责大约不过一年，因为其他工作的繁忙，就辞去了这里的教职，所以受过他育泽的青年并不很多。我因为当时寄居的地方正是瞿先生住所的邻居，因此还能间常过从，一窥他日常的生活。

先生生活俭朴，屋中除书籍器具别无其他点缀。那时先生刚从苏联归来，但先生的生活上并没有带回一点洋味，穿的是中国大褂，有时甚至穿起中国的布底鞋子，可是他也不像一般革命家那样：长头发，破衣服，大致说来，他还保留一点最低限度的整洁。他在没有参加革命的时候，是一位从事文学工作的青年，仿佛他还是文学研究会的会员，曾经翻译过许多外国的作品，他自己也承认对于文学特别感觉兴趣。后来之参加革命

工作,大概是时代的推动吧!

当我认识他的时候,已经是担负着政治秘密工作了,但地位仿佛还不重要,所以有时还写几篇文学理论,和几位文学上的同道者还见见面、谈谈天,可是不久他的生活就变得神秘起来了,住所也没有人能够知道,见面也成为不可能的事情,那时据说他已负起了政党的领导责任。

这样大约有两年的时间没有见过他,在1927年的夏天,突然又在武昌看见他了。

是一所大厦,门口站着两位武装工人纠察队,我是为了接洽一点小事跑去,当初实不知这是一个什么机关。进去以后,只见里面各屋子都坐满了人,电灯开得雪亮,人人都在忙碌地工作着。这所大厦的门口既无招牌,屋内也没有一处标明是什么所在,我那时真有些摸不着头脑,以为也许找错了地方吧。当我正在滋疑,而那位会见的主人尚未出来招待的时候,突然看见一个瘦长的身体从我门口走过,我吃了一惊,这分明是瞿秋白先生,虽然两年不见,但他给我的印象决不会轻易忘记的,于是我赶紧站起来追出去,不用十步即追到了他身边,他一回头和我对个正着,他似乎也感觉得一些意外,于是拉住手拼命握着,他说早知我在汉口,不过总没有机会碰着,而且问我今天来这里干什么。我呢,那时仿佛一句话也说不出口,只嚅嚅地回答他几个模糊的字眼,同时一种激越的情感之流正在浑身奔流,想不到一位常在怀念中的导师竟能在异地的一个不知名的所在会见,人生之快感恐无过此一刹那吧。

他很忙,我也有事情正待接洽,所以没有谈多少话就匆匆分别了。后来我才知道他就在这所大厦里办公,这正是他们的中央党部,无怪有那么许多人在那么匆忙工作了。

从这次一面以后,不久武汉三镇即来了"欢送出境"的悲剧,艰苦创造出来的工作基础,一旦化为乌有,从全国各地团聚起来的无数革命人物,完全风流云散,瞿先生自然离开,我也就跟着大队撤退下来了。

革命又成了潜流的状态,我也去北国图谋暂时的衣食之资。虽望能得知一点瞿先生的行踪消息,但大都是属于传言类,不尽可靠。不过有一点可以私自告慰的,即瞿先生并没有脱退革命队伍,而且据说已代替陈独秀先生负起了党的最重大的责任,大致是在上海,而且也没有出过什么

孔另境　瞿秋白

乱子。

1932年冬返沪,翌年夏去温任教,1934年重回上海,一时失业闲赋,居寓亲戚家。这时中国革命形势,因经过了盲动主义的失败,又成了低潮状态。×党的领导机关,改由一班从苏联回来的年轻人负责,许多以前的领导者一时都在退休的情形中。

一天傍晚,我正从外面归来,只见亲戚家的沙发上,坐着一位穿白色短衫裤的生客,我因为既不认识,就径自回到卧处去看书了。但正当我翻开书本预备阅读的时候,突然从他们的坐处传来一句带笑的声音:

"哈。他竟不认识我了!"

这声音仿佛有些耳熟,但一时竟记不起是谁,而且这句话里的"他"明明是指我,要是碰到一个善交际的人,一定会跳起来赶过去了,而我竟没有跳起来,也没有跑出去,仍旧看着自己的书。大致一个人阅历一多,把天大的事也会看得平常起来,在年轻的时候,自己知道感情最易冲动的,但经过了1927年的大风波,后来又周游了南北各地五六年,遇到过不少既庄亦谐的世事,碰见过多少稀奇古怪的人物,所以即使这位生客果然是原本熟识而今竟遗忘不忆了,也觉得是一件极平常的事情,值不得大惊小怪去追认,反正来意既非为我,自己也就落得省些应酬招呼了。这是我那时的一点心想,不道这次偷懒几乎变成了不可补救的遗憾,现在回想起来也还仿佛觉得有些歉然似的。

娘姨喊吃饭了,我才从床上懒懒地走出去,只见桌边业已坐得满满了,那位白短衫客人竟也同坐在一桌上,当我将走近的时候,他突地站了起来,向我表示着嘻嘻的笑容,这一惊真非同小可,原来不是别人,正是一别七八年的瞿秋白先生。

"想不到你竟不认识我了,哈——"

我愉快得跳起来了,一面口里尽说着:

"竟想不到!——竟想不到!"

这时我的姊姊看我快活得失神似的,连忙做起手势,面口里"嘘——嘘"的喊着,这表示要我小声些,仿佛墙边正装着不可见的耳朵,要密侦出这位出色革命者的踪迹。

一别七八年的瞿先生,姿态竟大大地改变了,第一他已经变得相当肥

胖,其次因为他已经薙去了西式的长发,同时穿着商人型的小褂裤,竟活像一位商店里的朝奉。我知道他的改变姿态,原是为着生命的安全,但想不到他辛劳了这么些年份,身体反而健康起来,据他后来告诉我,这时他的肺病也已经好了不少了。

后来他就睡在我的亲戚家里,而且表示还要寄住几天。此后的几天里,和他谈了多少的话,除了党务秘密他不肯说以外,天南地北地谈着许多有趣的话。他虽然不肯说到关于他自己目前的工作,但我已可猜度到他目前已被解除一切工作责任。他有时不免要发几句牢骚,但总针对着某种现象,决不会针对着私人的。从他的谈话里,知道他决不会放弃自己的政治活动的;可是我从他的日常生活里,仿佛感觉得他不像一个政治家。从他的外表上,他没有一般政治家的那种锋芒;从他的行动上,他没有一般政治家的那种气概;即使在他的谈吐上,也没有一般政治家的滔滔善辩;要说他是一位政治家的话,那末只有在他那支生龙活虎的笔杆上了。我读了他的文章,才恍然于他之确为一位革命领导者,——不过,应该说是一位革命理论家似乎更为合适些。

他在寄住的几天里,开始写着一本小册子,记得是一本中国文拉丁化的方案,据他说这是他在苏联时的实验成果,在哈尔滨也曾采用过,这本小册子后来就在上海出版。我觉得上海之有拉丁化运动,无疑瞿先生是一位最早的倡导者,其后又得鲁迅先生的赞助,于是就蓬勃地发展起来。

他离开了我寄住的地方,似乎又在鲁迅先生家里寄住了不少日子,但因为行动的不方便,我也不曾去看他。不久,传来一个消息,说他离开上海到苏区去了。

1935年的春天(?),我突然得到一个极秘密的消息:说瞿先生在福建被捕获了,但当局还不知他是一位什么人物,他自己说是一位行医的医生,希望得到一个有力的证明是可望保释的。他曾亲笔致函海上某作家,要求向各方设法去保释,但那时政治情形的严重,使人听到这种问题会不寒而栗的,所以竟没有达到瞿先生的期望,这封信也许尚留人间,当是先生最后的墨宝吧。不久我们在报上见到瞿先生"正法"的消息,接着就刊出了详细的通讯,并附着临刑后的图照,我清楚地认出和在上海分别时完全同样的面貌。

"死"对于瞿先生原算不得一种威胁,他已不知经历了多少次的"死",而死也正得其所。可憾的是以他这么一个多才多艺的人物,而竟来不及参加新中国的创造,岂非是新中国的大损失么?

匡亚明
# 我在上海大学的学习生活

> 原载国务院学位委员会办公室编《中国社会科学家自述》(上海教育出版社1997年版,第32—33页)。题目为编者所加。
>
> 匡亚明(1906—1996),原名匡洁玉,又名匡世,江苏丹阳人。1926年插班进入上海大学中国文学系二年级学习,同年加入中国共产党。新中国成立后,历任华东政治研究院党委书记兼院长、中共华东局宣传部常务副部长、东北人民大学(后更名为吉林大学)常务书记兼校长、南京大学党委书记兼校长、江苏省人大常委会副主任、国家古籍整理出版规划小组组长、中国孔子基金会会长。

  1924年,我18岁,在苏州第一师范学习,时值国共第一次合作,我参加了国民党。当时,在北洋军阀眼中,共产党是"赤化",国民党也是"赤化"。因此在地下活动的国民党员被捕被杀的事时有发生。当然,反动军阀对国共两党的限制和镇压事实上还是有区别的。由于我是国民党党员,参加党和学生会的活动较多,特别是1925年五卅运动时期更是如此,从而引起校方注意。1926年暑假前校方以旷课过多为名将我开除。

  我在苏州第一师范学习期间,上海大学的恽代英、萧楚女等曾多次来校演讲。由于我是学生会干部,负责接待工作,与他们熟识。我被开除后,便将我想进上海大学读书的念头告诉了恽代英同志,请他帮忙。恽欣然同意并积极推荐。经考试,我于1926年暑假后插班进入上海大学中文系二年级。上大的师资力量很强,有陈望道、郑振铎、茅盾、刘大白、冯三昧、蒋光赤等誉满学坛的作家、学者。他们既有深厚的学术功底,又有旺盛的革命朝气,讲课内容丰富,对学生要求严格,教学方法多样。除课堂讲授外,还有专题讲座、时事讨论等,允许学生跨系选修。我就曾在社会学系旁听过李季的"资本论浅说"课,收获很大。在浓厚的学术空气中,我所获知识远远超出中国文学的范围,尤其是在治学态度与方法等方面收益更加突出,为我今后从事革命工作和治学打下了基础。

当时,全国正处于第一次大革命高潮时期,北伐军节节胜利,上海各界人民轰轰烈烈地进行街头宣传、群众募捐活动,声援、欢迎北伐军。北洋军阀驻防上海的保安司令是李宝章,派驻上海的部队司令是毕庶澄。他们手下那些手持大刀、蛮不讲理的巡逻队在街上耀武扬威,甚至见到有人散发中药铺红色的药材广告,也会误认为是发革命传单而当场逮捕,声称"叫你们赤化!看谁还敢散发这些赤化传单!"我们上海大学的同学们,一边照常上课,一边利用课余时间和星期日走上街头进行宣传募捐活动。为避免遭反动军警的逮捕,造成不必要的牺牲,我们采取了机动灵活的方式。警察和巡逻队在这里抓人,我们就转移到另一地去讲演、散传单。这种做法被称为游动讲演,效果很好。后来的"飞行集会",可能导源于此。在参加这一系列活动中,我深深感受到,上大的同学们在运动中表现出的高度的自觉性、积极性、组织性、纪律性,我觉得自己比前一段时间变得老练、成熟些了。

1926年9月下旬的一个晚上,突然一个素不相识的女同学敲我宿舍的门,操着浓重的湖南口音很严肃地问:"哪一位是匡世(匡世是我当时的学名)?"我很惊讶地站起来作答:"我就是。"从对方的神情看,似乎有很重要的事。随后她说:"请出来一下,我有事跟你谈。"我带着一种突兀的心情默默地跟她一道走到屋外路旁的僻静处站定。她以郑重的口吻轻轻对我说:"我通知你,你已被组织批准为共青团团员(CY),明天下午三时十分请你到恒裕里门牌××号楼下开会。"接着她说了声"再见"就走了。我既兴奋又镇定地望着她的背影消逝在茫茫夜色中。我返回宿舍,心潮起伏,坐立不安。

当时,有一位同学叫蔡泰,是江西人,社会学系学生。到上大一个月来我们相处很好,多次相互交换过关于革命理想、中国前途、青年出路等问题的看法,谈得比较融洽。当晚发生的事我几次想和他谈,但终因不知他的政治身份未敢透露。在人生关键时刻,我躺在床上辗转反侧,不能入寐。

在第二天下午的会议上我才惊奇地得悉,我入团介绍人中有一个就是我同房间的蔡泰,另一个是他的同学罗霖。此时,我才深深体会到在白色恐怖下,作为一个党团员,对于执行保密纪律需要何等严肃认真的态度。在会上我还得悉,同时我也被接纳入党,但因我年轻,做团的工作更合适,暂留团内。

11月初的一天,我们的团支部书记杨振铎找我谈话。认为我虽然入团不久,但组织上了解我以前的情况,特别是来上海后,无论在学习上工作上都很好,因工作需要,根据党、团支部的建议,江浙区委批准,派我到引翔港团部委任书记兼党的引翔港部委委员。他还说,引翔港是上海重要的工业集中地区之一,工作对象主要是产业工人,团要配合党的工作,做好青工和童工的工作。我当即提出,我从未进过工厂的门,未接触过产业工人,去做一般工作还可以,做书记恐不相称,请组织考虑。他接着说,他是受江浙区委委托,代表区委通知我的。又说,在实际工作中虚心学习和锻炼,很快就会熟悉的。我二话没说,接受了这个决定。从此,我走上了一个"职业革命家"的道路……

乐嗣炳
# 回忆上海大学

> 原载张腾霄主编《中国共产党干部教育研究资料丛书（第二辑）》（中国人民大学出版社1989年版，第372页）。
>
> 乐嗣炳（1901—1984），浙江镇海（今宁波市北仑区）人。曾任上海大学教授。新中国成立后，将其收藏的大量文物无偿捐赠给上海博物馆、上海革命历史博物馆、广西壮族自治区博物馆、海南省民族博物馆等。

学生推请于右任为校长。于在辛亥革命任《民呼报》主编，鼓吹民主革命有些号召力。于答应当校长，他说经费不够我帮忙搞一点，但办学我是外行。当时李大钊在上海，于对李说："你来办吧，你内行，我外行。"李因负责北方工作走不开，经过上海党讨论决定，把上海大学作为党的干部学校，李大钊就介绍邓中夏来办上海大学。那时正是"二七"大罢工失败以后，邓中夏在北方待不住，就来上海。这样，于右任担任名义上的校长，公开出面；邓中夏任校务主任实际负责；……参加"上大"教学工作和行政工作的人员都是党的重要成员。上海大学有六百多学生，其中党团员有400多人。1950年，陈望道到北京开会，许多"上大"学生来看老师，陈问起从"上大"培养出来的学生现在还有多少人参加革命工作，回答是：从上海大学培养出来的尚有170多人吃小灶，这说明"上大"对革命、对党的贡献。

# 李锦蓉
## 回忆上海大学

> 这是王家贵、蔡锡瑶等于1982年7月在北京访问李锦蓉的记录稿,经李锦蓉本人审阅。原载王家贵、蔡锡瑶编著《上海大学(1922—1927)》(上海社会科学院出版社1986年版,第114—116页)。
>
> 李锦蓉(1909—1999),生于菲律宾马尼拉。1924年1月进入上海大学附属中学学习。1925年在上海参加中国共产主义青年团,同年被保送到苏联莫斯科中山大学学习。

我是菲律宾的华侨,我的大哥李炳祥先从国外回上海读书,以后我也回国。当时上海大学革命声誉很高,我们兄妹在1924年都考了上大,大哥是在社会学系,我是在附中读书。

华侨是热爱祖国的,华侨青年更是对祖国抱有无限的希望。我们抱着热爱祖国、要求进步和追求真理的愿望回国读书,在敬仰上海大学高举革命旗帜的情况下进上海大学学习。

我在上大附中读书时,年纪很小,与杨之华、张琴秋住在一个宿舍,大家吃包饭。我总是跟在她们后面跑,她们叫我干什么我就干什么,不久,我就参加了社会主义青年团。学校成立女同学会,大学部搞什么活动,中学部也就搞什么活动,我总是跑腿,通知大家在什么地方开会,或是通知大家什么时间集合一起开展活动。我记得女同学会的活动，主要是搞些宣传工作，如参加文艺晚会演出节目，唱革命歌曲，当时都喜欢唱《国民革命歌》《国际歌》。二月罢工和五卅运动这段时间，我们女同学主要忙着写标语，制小旗，散传单，到工厂区慰问工人，上街为工人募捐。五卅流血事件发生后，我们不仅是上街游行、演讲、募捐，还到商店向店员宣传，要求他们罢市，不少同学一边讲一边哭，我们真诚的爱国热情，使店员很感动，宣传的效果很好。

我在上大附中读书期间，正好遇上国民会议运动和非基督教运动、二月罢工、顾正红事件、五卅运动，还有孙中山逝世的纪念活动，运动一个接着一个。宋庆龄在孙中山逝世后到上海，我们组织女同学前往慰问，与宋庆龄、何香凝一起拍过照。

我在上大附中与语文课教师关系弄僵了，侯绍裘校长介绍我到松江景贤女中去读书。在上大附中约一年左右。1925年12月，我的嫂嫂王亚璋通知我到上海，并告诉我到环龙路44号去报到，说组织上送我去莫斯科中山大学学习。我到环龙路44号报到时，有位姓朱的人问我："你为什么要参加革命？"我就顺口回答："为了打倒帝国主义。"他再也没有提问了，给了一个国民党的党证，就算办完了手续。不久，我和向警予（她常到上大听课、开会，我叫她妈妈）、王稼祥、顾红梅（松江人）、李一纯、张琴秋、沈泽民、沈联春（沈观澜的妹妹，沈观澜一家，兄弟姐妹都到莫斯科学习过）等一起到苏联，进了莫斯科中山大学。

# 李敬泰
# 怀念王环心夫妇

> 原载政协辉县市委员会文史资料文员会编《辉县文史资料（第八辑）》（2003年10月版，第113页）。
>
> 李敬泰（1901—1974），陕西渭南人。1923年8月进入上海大学社会学系学习。1925年5月加入中国共产党。新中国成立后，历任西北军政大学教员、长安一中副校长、长安二中校长、陕西省文教厅编辑、陕西省图书馆历史文献部主任等职。

王环心同志，江西滁家埠人，与我在上海大学同班。1925年5月间，中共中央派我和王同志到河南辉县驻军中工作，当即在该县建立党的组织，并创办俱乐部，宣传主义。这年冬，旧军阀吴佩孚的势力死灰复燃，我奉党令带领军队，王同志调回江西原籍工作，此后便音信杳然。据说王同志于"四一二"事变后被国民党反动派枪杀，解放以来，时萦脑际，因于元月10日写寄江西政协王秋心（王环心同志之兄）探询，至4月8日始得复，知王同志与其爱人涂克群均为革命牺牲，乃成诗一首，以抒悲愤。1966年4月。

　　消息茫茫四十年，几经沧海几桑田。
　　泛珠泉里寻螃蟹，避车巷边大炕眠。
　　渭华南昌起义后，饿狼饥犬更凶残。
　　环心夫妇今何在，信已读完泪未干。

刘峻山
# 回忆上海大学

> 这是王家贵、蔡锡瑶等于1980年7月在上海访问刘峻山的记录稿,经刘峻山本人审阅。原载王家贵、蔡锡瑶编著《上海大学(1922—1927)》(上海社会科学院出版社1986年版,第94—96页)。
>
> 刘峻山(1899—1985),又名刘九峰,江西吉安人。1924年1月考入上海大学中国文学系,一个学期后转入社会学系。同年加入中国共产党。在党的第五次代表大会上当选为中央委员会监察委员会委员。新中国成立后,历任江西省中苏友好协会出版部副部长、抗美援朝江西分会副秘书长、江西省人民政府体育运动委员会副主任、民盟江西省委副主任委员、江西省政协常委等职。

我于1924年1月进上海大学中文系读书,学习了一学期就转到社会学系。五卅运动前夕调到共青团上海地委工作,学籍保留在上大。我在上大三年,实际上只读了一年多。

五卅运动爆发后,党组织调我到上海学联工作,高尔柏是学联宣传部部长,我任副部长。后来我接替高尔柏工作,任上海学联宣传部部长,参加编辑《上海学生》等杂志。

党中央派恽代英领导学联工作,但他不是学联的党团书记。中共上海区委曾一度指定我担任上海学联党团书记,我每天向恽代英汇报情况,

讨论决定问题。上海学联被封闭后我就转到全国学生总会工作。全国学总主要工作重点也是在上海。党通过全国学生总会和上海学生联合会领导学生运动、青年运动,从这个角度上说,全国学生总会和上海学生联合会是两块牌子一起工作。上海学生联合会的机构设有秘书处、组织部、宣传部、联络部、出版部。成立一个"党团",党的决定通过党团讨论贯彻。我任上海学生联合会党团书记时,刘一清是常务主席,俞季虞(俞季女)在宣传部工作,还有刘昌群、何成湘,另外还有一个什么人,四人专职工作。我在全国学总工作时任宣传部部长,刘昌群是主席,李硕勋是组织部部长,总务处由何成湘担任,也有"党团",党团书记由刘昌群担任。全国学总党团书记应为李硕勋。以上人员除刘昌群外,均为上海大学的学生。

学联办《上海学生》《中国学生》等刊物的目的,主要是要求学生团结合作,一致反帝反封建和反对买办资产阶级,争取民族独立和民主自由。上海大学在五卅运动中出版的《上大五卅特刊》由于右任题字,可能是由郭伯和等几个人搞的。上海大学自己出的刊物不多,很多文章都在《民国日报》副刊《觉悟》上发表。

如何看上海大学在革命中的作用?上海大学是国民党办的,主要是于右任当了校长,出了经费。但共产党是起作用的,出了人。学校主要工作是教学,这一中心工作由共产党掌握。当时一方面宣传马列主义,另一方面也宣传三民主义,因三民主义被重新解释,是革命的。当时国共两党都有培养人才的要求,黄埔军校、农讲所也都是培养人才的,是当时革命的需要。

当时学校内国民党左右派的斗争很激烈,开会常常吵起来,甚至要打,还有人拿出手枪来恐吓别人,把手枪摆在桌上示威;左派也毫不畏惧,人多势大,抓起课桌活动板作武器,相持对抗。张一涵、丁丁是国民党右派,张一涵就是拿手枪的。

上海大学的学生担任工人夜校教员的工作不是轮流的,比较固定。曾延生曾在沪东工人夜校工作,徐炜在沪西工作。曾延生1924年到上大学习,在上大入党,顾正红事件前后在沪西工友俱乐部(潭子湾)工作。南昌起义时我和他一起担任粮秣管理委员。北伐军打下南昌后,他回到江西,担任第一任地委书记。南昌起义后牺牲。在1926年春我调任广东团省委组织部部长时,还有个上海大学学生马瑛和我一起到广州,他任宣传部部长。此人是四川人,广州起义时牺牲。

五卅运动中看到同胞流血牺牲,认识到武装斗争的重要性,学联曾组织学生军。后来没有搞起来,因为学联被封闭了。

## 刘披云
## 回忆上海大学

> 这是王家贵、蔡锡瑶等于1980年7月在上海访问刘披云的记录稿,由于刘披云在接受访问后逝世,因此此稿未经刘披云本人审阅。原载王家贵、蔡锡瑶编著《上海大学(1922—1927)》(上海社会科学院出版社1986年版,第91—94页)。
>
> 刘披云(1905—1983),又名刘荣简,四川岳池人。1925年进入上海大学学习,同年加入中国共产党。新中国成立后,历任中央教育部教学指导司司长、天津南开大学党委书记兼副校长、云南省副省长兼省文教办公室主任、中共云南省委常委、云南大学党委书记兼校长、政协云南省副主席等职。

我原来在南方大学念书,1925年闹学潮,反对校长江亢虎向溥仪称臣,搞封建复辟。我们出版了两期"驱江特刊",我曾写过反江亢虎的长篇文章。当时驱江运动以我为首,还有王力(现在文学研究所)、刘杰(中山大学历史系教授,已故),我们三人反对最力,都被学校开除了。我就转到上海大学学习,时间约在1925年下半年。我在上海大学读书是交学费不上课、取得学生代表资格的一名学生。我和余泽鸿、韩光汉、俞季女四人是上海学联的驻会委员,即专职干部,身份都是上海大学的学生代表。为什么上海大学出那么多干部?因为当时党把主要力量放在搞群众运动,需要有学生干部来抓学运,客观上只有上海大学的学生可以不去上课,到时候拿文凭,这在其他学校就不允许。如南洋大学、复旦大学等学校课程压得很紧,不上课就不行。陆定一同志在南洋大学念书,他只能在开会的时候来参加。

从学术方面来说,上海大学在当时的上海并没有什么地位,但从革命方面来说,上海大学就最突出了:干部好调动,很多学生能说会道,又肯干。顾正红惨案发生后,上海大学派许多学生到各工厂去演说,南洋大学、教会学校就出不来。当时哪一项工作需要干部,党就到上海大学来调,学生说走就走,无牵挂。上海学联、全国学总有很多干部是上海大学的学生。如刘一清是第六届的学总委员长,也就是全国学生总会的主席,而后是李硕勋任第七届学总委员长,我是第八届学总委员长。林钧也是上大学生,他代表上海学联参加工商学联合会,是专职干部。在工商学联合会中,工界代表李立三、汪寿华等是很重要的,其次就是学界代表,商界不起什么作用。

五卅运动以后上海学联出版《血潮》三日刊,以后改为《上海学生》周刊,我和余泽鸿参加编辑。余泽鸿在上海大学也没有上过多少课,他写了好多文章,笔名"因心"。五卅运动时期的英文报刊是李一氓负责编的。

我们在上海大学交学费不上课,但由于革命需要,也逼着看一些书,如开展非基督教运动,为了宣传无神论,反对帝国主义的文化侵略,就逼着看费尔巴哈等哲学书。1925年出版非基运动旬刊,是刘昌群、梅仲林(梅龚彬之弟)、徐恒耀、李春蕃(柯柏年)和我编的。梅龚彬、徐恒耀是同文书院的学生,学日文。李春蕃是中国第一个翻译《哥达纲领批判》的人。梅龚彬曾任国民党上海市党部秘书长。吴开先也在同文书院读过书。匡亚明是上海大学中文系的学生,当时叫匡时,他说要把世界匡在他手中,气派很大。

我们在学生时代干革命,是受恽代英领导,这个人真了不起,口才好,讲帝国主义侵略中国,签订一系列不平等条约,声泪俱下,给人以深刻的教育。

我在1925年下半年曾担任上海大学团的特支书记。组织委员刘锡吾,妇女委员廖苏华,宣传委员阎永增(山西人)。党的特支书记先是阳

翰笙,然后是康生。那时学校里开党团联席会议,讨论教学、教员安排、学校计划等一切重要问题,施存统、韩觉民等都参加,施存统当时是社会学系主任。

当时学生中也存在着斗争,主要是我们和国家主义派、西山会议派的斗争。最反动的是国家主义派,上海大学学生中没有发现这一派,有拥护西山会议派的,但不多。上海大学的国民党右派力量小、人数少,学校的领导权完全在共产党手里。于右任一直支持我党的同志办校,起作用的是副校长邵力子、总务长韩觉民、社会学系主任等。

两派斗争中,在学联方面冷隽是和我们对立的,是国民党右派。国家主义派的代表是王星垣。

关于五卅运动的意义,这次我拜访黄逸峰同志,和他一起讨论了这个问题。我们认为,五四运动为党的成立作了思想方面、干部方面的准备;五卅运动则对党的成长、壮大、发展及干部的培养起了很大的作用。五卅运动以后,上海大学学生在上海担任党团部委书记的很多,如郭伯和是闸北部委书记,苏爱吾是杨树浦部委书记;担任团的部委书记的有顾作霖(江苏人,1930年以后去苏区,曾任团中央书记或组织部部长,后来牺牲)、吴振鹏。我是团法南区部委书记。

沙基惨案、济南六三惨案、万县九五惨案等都是五卅运动的继续。全国学总曾派余泽鸿为代表去支持、慰问万县人民。

上海工人三次武装起义时,少数学生参加了。周恩来那时做关于起义的报告,因我是团干部,去听了,是秘密的。我们学生的任务是帮助搬砖头、筑工事,最主要的任务是搞宣传,特别是暴动成功后向广大市民宣传,成立临时革命政府,争取武汉政府的委任。第三次武装起义前夕,国民革命军白崇禧部队到莘庄后不再前进,余泽鸿、林钧、王景云等到莘庄找白崇禧谈判,请他出兵,他不肯。薛岳当时是师长,较进步,派兵跑步出发支援,但他只有一千多人。

1927年3月至4月,《申报》上曾登有吴稚晖弹劾罗亦农同志和我的文章,反对我担任临时市民政府的委员,因此我是市民代表但没有担任临时市民政府委员,我的名额换给了何洛。何洛在上海大学时间不长,"四一二"时与妻子刘尊一、吴庶吾(非党,陈望道妻子)一起被捕,国民党淞沪警备区杨虎把何洛杀了,何洛的儿子给别人带走,怕让国民党斩草除根。何洛是"四一二"后没几天牺牲的。

  大革命失败后,上海大学很多学生回家乡担任党的工作。我回四川曾担任四川省委委员。余泽鸿曾任湖北省委宣传部部长,后去了苏区,在长征中壮烈牺牲,因为他的参谋长叛变了。

刘锡吾
# 有关上海大学的情况

> 原载张腾霄主编《中国共产党干部教育研究资料丛书（第二辑）》（中国人民大学出版社1989年版，第362—363页）。
>
> 刘锡吾（生卒年不详），又名刘锡吴、刘希吾，1925年进入上海大学学习。

上海大学是党办的学校，实际上等于党校。教职员工的任命，学生的教学和工作，都由党中央讨论。当时上大的校长是于右任，但教务长邵力子、社会学系主任瞿秋白都是党员。中央很多负责人都在上大兼课，只有陈独秀不去，我是当时教职员党小组的小组长，小组成员有瞿秋白、施存统、李季、恽代英、萧楚女、彭述之等等。上大支部本由中央直接领导，上海三次暴动前后，才交给江苏省委领导当为中共江浙区委，中共江苏省委是第一次大革命失败后成立的。

上大平时上课的人不很多，但一开会、游行、示威人就很多。瞿秋白做报告，各区委书记也来听。恽代英一上课，各校的学生也都跑来听。

当时，有很多党团的干部，是一面在社会上做革命工作，一面在上大学习的。如刘华在上海总工会工作，也在上大念书。也有人到工厂搞一年半年，又到上大去了；反之，外面需要党团员，就由上大调去。

五卅时，上大的党员不多，只有十几个。五卅以后，各地党团员站不住脚的,都到上大来了。记得那年8月开学时,恽代英报告说:"各地要来的人很多,各地集中了怎么办呢?"

1926年,上大有一千多名学生,党团员占八百多(此处记忆恐有误,据其他资料记载,当时上海大学的学生数和党团员数都没有这么多),加上上大学生的流动性大,各种会议又在上大召开,所以搞得当时军阀的特务也很难了解情况,他们说:"上海大学的学生数不清。"

上大的系主任都是由中央决定的。如瞿秋白走后,中央决定施存统去担任系主任,但学生反对,反映到陈独秀那里,陈说:"这是中央决定的。"那时,社会学系与中文系、英文系闹不团结,瞿秋白就批评社会学系说:"你们都是党团员,团结搞不好,要由你们负责。"从以上情况看来,上大与党中央的领导是分不开的。

游行示威时,群众也把上大的队伍看成是党的队伍。上大的队伍未到,大家都要等上大的队伍;上大队伍的旗帜未竖起来,大家的旗帜都不竖起来,反之,上大的旗帜一竖,大家的旗帜都竖起来了。当时的全国学生会,也是以上海大学为旗帜的。

当时的留苏学生,百分之三十是由上大送去的。如张琴秋、杨尚昆、王稼祥、秦邦宪……都是上大送去的。

上大在五卅时,团的负责人是刘方才,即刘培云,他也负责学生运动。团原拟由上海团组织领导,团员不同意,后来属江苏省委领导。

# 刘锡吾
# 上海大学的性质与作用

> 这是20世纪60年代刘锡吾接受访谈的记录稿,由刘明义记录。原件藏上海市档案馆,档号D10-1-63。原有副标题"刘锡吴的回忆"。

上大是党办的学校,实际上等于党校,教职员工的任命,学生的情况,都由中央讨论。当时上大校长是于右任,但教务长邵力子、社会学系主任瞿秋白(原为李季托派)都是党员。中央很多负责人都在上大教书,只陈独秀未去教书,我是当时教职员党小组的小组长,当时小组成员有:瞿秋白、施复亮、李季、恽代英、萧楚女、彭述之等等。三次暴动时,上大的职工书记是康生。上大职工本由中央直接领导,三次暴动前后才交给江苏省委领导。

上大平时上课的人不很多,但一开会游行示威的人就很多了。如瞿秋白报告时,各区委书记就来,恽代英一上课,各校的学生都去听了。

当时有很多干部,是一面在外边工作,一面在上大学习的。如刘华在上总工作,也在上大念书。康生五卅在总工会工作,又在上大做支部书记青年团员,区委书记都是当然的大学生,如陈怀甫、朱义权(坏分子)、林钧……都参加了。还有的人到工厂搞一年半年,又到上大来了。反之,外面需要党员团员,也就由上大调去。

五卅时,上大的党员不多,只有十几个,五卅之后,各地的党团员站不住脚的,都到上大来了。记得那年8月开学后,恽代英报告说:各地委来的很多,各地集中到这里怎么办呢,校外也有很多的积极分子会议在上大开的。

五卅运动时,上大的知识分子要占上海的一半。1926年有一千名学生,党团员占八百多,加上上大学生流动性大,各种会议又在上大召开,当时军阀也很难了解情况,他们说上大的学生数不清。

上大的系主任都由中央决定,如瞿秋白走后,中央决定史群同志去担任系主任,但学生反对,结果学生去找陈独秀反映,陈独秀说:"中央决定的。"康生当时顶了他一句:"你不要家长制,学生最欢迎的是瞿秋白、恽代英。"李汉俊第一天去讲课,全部人也去了,但第三次课时,就没有人去听。陈望道讲课,也不欢迎。那时社会科学系与中文系、英文系不团结,瞿秋白就批评社会科学系,说你们都是党团员,团结搞不好,要由你们负责。

从以上情况看来,上大与党中央是分不开的。游行示威时,上大的队伍未到,大家要等上大队伍,上大队伍的旗帜未竖起来,大家的旗帜都不竖起来,反之,上大旗帜一竖,大家的旗帜都竖起来了。当时的全国学生会,也是以上大为标识的。当时江苏学生,百分之三是上大送去的,如张琴秋、杨尚昆、王稼祥、秦邦宪、陈伯建,都是上大去的。

上大在五卅时,团的负责人是刘方才,而刘培云也负责学生运动,现在南大当校长。团原拟划为上海领导,团员不同意,后来由江苏省委领导。党属双重领导。罗亦农、赵世炎常去。

上大的学生是自觉的,教职也是尽义务的,学生中以四川人为最多。五卅以后,上大搬到闸北青云路青云里(听说现在是招商局房子,也变了,后来在江湾造了一个校舍,在江湾西南四五里地,国民党建成劳动大学的一个部),花了十二万基金是募捐来的,此地用了不到半年,上大就被封了,地点可问陈望道。

青云路的条件很差,陈望道做了两首打油诗,内有两句是"马桶音乐,苍蝇跳舞",意即条件虽差,但出革命人才。开学典礼时,杨杏佛、史群同志也来参加。

线索:

一、学生运动——刘培云。

二、职工运动——杨之华。二次起义时,原定她为上海市市长,后来换了国民党虞之秀。

三、党团情况——康生,上大支书。

## 沈雁冰
# 回忆上海大学

> 分别节录自茅盾著《我走过的道路(上)》"文学与政治的交错""五卅运动与商务印书馆罢工"(人民文学出版社1981年版,第248—325页)。标题为编者所加。
>
> 茅盾(1896—1981),即沈雁冰,原名沈德鸿,字雁冰,笔名茅盾,浙江桐乡人。中国共产党上海早期组织成员。1923年5月到上海大学中国文学系担任教授。新中国成立后,历任文化部部长、中国文联副主席、中国作家协会主席、全国政协副主席等职。

平民女学是党办的第一个学校,上海大学是党办的第二个学校。原来有个私立东南高等师范学校,这个学校的校长想用办学的名义来发财,方法是登广告宣传他这个学校有哪些名人、学者(例如陈望道、邵力子、陈独秀)任教职,学费极高。学生都是慕名而来,思想比较进步的青年,来自全国各地。开学后上课,却不见名人,就质问校长,于是学生团结起来,赶走了校长,收回已交的学费。这时学生中有与党有联系的,就来找党,要党来接办这学校。但中央考虑,还是请国民党出面办这学校于学校的发展有利,且筹款也方便些,就告诉原东南高等师范闹风潮的学生,应由他们派代表请于右任出来担任校长,改校名为上海大学。于是于右任就当了上海大学的校长,但只是挂名,实际办事全靠共产党员。此时的

上海大学,是名副其实的"弄堂大学"(弄堂,上海土话,即北京所谓胡同,这个名称是外边人嘲笑上海一般的"野鸡"大学的,他们也用来嘲笑"上大")。它的校址在上海闸北青云路青云里(1924年"上大"搬到了公共租界的西摩路,算是有了正式校址,但五卅运动时学校被封,又搬到青云路师寿坊,仍然是"弄堂大学")。它没有校门,不挂招牌,自然没有什么大礼堂了。把并排的两个房间的墙壁拆掉,两间成为一间,算是最大的讲堂。它有个书摊,卖《新青年》《向导》《中国青年》和其他社会科学的书;它还有个学生墙报。这都是当时上海其他大学所没有的。特别是活泼民主的校风,以及社会学系的学生经常由老师带领去参观工厂和农村,这也是当时上海别的大学所没有的。这个"弄堂大学"培养了许多优秀的革命人才,在中国的革命中有过卓越的贡献。

1923年春,邓中夏到上海大学任总务长(总务长职权是管理全校行政事务),决定设立社会学系、中国文学系、英国文学系和俄国文学系。随后瞿秋白也来了,担任教务长,兼社会学系主任。在一次教务会议上,我遇见瞿秋白。这是我第一次会见瞿秋白。虽属初见,却对他早就有了深刻的印象。这是从郑振铎那里听来的(五四时期,郑和秋白同在北京,办过一个周刊),也是因为读了瞿秋白的《新俄国游记》(原名《饿乡纪程》,1921年10月完稿,1922年作为文学研究会丛书在商务印书馆发行)及《赤都心史》的原稿,感到他的文章极有风趣,善于描写(按《赤都心史》完稿于1921年11月,出版于1924年6月,亦为文学研究会丛书之一)。这两部书的原稿,是瞿秋白尚未回国时由莫斯科寄来的。当时我觉得这两部书的书名是一副对联,可以想见作者的风流潇洒。然而商务印书馆当局却觉得《饿乡纪程》书名不好,改题为《新俄国游记》,便落了俗套了。我还可以讲瞿秋白的一个轶事,以见其为人之幽默。当郑振铎和高君箴结婚仪式之前一日,郑振铎这才发现他的母亲没有现成的图章(照当时文明结婚的仪式,结婚证书上必须盖有主婚人,即双方家长,介绍人及新郎新娘的图章),他就写信请瞿秋白代刻一个。不料秋白的回信却是一张临时写起来的"秋白篆刻润格",内开:石章每字二元,七日取件;如属急需,限日取件,润格加倍;边款不计字数,概收二元。牙章、晶章、铜章、银章另议。郑振铎一看,知道秋白事忙,不能刻,他知道我也能刻图章,就转求于我。此时已为举行结婚仪式之前夕,我便连夜刻了起来。第二天上午,我把新刻的图章送到郑振铎那里,忽然瞿秋白差人送来一封红纸包,大书"贺仪五十元"。郑振铎正在说:"何必送这样重的礼!"我把那纸包打开一看,却是三个图章,一个是郑母的,另两个是郑振铎和高君箴的,郑、高两章合为一对,刻边款"长乐"二字(因为郑、高两人都是福建长乐县人),每章各占一字,这是用意双关的。我一算:润格加倍,边款二元,恰好是五十元。这个玩笑,出人意料,郑振铎和我都忍不住捧腹大笑。自然,我刻的那个图章,就收起来了,瞿秋白的篆刻比我高明十倍。郑、高二人本来打算在证书上签字,不用图章,现在也用了秋白刻的图章。下午举行结婚仪式,瞿秋白来贺喜了,请他讲话,他便用"薛宝钗出闺成大礼"这个题目,讲了又庄严又诙谐的一番话,大意是妇女要解放,恋爱要自由。满堂宾客,有瞠目结舌者,有的鼓掌欢呼。

"上大"中国文学系主任是陈望道,英国文学系主任是何世桢。何是国民党右派,不久他就辞职,另办持志大学。系主任一职,邓中夏要我去请周越然担任,他居然允诺,但也是兼职,他仍在商务印书馆编译所。我在"上大"中国文学系教小说研究,也在英国文学系讲希腊神话,钟点不多。

当时,日本利用不平等条约,在中国开设各种工厂,其中纺织厂共四十一所,在上海即有三十厂,其中属于"内外棉株式会社"者十一个。在日本纺织业中,"内外棉"资本最为雄厚,剥削也最严重。工人分日夜二班,每班工作十二小时,女工和童工每天平均工资不过一毛多钱。食宿条件极坏。

日本的纺织厂沪西沪东都有,而又以沪西为集中,内外棉的五、七、八、十二厂都在沪西,共产党也以沪西为工运重点之一。党和社会主义青年团派出若干党团员(很多是上海大学的学生)到沪西工人集中区办工人补习班,与工人建立了感情;然后又扩大为工人补习学校;到1924年夏在补习学校的基础上成立了沪西工友俱乐部。党中央和劳动组合书记部的一些同志常去俱乐部讲演,邓中夏就是去得最多的一个。沪西工友俱乐部逐渐成为沪西工人运动的一个中心。

1925年2月2日清晨,内外棉第八厂发生日本领班毒打一个女童工的事,引起男工的不平,据理同日本领班争论。不料厂里马上布告,把粗纱间值夜班的五十个男工全部开除,于是这个厂的日班男工就自动罢工。当时沪西工友俱乐部主持人刘华说服了工人,等待几天等领得了半个月的工资,然后再发动罢工。可是2月4日,被开除的男工要求厂方结算工资,并发还存工的时候,该厂日本职员竟不许他们进厂,并说他们的工资和存工统统没收了。工人们愤怒争论,厂门口人山人海。厂方要工人推出六个代表,进厂交涉。但六个代表进厂后即被厂方勾结普陀路捕房以"煽动罢工"的罪名,把他们逮捕关押。此后,沪西工友俱乐部就公开出面,代表工人向厂方提出六项要求,并把这六项要求印成传单散发给各日本纱厂的工人。这六项要求是:一,不准打人;二,按照每人原有工钱加十分之一,并不得无故克扣;三,恢复第八厂被开除之工友,并立即释放被拘押之工友;四,以后两星期发工钱一次,不得延期;五,罢工期内的工钱照发;六,以后不得无故开除工人。

2月9日内外棉第八厂全厂工人开始罢工,接着是第五厂、七厂、十二厂的工人也跟着罢工,大家到苏州河对面潭子湾空地上开大会。参加大会的工人约有一万人。一面白布大旗,上写"反对东洋人打人",在群众头上飘扬。当时在大会上演说的有邓中夏、杨之华。邓中夏常到俱乐部教书,许多工人认识他。工人对杨之华是陌生的,但因她是上海大学的女学生,立刻受到女工们的热烈欢迎。

那时候,杨之华还是上海大学的学生,但她在学校中的活动(她是"上大"学生会执行委员),她参加的工人运动,都显示出了她非凡的活动能力和卓越的组织才能。大约几个月前,她与瞿秋白结了婚,就住在我家的隔壁,成了德沚的好朋友。瞿杨的这桩婚事,当时曾传为美谈。之华与前夫沈剑龙意气不投,感情不合,因而只身来上海投身革命,这在前面已经讲过。现在她与秋白恋爱了,她就给沈剑龙去信,要求离婚。沈剑龙从浙江萧山回信说,这是很平常的事,我到上海来和你面谈。结果,在张太雷、施存统、泽民、张琴秋等见证人的面前,双方协议,在《民国日报》上同时刊登三条启事:一为沈杨离婚启事,一为瞿杨结婚启事,一为瞿沈做朋友启事。离婚启事大意谓:我们很愉快地解除婚姻关系,但仍保留友谊关系,互相帮助,互相敬爱。做朋友启事大意谓:我们以后仍是最亲爱的同志和好朋友。登了启事后就举行结婚仪式,定的喜日是11月7日,十月革命纪念日,参加仪式的人有沈剑龙、杨之华的父母,及其他亲朋好友,我与德沚也去了,大家吃了一顿饭。这件事在当时的新派人中间和共产党人中间也是很新奇的,传为美谈。

纺织工厂的工人主要是女工和童工,因此做女工的工作就十分重要,上海大学的女学生多半参加了女工工作。与杨之华一起做女工工作的,还有她的好友张琴秋。琴秋是德沚的小学同学,这时也在"上大"学习,通过德沚和之华的关系,她认识了泽民,也就在这一年(二五年)他们结了婚。婚礼很简单,没有花母亲的一文钱,这一点果然被我母亲说中了。当时,之华和琴秋就动员德沚也去做女工工作,德沚又拉了叶圣陶的夫人胡墨林一同去。不过德沚没有之华和琴秋的口才和能力,她的工作主要是帮助办女工夜校和识字班,同时宣传革命的道理。大概就在那个时候,德沚由之华介绍参加了共产党。

2月9日的大会以后,罢工风潮迅速蔓延到二十二个在上海的日本纱厂,除了内外棉还有日本资本的日华、同兴、丰田以及在杨树浦的大康、裕丰等厂,罢工人数达三万五千余人,并以沪西工友俱乐部为核心,组成罢工委员会。

2月17日下午,群众坚决要求入租界示威,营救被捕者。邓中夏同群众一同游行。到了恒丰路,还没进租界,就被中国警察拦阻,发生冲突。结果邓中夏及工人共二十余人被捕。帝国主义勾结中国军阀政府对工人的镇压,激怒了上海各阶层人民,党于是发动了强大的唤起舆论的工作,提出"抵制日货"的口号。这个爱国的口号,当时起了动员上海市民的作用。上海学生联合会、各马路商界联合会、广大市民,以及未罢工的工厂工人们纷纷捐款给内外棉等各厂罢工的工人。以上海国民会议促成会为首的一些社会团体,在向警予领导下组织"东洋纱厂罢工工人后援会",发动了更大规模的宣传和募捐运动。

罢工有持久之势,日本资本家经济上的损失一天大似一天。据事后东京《朝日新闻》的估计,三个星期的罢工,仅内外棉十一个厂,直接损失就达五十万日元(当时一日元等于中国一银元的七角五分),加上间接损

失,将达百万日元以上。因此,日本资本家转而想从谈判桌上谋求结束罢工。经过两天的激烈的谈判,日本资本家被迫接受下列的条件:一、不准打人;二、不得无故开除工人;三、储蓄金满五年发还(原为十年);四、工资两星期发一次,不得拖延。此外,由总商会担保释放被捕工人。邓中夏等被捕的同志和工人终于被释放了。3月1日,内外棉各厂全体工人开了庆祝胜利大会。

这次的罢工,积累了斗争经验,为此后的"五卅"运动作了准备。

5月16日,内外棉五、七、八、十二等厂一万多工人全部罢工,组织了罢工委员会,设立纠察队、交际队、演讲队、救济队,提出"惩办凶手,承认工会"等八项要求。同时,三十几个社团组成的日本惨杀同胞雪耻会也成立了。每日有各界代表到潭子湾罢工委员会表示吊唁、慰问;其中也有出席广州第二次全国劳动大会正欲返回各自岗位的华北铁路总工会和华中汉冶萍工会的代表。5月24日,在潭子湾举行顾正红烈士追悼大会。这是一次对帝国主义的总示威,此后就进入扩大宣传、组织全市的罢工、罢市、罢课的准备阶段。

5月30日,工人、学生,从几路会合在南京路。上海大学和其他大中学校的学生们的许多宣传队,沿路演讲,这就吸引了不少过路人,东一堆,西一堆,都大喊"打倒帝国主义"。南京路老闸捕房的巡捕大批出动,逢人便打,有人受伤,但示威的群众却不退却,而且巡捕的暴行也激怒了本来是看热闹的人,他们也加入了示威队伍,南京路交通断绝了。我与德沚,还有杨之华是同上海大学的学生宣传队在一起的,正走到先施公司门前,忽然听得前边连续不断的枪声,潮水般的人群从前边退下来,我们三人站不住,只好走进先施公司,随后又有几个学生模样、不认识的人,也进来了,其中一人愤怒地说:"巡捕开枪了,岂有此理!"我和杨之华问详细情形,才知道:演讲队的人被捕了几个,都扭进老闸捕房,群众(主要是学生和工人)也涌到老闸捕房,大叫"放还我们的人!"果然放出了几个被捕的人,但接着,在捕房的甬道口,巡捕开了排枪,死伤者十多人。后来知道其中有上海大学学生,上大学生会执行委员何秉彝,当时他在喊"同胞快醒",即被英捕用手枪抵住其胸口开了一枪,当即死了。交通大学的学生陈虞钦在群众中不及奔避中弹倒地,但尚未死,英捕头瞄准他再放一枪,于是气绝。

这时,先施公司的职员已经拉上了铁栅门。这是怕群众再进来。我们出不去,正在焦急,正好看见一个姓孙的小职员,是个青年团员,杨之华认识他,于是由他引路,从先施公司的后门走了。

当天晚上,我知道陈独秀、蔡和森、李立三、恽代英,以及上海地方兼区执委会负责人王一飞、罗亦农等在闸北宝兴里开会,决定发动全市的罢市、罢工、罢课运动。又拟定要求:租界须承认此次屠杀的罪行,负责善后;租界统治权移交上海市民;废除不平等条约如帝国主义各国在中国的领事裁判权等;撤退驻在中国各地的外国军队。至于行动计划,是立即组织上海总工会,并由上海总工会、全国学生总会和上海学生联合会、上海总商会和各马路商界联合会共同组织工商学联合会,为此次运动的领导中心。又决定罢市,目的是要断绝在沪外国人的供应,对一般中国市民照常供应;罢工不波及中国资本家开办的工厂,公用事业如自来水公司、电力公司不罢工。上海总工会临时办事处设在闸北天通庵路一个弄堂房子里,31日开始办公。

6月1日,声势浩大的"三罢"实现了,上海各阶层人民的反帝斗争达到了新的高峰。但是帝国主义继续血腥镇压。6月1日,工部局宣布戒严,在上海戒严的两星期内,恐怖笼罩着租界。南京路一带行人绝迹。他们开动铁甲车并派骑警队巡逻,继续捕人并任意开枪屠杀。6月1日,由于"三罢"的实现,上海市民自发地拥上南京路围观,英捕先挥舞警棍驱赶,继而向赤手空拳的群众连开排枪,死伤二十余人。

6月2日,英捕在东新桥开枪打死二人,在虹口开枪打死三人。驻守在新世界游艺场的英捕对马路上的行人放排枪,死伤数十人(5月30日以后,新世界游艺场内驻有西捕、马巡及万国商团等百二十余人,又在附近一家商店门口,架起了机关枪,如临大敌)。6月1日,杨树浦工厂工人十余万人罢工,组织罢工委员会及纠察队。6月3日,在杨树浦一带巡逻的美国水兵因西崽(在外人公司或私人家中的中国服务员)密谋罢工,当场枪杀西崽一人,并对在街旁讲演的学生队伍开枪射击,当场打死两个工

人,一个学生。这天早晨,英捕多人搜查南京路西段新世界附近各店,先施、永安也被搜查。

6月4日,西摩路上海大学被封,校舍被英国海军陆战队占为营房。大夏大学、南方大学附中、文治大学、同德医校及其附属医院皆被英兵占据,学校被解散。

五卅运动的怒潮也卷进了上海的广大教职员队伍。6月2日下午2时,由上海大学的教职员发起,上海法政大学、上海大学、复旦大学、暨南大学、交通大学、文治大学、中国公学、爱国女校、景贤女中、神州女学、中华职业学校等三十五校,在西门江苏省教育会开各校教职员联合会,讨论南京路惨案,到各校代表百余人。会上由上海大学代表韩觉民报告了召集经过情形,提出组织上海各学校教职员联合会的建议。但是因为江苏省教育会借口有些学校尚未到会,会议没有讨论具体的组织事项和工作问题,只是发出了告全国各界、致北京外交部总长、致北京苏联大使馆和各国公使馆的三个电报。次日仍在原处开会,到上海学校及团体七十三个的代表一百十四人,在这次会上决定筹备成立上海各学校教职员联合会并加入上海工商学联合会,又公推徐谦、殷芝龄、潘公展、曹慕管等七人为临时委员,进行一切事宜;然后临时委员会又决定以学校为单位选举执行委员。从这次会议看,右派势力已夺取了刚刚产生的上海各学校教职员联合会的领导权,把上海大学等左派势力排挤在外。8日,又在江苏省教育会开会,张君劢、张东荪公开出面,而江苏省教育会扮演了幕后活动的重要角色。到了12日,该会开会决定:派代表二人请见法、意、比领事,郑重声明:上海各学校教职员联合会是在5日正式成立,5日之前用该会名义所发函电概不负责;宣布这个会与苏联毫无关系,并派人对美国领事表示,该会与赤化无关。

在这以前,党中央已对上海各学校教职员联合会本月2日会议延期的原因作了分析,并制定了对策。4日下午由韩觉民、侯绍裘、沈联璧、沈雁冰、周越然、丁晓先、杨贤江、董亦湘、刘薰宇等三十余人,发起上海教职员救国同志会,在小西门立达中学召集筹备会,并发表了宣言。宣言要点为:五四以来,学生救国的声浪,日高一日,但我们教职员大多数始终不曾积极地参与过救国运动,甚至还要用种种方法压抑学生的这种运动,或是设法使他们沉寂下去。我们今后要和学生和各界一同起来救国,不但现在的事件要得到彻底的解决,以后还要和学生结合,永远做救国的运动。这个会主要是上海大学、景贤女中、爱国女校、立达中学等学校的教职员组成,其成员许多是共产党员,也有无党派而当时赞成反帝的知名人士如叶圣陶、周越然等,立达中学的教职员则多是进步的知识分子。

6日,我、杨贤江、侯绍裘发表谈话,内容是:江苏省教育会所发起的上海各学校教职员联合会专就补救学潮善后着想,且以学校为单位,我们认为它的主张太浅,范围太狭,因而发起教职员救国同志会,以教职员个人为单位,从事救国运动。现已通过章程,决定办法六项:一、组织外交股,收集此次交涉资料,并提出交涉意见;二、参与各种救国运动,加入工商学联合会,共同发起国民外交协会;三、辅助学生组织;四、注重国际宣传;五、联络全国教职员一致行动;六、与官厅交涉五卅善后事件。7日下午,在立达中学开会,决定设总务、宣传、外交三股,各股又推举乐嗣炳、钱江春、顾执中三人为三股的常务委员,由三委员组成临时执行部,为会中最高机关。8日上午,临时执行部开会讨论各股进行工作的问题。9日继续开会,议决:起草宣言,由我和沈联璧负责;对罢课学生、罢工工人作讲演,由该会成员报名担任;警告政府特派员;征求本会新同志等。

宣言于15日刊登于上海《民国日报》,其中着重指出:"我辈肩负教育之责者,一方应以国民资格,率先为救国的活动,一方以教育者的资格,领导受我辈教育之青年,为救国的活动,并培养其救国之能力。此盖同人等数年来之怀抱。徒以国内教育界受学阀、名流之蒙蔽,群趋于苟且偷安之一途,未至公布之时耳。今时机已至,用特组织本会,以救国相号召。"这里说的"学阀"即指江苏省教育会。对于江苏省教育会,当时上海《民国日报》主编叶楚伧曾经说它是"只认庙不认菩萨"。"庙"指政权,"菩萨"指执掌政权的人。叶楚伧从江苏省教育会历来的言行,归纳得此结论,意谓江苏省教育会今天拜倒在北洋军阀脚下,如果明天国民党得了政权,他们也会拜倒在国民党脚下。后来事实证明,叶楚伧是说对了。

教职员救国同志会当时还组织了讲演团,除应邀赴各学校团体讲演外,自6月16日起,借中华职业学校举行讲演会,讲题及讲演者如下:

一、五卅运动与民族革命,杨贤江;二、上海公共租界,钱江春;三、外交与内政,侯绍裘;四、五卅事件的外交背景,沈雁冰;五、领事裁判权,沈联璧;六、国民外交,杨贤江;七、失败的外交,王伯祥;八、帝国主义侵略中国的各种方式,陈贵三。

# 沈志远
## 回忆上海大学的组织情况

> 这是1957年8月1日访问沈志远的记录稿,原件藏上海市档案馆,档号D10-1-48。题目为编者所加。
>
> 沈志远(1902—1965),原名沈会春,曾用名沈观澜,浙江萧山(今为杭州市萧山区)人。1925年3月到上海大学附属中学任教,同年加入中国共产党。新中国成立后,历任中央人民政府教育委员会委员、出版总署编译局局长、哲学社会科学部委员、中国科学院上海经济研究所筹备主任、上海社会科学院经济研究所研究员、上海政协副主席等职。

1. 各部门主要负责人

校长于右任,也许是邓;副校长邵力子(也许是校长);教务长陈望道;总务长韩觉民。

社会系主任施存统(现名复亮)

经济系主任李季

中国文学系主任陈望道(兼),也可能是沈雁冰

西洋文学系主任周越然(?)

2. 主要讲师教授

除施复亮、李季、沈雁冰、陈望道等外,党内重要负责同志担任特约讲

师和兼任教授的有：

瞿秋白、罗亦农、恽代英、萧楚女、张秋人诸先烈，沈泽民（已故，雁冰弟）、郑超麟（蜕化为托派）等。

康生好像也讲过课的……

学生约五百余人（包括附中）……

3. ……我是1925年春夏才进去的……在上大仅一年半。……当时我刚入党，仅在附中一个党小组过组织生活。大学部的党团组织生活我不参加。

# 施蛰存
# 丁玲的"傲气"

> 原载施蛰存著《沙上的脚迹》(辽宁教育出版社1995年版,第106—109页)。
>
> 施蛰存(1905—2003),名德普,字蛰存,以字行,浙江杭州人。1923年9月进入上海大学中国文学系学习。新中国成立后,先在沪江大学任教,从1952年起,一直在华东师范大学担任教授。

《新文学史料》今年第二期登载了一篇《丁玲谈早年生活二三事》,是一篇录音整理记录。在这篇谈话中,丁玲谈到1923—1924年间在上海大学时的一些情况。其中有一段说:"同学有戴望舒、施蛰存、孔另境、王秋心、王环心等,这些同学对我们很好,我们则有些傲气。"这寥寥三句话,确是记录了丁玲在上海大学时的姿态。她不说,我也早就感觉到,不过,在60年之后,她还自己这样说,可知她的"傲气",即使在当时,也是自觉的。

现在我要给这一段话做一个笺释,为丁玲传记作者或文学史家提供一点资料,也为爱谈文坛轶事者供应谈助。不过,先要交代一下这里所提到的五个同学。戴望舒和我,因为在1928年以后和丁玲还有来往,可以说是丁玲比较熟悉的,孔另境是茅盾的妻弟,我和望舒都是由另境带路而开始到茅盾家里去走动,但我不记得当时丁玲曾去过茅盾家里。王秋心、

王环心是兄弟两人,江西人。他们在上海大学,比我们高一班,他们是二年级,我们和丁玲都是一年级。王氏兄弟都做新诗,我们认识他们时,他们已印出了一本诗集《棠棣之花》,所以他们是上海大学有名的诗人。但他们和丁玲的来往,我们都不知道。他们离开上海大学后,就去参加革命,听说在南昌起义后牺牲了。

在上海大学时,尤其是在青云路的上海大学,我们三人和丁玲及其他四五位女同学的关系,仅仅限于同堂听课,王氏兄弟则连同堂听课的缘分也没有。丁玲说:"这些同学待我们很好。"这句话恐怕还是出于礼貌,因为我想不起当时有过什么"很好"的具体表现。倒是丁玲自己所说"傲气",我记得当时是有所体会的。

丁玲的"傲气",大约有两个方面。第一是女大学生的傲气。在1923年,大学兼收女生,还是一种新事物。北京大学早已向女生开放,上海却还没有几个大学男女兼收。当时男女同学的大学里,每堂上课,总是男生先进教室,从第三排或第四排课桌坐起,留出最前的两三排让女生坐。待男生坐定后,女生才鱼贯进入教室。她们一般都是向男同学扫描一眼,然后垂下眼皮,各自就坐,再也不回过头来。

当时我们班上一共只有五六名女生,我们空出两排座位,每排三张双人课桌,她们坐满第一排就够了。第二排常是空着。偶然有女同学的朋友也来听课,第二排上就会出现一两个临时女学生。王剑虹是中文系二年级生,但有时和丁玲一起来听课。

我和望舒坐在第三排,正在丁玲背后,因此同学半年,见到她背影的时候为多。只有在教师发讲义的时候,把一叠讲义交给第一排的女同学,她们各人取一张,然后交给背后的男同学。这时,我们才又一次见到丁玲的面相,有时也打个无言的招呼。

此外,我不记得和丁玲还有过课外交往,因为下课之后,男女同学各自走散。丁玲她们就住在教室楼上,据她的谈话,说是住在亭子间里,当时我们都不知道。我和望舒在校外附近租住了一间里弄房屋,不上课也很少到学校里去。

尽管上海大学的学生差不多全是从文学革命发展到政治革命的进步青年,但在男女同学之间,还多少有些封建主义残余思想的拘束。学校搬到西摩路（今陕西北路）之后，女生宿舍较为像样。有一次，望舒因事要通知女同学，他就冒冒失失地闯进女生宿舍，坐在一位女同学的床上。他也看不出那位女同学的脸色。他走后，那位女同学把床上的被褥全部换掉。即此一例，就可以体会丁玲所谓的"傲气"，这是20年代大学中女生对男生的"傲气"。

另外一方面，丁玲还有意识形态上的"傲气"。她自负是一个彻底解放了的女青年，从她的谈话中可以知道，她在1923年的上海大学，崇拜的是施存统。施存统是因为发表了一篇《非孝》的文章，而被浙江第一师范开除的。他提倡"非孝"被守旧分子认为是"大逆不道"，而青年人却认为是最激进的反封建。施存统因鼓动"非孝"而暴得大名，来当了上海大学的"教授"。在那时候，施存统的社会名望高于瞿秋白，所以丁玲"常常去他那里玩"，而瞿秋白在丁玲的认识里，还只是"觉得还是可以与之聊天的"。

到了1924年，瞿秋白在社会学系讲课的声望超过了施存统。王剑虹又和瞿秋白接近，终于和瞿秋白结婚。也许，从此以后，丁玲才改变了对瞿秋白的评价。在丁玲的谈话里，有两处提到瞿秋白。从前后两段的语气中，也可以体会到这一情况。

1924年暑假后，丁玲离开上海大学而到了北京。据她的谈话，这次北游，是为了北京的"思想好"。这也反映出她在上海大学时，对我们这些上海青年是瞧不起的。她在北京的时候，认识了胡也频，并与胡同居，又开始写《莎菲女士的日记》等轰动一时的小说。直到胡也频牺牲之后，丁玲才明显转向，从《水》开始，改变了她的创作方向。从这些现象中，的确有许多人以为丁玲的转向是胡也频牺牲的影响。但这回丁玲的谈话却说："事实上，在北京时，我是左的，胡也频是中间的，沈从文是右的。"又说："胡也频在认识我以前，没有认识一个革命者。他对鲁迅是佩服的，但是思想上与鲁迅差一截。"这些话，我可以证明是真实的。从1928年到1931年，丁玲和胡也频同住在上海，我和望舒和他们俩接触的机会较多。丁玲还显得是一个"莎菲女士"的姿态，没有表现出她的政治倾向。胡也频却十足是个小资产阶级文学青年，热心的是写诗、写小说，拿到稿费，就买一些好吃的、好玩的。1931年2月7日的噩耗传来，我们都有些意外，

不相信他会成为无产阶级革命的烈士。当然,冯雪峰是知道的,但他从来没有谈起过。

丁玲的革命思想,成熟得早于胡也频,胡也频参加革命工作,是丁玲和冯雪峰的影响。但丁玲在文学创作上的转向革命,却表现在胡也频牺牲之后。

这就是丁玲在上海大学时对我们的"傲气"的来历。可能她1928—1931年间,还有这种"傲气",不过当时我们已彼此过从较密,她也有点收敛或隐匿吧!

(1988年7月)

施蛰存
# 怀孔令俊

> 原载施蛰存著《沙上的脚迹》(辽宁教育出版社1995年版,第149—152页)。孔令俊即孔另境,1923年进入上海大学中国文学系学习。

1972年9月下旬,我从大丰干校回沪休息,第二天就到四川北路去看老朋友孔令俊。登上三楼扶梯,我照例高叫"老孔",可是没有照例的回应。以为他家里无人,上楼梯一看,房门都静悄悄地开着。我再叫一声"老孔",房里出来一人,却是他的儿子。我问:"老孔出去啦?"他儿子不做声,严肃的脸好像不认识我,只做个手势让我进去。我踏进房内,陈设已变了样。烂脚多年不愈的老孔并不躺在那藤椅上。我正要问,他儿子指着五斗橱上,我一看,供着老孔的照片,下面有两个小花圈。

我大吃一惊。怎么,老孔没有了!三个月前,我还来过,他虽然烂脚,精神很好。我们谈了一阵,我告诉他,我要到大丰五七干校去,回来休息时再来看望他,却想不到我再来时,他已下世。原来他的烂脚是糖尿病毒,所以治不好。

英国诗人苔微思有一首诗,大意说:"年轻时,一家一家的去看朋友聊天,现在年老了,朋友一个一个的去世,不再是一家一家的去,而是一个公墓又一个公墓的去访问朋友了。"近几年来,在上海的老朋友,一个一个地少下去,我也很有苔微思的心情。今年是令俊逝世十年祭,可是连一片墓

地都无可祭扫,我只能写一点回忆记来怀念他,真是"秀才人情纸半张"。

1923年秋,我和戴望舒同入上海大学中文系肄业。孔令俊是我们第一个认识的同级同学。我和望舒在校外里弄人家租了一间厢房住宿,课余时间,令俊经常来我们住所闲谈休息。当时,沈雁冰(茅盾)先生也在上海大学任教,给我级讲欧洲文学史,用的教本就是周作人编的《欧洲文学史》(北京大学丛书)。有一天,沈先生在下课后和令俊讲话,好像很熟识的样子。我们觉得很奇怪。事后就问令俊:"你怎么认识沈先生的?"这时,令俊才说明沈先生是他的姊夫。

此后,由于令俊的介绍,我和望舒几乎每星期都上沈先生家去。沈先生白天在商务印书馆编译所工作,星期日有别的事,因此我们总是夜晚去的。开头,沈先生还把我们作为客人,在楼下客座招待;后来,相熟了,就索性让我们到楼上去。沈先生做他自己的文字工作,让我们随便翻看他书架上的外国文学书,或者和沈师母,令俊的姊姊孔德沚,谈谈家常和文艺琐事。那时令俊住在亭子间里,我们有时就到亭子间里去坐,不打扰沈先生的工作。沈师母常常说:"沈先生要创作,我们还是到亭子间里去。""创作"这个名词是当时新行的,《小说月报》开始标明了"创作"一个专栏,本意是指小说、散文、剧本等作者自写的文艺作品,用来区别于"译作"。沈师母却以为"创作"就是写文章,所以,沈先生明明是正在伏案译书,沈师母却说是"他在创作"。这一事,可见当时有许多人还不清楚什么叫"创作",甚至连沈师母也没弄清楚。

1924年暑假,上海大学迁入租界,校舍在西摩路(今陕西北路北京西路口)。我和望舒就迁居哈同路(今铜仁路)民厚北里,租住了一个后厢房。搬进去之后,才知道房主人是左舜生,前厢房就是醒狮周报社,于是,我们在这里认识了国家主义派的一群人。左舜生的太太脾气很不好,我们在她家里住不到半年,就迁居民厚南里。郭沫若、成仿吾、郁达夫、倪贻德都住在这个里内,一座一楼一底的石库门房子,就是"创造社"了。

张闻天也住在这个里内,他那时是中华书局编辑。令俊和张闻天的弟弟健尔很熟,因此,我们由令俊的介绍,认识了健尔,又因此认识了张闻天,那时他正在译俄罗斯作家科洛连珂的《盲音乐师》。

不久,令俊随沈先生去广州参加革命,到了武汉,国共分裂,他亡命回来,才重又会见。这时,令俊没有工作,想编一部《五卅运动史》,来和我商量。我把家里所有的报刊资料都找出来给他,他自己也搜访到不少资料,编成一本初稿,请蔡元培题了书签。但这部书始终没有出版。1928年,令俊到杭州去做党的地下工作,住在戴望舒家里。望舒有一个姊姊,青年居孀,住在娘家。令俊和望舒的姊姊发生了恋爱,以后两人就双飞到天津同居。令俊在天津女子师范任教,可能还做党的工作。因为不久即被捕入狱。令俊在被拘押期间,曾托一位王某,也是党员,照料戴氏。岂知王某与戴氏也有了恋爱关系,两人就双飞南下,到了上海。令俊出狱后,人去楼空,也回到上海。此事望舒极为恼怒,拒不与他们三人相见。于是我和令俊也形迹疏远了好久。直到1935年,令俊想编一本《现代作家书简》,来向我要资料。我乐助其成,供给他一批文友信札。此后,我离开上海,接着就是八年抗战,到胜利复员回来,才重又会晤。

解放后,春明出版社资方去了台湾,请令俊去担任经理之职。令俊最初不想去做这个资方代理人,我劝他答应下来,因为我看出解放后出版事业大有可为,令俊手头有一个出版社,可以在社会主义文化建设上多做一些工作。于是令俊去当上了这个出版社的经理,拉我去担任总编辑。从此,我和令俊每天见面,正如在上海大学读书时。但这一段时间,不过三个月,我觉得这个总编辑不易做,就辞卸了。一两年后,出版机构大改组,春明出版社不复存在,在几次政治运动的大波荡中,我和令俊的关系愈疏,每年不过见面两三次,如是者十多年,从1971年开始,才比较的常见,可想不到他很快就过去了。

我和令俊有50年的交谊,虽然时亲时疏,却也非常了解他的为人。他对文艺是有热忱的,可惜才分不足,写过几个剧本,几本杂文,都不能出色当行。但他编的《小说史料》《现代作家书简》,却是至今还有用的书。《五卅运动史料》所收资料,在今天看来,可以说是很丰富的,可惜这部稿子没有出版。他的文艺工作,大概在抗战时期最为活跃。他办过戏剧学校,编过剧本丛刊。沈先生在香港编《文艺阵地》,由他在上海负责排印、校对、出版工作。这些都是我所知道的他的文艺业绩。

令俊的为人,心直口快,喜怒即形于色,所以常常容易和人冲突,但本质却是忠厚的,初到上海时的生活,天津回来后的一段时期,大概经济

方面非常狼狈,不得不依靠他姊姊的支援。近年间,沈先生在他的回忆记中,曾有好几处提到令俊,语气之间,似乎很有不满,我觉得有点意外。我看过沈先生给令俊的许多信札,一向都是信任他、鼓励他和热心帮助他,不知道为什么晚年来,在沈师母故世之后,忽然态度一变,对令俊深致不慊,不惜形之笔墨,这一情况,我觉得不可思议,莫不是令俊在晚年时对沈先生有过什么大不敬吗?这就不是我所能了解的了。

(1982年12月)

宋桂煌
# 上海大学琐忆

> 原载中国人民政治协商会议上海市虹口区委员会文史资料工作委员会编《文史苑(二)》(1988年7月,第64—68页)。
>
> 宋桂煌(1903—1987),祖籍江苏苏州,生于如皋。1923年进入上海大学英国文学系学习。新中国成立后,任上海市政府调查研究室研究员、文教组长,上海文艺出版社编辑。

## (一)

上海大学起初是一所由私人创办的简陋的专科学校,校名为东南高等师范学校,校址在闸北青云路青云里。校舍是租来的,仅有五六排民房,其实是棚户房子。校长名叫王理堂,办学的目的是为了赚钱。当时南京有国立南京高等师范,正拟升格为东南大学,所以王打出这块好听的牌子大登广告,招揽学生,收费很高。当时(1922年)上海开办的私立大学不多,比较有名的如大夏大学、上海法政学院、上海法学院、文治大学等,都在此之后才创立。

开学不久,学生们发现学校设备异常简陋,又缺少合格的师资,感到十分气愤,便群起质问,校长无言以答。于是学生便团结起来赶走校长,改组学校。王理堂乘机逃离学校。学生们推派代表,要求当时声望很高

的于右任出来担任校长。于答应了学生的要求,出任此职。1922年10月23日,于右任到校就职并在大会上讲话,接着他开始为学校筹组董事会,筹措经费,物色教师。

于右任到校后,就想把学校纳入国民党的政治轨道,这时适逢国共两党酝酿合作,于赞同孙中山提出的三大政策,亲自参加了国民党的改组工作。后来,国民党派担任国民党机关报《民国日报》的主笔邵力子参加学校的领导工作,于是国民党左派势力在校内逐渐占主导地位。

1923年4月,共产党派中央委员邓中夏出任上海大学总务长,负责主持学校的行政工作。由于于右任主要从事党务活动,不常到校视事,因而所有校务均由邓负责处理。随后,党又派瞿秋白来校任教,共产党的力量日益加强,形成共产党和国民党左派共同领导学校的局面。

到了1924年初开学时,学校声誉鹊起,入学学生数达390余名。这时简陋的校舍已不敷应用,于是学校便迁至公共租界爱文义路(今北京西路)南阳路口的新校舍上课,新校舍对面的弄堂房子时应里,除供附中上课外,还有两个大教室供大学部上大课之用。这时,上海大学已成为一所培养革命干部的教育基地,也是共产党活动的主要阵地之一。

上海大学的英文名字原是 University of Shanghai,因与当时教会大学——沪江大学同名,于是改名为 People University of Shanghai[①]。

## (二)

我于1924年秋季进入上海大学附中读书。在此之前,我在家乡如皋师范求学,结识同学、中共党员吴肃(1937年担任江苏省委副书记,皖南事变中被害),他为我写了两封介绍信,一封写给邓中夏,另一封写给教务处秘书陈铁庵。当时邓中夏已去广州,于是由陈铁庵为我安排一切。

当时上海大学共有三个系:中国文学系、英国文学系和社会科学系。中国文学系系主任是刘大白,教授有陈望道、郑振铎、赵景深、茅盾、丰子

---

① 1923年《上海大学暂行校则》定名为 "People's College of Shanghai",1924、1925年《上海大学章程》均定名为 "The University of Shanghai"。

恺等；英国文学系系主任是周越然，教授有方光焘、朱湘等；社会科学系系主任是瞿秋白，教授有蔡和森、恽代英、萧楚女、施存统等，阵容最为强大，学生数也最多。这时的上海大学已成了共产党领导的学校，保持着浓厚的民主气氛，对各派政治势力采取兼容并包的态度，允许各种学术社团自由活动。我原想进英国文学系，因考虑自己家庭经济困难，便进了中学部高中三年级学习。

当时中学部主任是李未农，教师有陈望道、张作人、汪馥泉、刘薰宇、韩觉民、张万樵等。到了寒假，主任改由侯绍裘担任。侯绍裘毕业于南洋公学（今交通大学前身），大革命时期参加了国民党，后又加入共产党，他年轻有为，讲课生动，关心青年，深受学生的爱戴，成为学生运动的核心人物。

我在这一年秋天翻译了一篇题为《工业革命与社会》的文章，发表在杨贤江主编的《学生杂志》1924年11月号上；不久我又翻译《近代科学的发展》一文，刊载在附中《校刊》1925年第2期上。上述两文是美国史学家鲁宾逊著的《世界史纲》中的章节，侯绍裘读后，对我大加赞许，从此我们之间的交往更多，感情也更接近。

## （三）

1925年春开学，我与同学刘华同住一室，曾受到他多方面进步思想的影响，至今记忆犹新。

刘华是四川人，家贫，还未成年就在重庆、汉口等地给人做帮工，艰难度日；1922年到上海，经人介绍进中华书局当工人，因不堪凌辱而失业。慕上海大学之名，便投书学校要求让他半工半读，学校破例答应了他的请求，于翌年进上海大学附中高中部读书，课余为学校干活，以此维持生活。

刘华进校不久就参加了共产党，成为邓中夏的得力助手，从事工人运动。当时大学部的党员活动分子如汪寿华、杨之华、刘一清等，经常同他一起开展工作。在五卅运动中，上海成立总工会，刘华担任副委员长。在领导工人进行罢工斗争中，英勇牺牲。

这时，侯绍裘已担任上海大学的总务主任，在他的领导下，上海大学

师生在这场斗争中,始终站在斗争的最前列。

上海大学的社团活动非常活跃,经常约请社会知名人士来校演讲。一次,杨杏佛先生在演讲中痛斥军阀和官僚的昏庸无耻,揭露官场的种种丑态,他说:"下级求见上司,必先投刺;投刺者,即投送名片也。求见者身份愈高,名片则愈大。"边说边从衣袋中取出一大叠名片,引得全场听众哄堂大笑。

1925年6月4日,租界当局派出万国商团和英国巡捕数十人,突然闯进上海大学,对全校师生进行搜查,他们到处翻箱倒柜,一时之间,书籍文具,狼藉满地。并粗暴地强迫学生在10分钟内退出学校,接着由美国海军陆战队强行占领了学校,并把校舍改为军营。面对帝国主义的暴行,上海大学学生会发表声明,提出强烈抗议。次日,全校师生被迫迁到老西门勤业女子师范学校设立临时办事处,处理善后事宜。到1925年秋季开学,学校迁回闸北青云路师寿坊,局处于弄堂内上课。同时,组成校务委员会,发起募捐,筹建新校舍。

到1927年4月,正当上海市民欢庆北伐胜利之时,上海大学在江湾镇附近新建的校舍落成,全体师生迁往新址上课。这时,蒋介石发动了"四一二"反革命政变,疯狂屠杀共产党人和进步人士,上海大学师生参加了游行示威。第二天,白崇禧派兵占领了新校舍,用长枪和刺刀封闭了这所革命教育基地。正值此时,传来了侯绍裘在南京雨花台英勇就义的不幸消息,上海大学师生用自己的生命和鲜血,在中国革命史上,写下了光辉的一页。

# 孙仲宇
## 关于上海大学的一些资料

> 这是孙仲宇于1962年11月8日以书面形式接受上海历史研究所函调的回复。在回答访问提纲之前,有给上海历史研究所的一封回函:"上海历史研究所:今年先后接到2月12日及5月7日来信。我的姓名是孙仲宇,在上海大学读书时名孙金鉴。现在在云南昆明。来信写'贵州昆明工业学校沈仲宇',幸而还寄到了。接到来信后,因日常工作较忙,未能即复。最近到了疗养院养病,想乘此期间,就回忆所得,回复你所提出的关于上海大学的几个问题。"原件藏上海市档案馆,档号D10-1-60。选自《20世纪20年代的上海大学(下集)》(上海大学出版社2014年版,第1033—1037页)。
>
> 孙仲宇(1905—1969),又名孙金鉴、孙卓梧,江苏泰县(今泰州市姜堰区)人。1925年进入上海大学社会学系学习。1930年加入中国共产党。1932年被国民党反动派逮捕,1935年出狱,于1938年重新加入中国共产党。新中国成立后,在云南昆明工作。

我在上海大学读书的时间很短。1925年暑假投考被录取,当年底被学校选派去广州为上海大学募集基金,旧历年即回校。1926年春季开学后,经组织调往杨树浦担任该区的团区委书记。实际在上海大学读书还不足一个学期,所知有关上海大学的资料是比较少的。现在尽量就我所

记忆的提供参照。

上海大学是我们党在革命初期传播马列主义,培养革命青年的一所大学。经过"五卅"运动,上海大学在青年学生中的影响更大。1925年暑假招生,投考上海大学的学生特别多,大都是各地"五卅"运动中受到革命影响的青年学生。我原在南京东南大学附中读书,参加"五卅"运动后受到深刻影响,痛恨附中的奴化教育,邀约了几个有革命要求的同学,跑到上海,投考这所设在弄堂里的大学。当时上海大学在西摩路的校舍被英帝国主义封了,被迫迁出租界,在闸北青云路青云里这个弄堂里租了一些房舍继续开办。敌人及其走卒讽刺上海大学是"弄堂大学",但革命青年从各省市赶来踊跃报考。帝国主义者封闭它,国内反动派打击它,但青年学生把它看作茫茫黑夜里的灯塔。

到广州去募集基金就是为了解决在江湾建筑校舍的经费。当时党和国民党搞统一战线,广州成了中国革命的策源地。坚决反帝反封建,以马列主义培养革命青年的上海大学,国内外敌人都想扼杀它;为了坚持办下去,只有到广州去募集款项。当时两广各界积极支持,华侨也捐了款,使上海大学能够完成了在江湾建筑校舍的计划。

当时上海大学设有三个系:一是社会科学系,系主任是施存统(现名施复亮,那时他是党员);一是中国文学系,陈望道主持这一系;一是英国文学系,周由廑主持这一系。教务处是韩觉民同志负责。校长是请当时国民党左派人士于右任担任,他是挂个名,我在校时他来过一次。蒋光赤(又名光慈)同志当时在校任教。茅盾的弟弟沈泽民同志当时在上大教英文,沈同志1931年在党中央工作,后在苏区牺牲。大革命后成为托陈取消派的彭述之也在社会科学系任教。瞿秋白同志常来校作报告。恽代英、萧楚女两同志及杨贤江同志(商务印书馆编辑)也常做演讲。那时一有演讲,会场总挤及门口、窗外全是人群。我在上大时,张太雷同志已往广州。

1926年北伐之前,蒋介石包藏祸心,制造了中山舰事件,当时陈独秀领导的党中央让步,赵世炎同志在这一事件后由广州来上海,曾在上大党团员大会上作过报告,说明事件经过和党中央的方针。

我在上大时期还没有入党,才入团。团的上大特支书记是欧阳继修

(现名阳翰笙)。当时是学生中的党员有伍修权、赵容(即康生)、郭伯和(已牺牲)、刘荣简(现名刘披云,在云南省委)、高尔松、高尔柏、余泽鸿同志(在长征中牺牲)、王亦知同志、孟超(此人尚在北京搞文艺)。那时的团员,后来成为优秀的党员,为革命牺牲的,其中我较熟悉的有顾作霖烈士(1935年死于中央苏区,当时的团中央书记),沈方中烈士(在党中央训练班工作,1932年死于南京狱中)。

  1926—1927年的上海三次武装起义。上海大学的革命青年,在党的领导下都积极投入斗争。第一次武装起义准备很不足,缺乏由政治斗争转入武装斗争的经验。当时把杭州夏超准备起义可能成功估计过高;在上海方面广泛发动群众直接行动的工作做得很不成熟,只有少数武装投入行动,未有成就。此次上大同学中被捕的有秦代宁(浦东团区委书记)。第二次武装起义时,上大特支领导团北外青年在闸北宝兴路集中行动。当时全市大罢工还未能普遍发动起来,北伐军对于向上海进军顾虑很大,上海方面国民党右派钮永建所影响的属于旧军阀系统的海军,届时亦未如约行动,二次武装起义被敌人镇压下去。这次上海大学同学被捕杀的有好几人,姓名记不得了。党总结了这两次失败的经验教训,1927年3月21日中午,在孙传芳从浙江溃败,毕树澄的直鲁军也难以继续控制上海的形势下,党发动了上海全市的大罢工、大罢课和罢市,包括租界在内,全市交通完全停顿,水电工人都参加了罢工,全市瘫痪了,形势迅速发展到敌人无法继续统治的地步,全市工人学生和市民一致奋起,以直接行动驱逐军阀。各区工人武装队伍分别出击,立刻包围了敌人的军队及警察,经过一昼夜的激战,全部解除了市内军警的武装。上海大学的学生和上海广大的革命青年学生与工人武装结合行动,有的参加指挥武装起义,为赵容同志;有的推动上海的各个团组织投入这个斗争,为顾作霖同志(起义时交通已停顿,顾作霖代表江苏省委步行到几个区去传达立刻领导群众起义的指示);有的在区上直接领导罢工工人夺取敌人的武器,如何大同同志,在虹口起义时,只有两只手枪,由于行动果敢迅速,坚决贯彻组织指示,率领罢工工人向敌人冲击,街上岗警枪支全被工人收缴,随即分头到各警察派出所和分局进行包围。伪警看到蜂拥而来的群众掉头就跑。站门岗的向里面跑,群众冲进去,他们就往房里躲,群众追进房里,

他们就钻到床底下。虹口区警察的枪支全被搜缴,起义工人就拿了他们的枪支到宝山路、天通庵、北站一带参加围攻顽抗的匪军。当时虹口的儿童团也都上了街。在北站和东方图书馆顽抗的直鲁军在3月22日下午全部为工人武装所击溃。上海工人的第三次武装起义取得了全胜,工人群众纷纷收缴的枪支弹药运送给上海总工会。上海总工会立即在东方图书馆成立了上海武装工人纠察队。

上海工人群众依靠自己的团结和英勇的斗争,从军阀手里夺取了全部武器武装了自己。他们背着缴获的枪支,有的腰间佩上缴获来的刺刀,精神百倍,昂首阔步地走过了市街。胜利,胜利,他们和上海的学生与平民从心底里欢呼这一次历史上前所未有的伟大胜利!军阀的残余力量逃跑了,帝国主义在上海的统治也开始动摇。但他们这些吸血鬼是不甘心的,帝国主义、江浙大资产阶级、大地主、流氓恶棍在悄悄地勾结。没有革命的专攻,一切反革命势力又重新结合着,策划着血洗革命的阴谋。

"四一二"的大屠杀,成百上千的工人和革命知识分子倒在血泊里。这就是宝山路上反动的二十六军执行了反革命头子蒋匪的指示,用机枪扫射徒手的游行队伍的暴行。这一天反动派公开向革命群众开刀了,从此展开公开的疯狂的大屠杀。上大同学何大同在虹口被反动派捕去枪杀了,沈方中同志也被捕入狱。

上海第三次武装起义胜利之后,工人从直鲁军手里夺取及大量武装,武装了自己。总工会正式组织成立了上海工人武装纠察队,驻宝山路东方图书馆,队长是顾顺章(1931年叛党,做了敌人最凶恶的走狗)。全市各工厂都成立了工会,其时国民党的军队到达上海的为数极少,上海的政权实际掌握在工人阶级手里,但由于陈独秀右倾机会主义的领导,不敢放手发动群众,大量武装工农群众,巩固工人阶级的领导权来加强统一战线。因而蒋介石以进一步迅速地勾结一切反革命势力背叛革命,投降帝国主义,进行了"四一二"的大屠杀,来扼杀革命。"四一二"前面蒋介石就组织流氓向工人纠察队进攻,而后公开解除纠察队的武装,封闭总工会。上海工人忿激万分,纷纷集会,广大工人队伍像潮水一样从各厂涌向闸北,自动启封总工会,但右倾机会主义者没有坚决领导,组织有力的反击,反动派仅以任意屠杀徒手群众,血洗革命。反动派看到上海工人阶级力量的强大，决心以"工统会"的名义改组各产业工会，工人坚决抗拒。"工统会"只有块空招牌，各产业工会仍然拥护被封闭了的上海总工会。但右倾机会主义的领导，后来又下令各产业工会加入"工统会"，把领导权和广大工人群众送给了黄色工会，使上海工人运动落入低潮。

"四一二"大屠杀中，上海大学也是反动派进攻的主要目标之一。迫害学生，封闭校舍，全校师生辛苦努力建成的江湾新校舍被包围封闭了，后来被反革命头子吴稚晖去办了"劳动大学"。上大师生这一支站在反帝前哨的队伍被冲散了，他们中间坚持革命的却也更深入地和工农结合，继续作着长期的顽强的斗争。现在党中央的领导骨干中，有的几位领导，都是上大培养的杰出的马列主义战士。在长期的革命斗争中，上大不少的师生为革命事业贡献了他们的生命，为瞿秋白同志、蒋光慈同志、恽代英同志、余泽鸿同志、何士同同志（"四一二"被杀害）、沈方中同志（1932年牺牲于南京伪模范监狱）、顾作霖同志（1935年在中央苏区病故），所有这些可敬的同志是永垂不朽的。

五卅运动之前，在党的领导之下，上大学生的党员团员就深入工人区域举办"平民学校"，进行赤色工会运动，并在运动中吸收积极分子入团入党。

上海工人热爱的刘华同志就是上大半工半读的学生，在五卅牺牲。五卅运动之后，各工人区域普遍建立了平民学校和工会组织，杨树浦、小沙渡、曹家渡、引翔港、闸北、吴淞、浦东、南市及沪中各区都有了党和团的区委组织。在中外资本的纱厂、丝厂、火柴厂、面粉厂、造船厂、电厂、自来水厂、铁路、海员、码头工人中都建立了党和团的组织。尤其是在沪东、沪西、闸北、浦东的纱厂、丝厂、纸烟厂及码头工人中，党团组织和赤色工会，有广大的群众基础。有的工厂工会依靠群众取得半合法地位，公开在厂内车间召开群众大会，党不断领导工人群众的经济斗争和政治斗争。

五卅运动后，上海学联能领导全市主要的各大中学的学生会。上大学生中参加工人运动和学生运动的杰出的党团员如郭伯和、梅龚彬等。1925—1927年上大输送出来的党团干部和工人运动干部是很多的。在此期间，上大校内的革命青年群众组织在上大的党和团的组织领导之下，在校内青年中进行了团结教育工作。"三民主义研究会"是团结民主

青年,对抗反动的孙文主义学会(戴季陶搞的,在上大有他们的一小撮喽啰)的青年群众组织。来信所询孤星社、进社的情况,我不了解。我在1925年下半年曾参加过另一个青年组织——"合作社"的活动。这是在南京东南大学附属中学组织起来的一个进步青年的组织。1925年下半年在上海大学、复旦大学和中国公学发展了一些进步青年,成为外围的一个青年学生组织,随后在这里吸收了不少的党员和团员。那时在复旦大学的邵荃麟(原名邵骏远)、黄逸峰都是经过合作社这一青年组织吸收入党的。

上大对黄埔军校的招生工作是积极协助的,1925年下半年在青云路校内曾帮助黄埔军校秘密招生。应征的各地青年都是通过一定的组织手续介绍报考而后输送到广州去。

到苏联留学的有上大的男同学及女同学,但上大并不选送,都是由党的组织选派去学习的,《西行漫记》上说顾作霖同志曾留学苏联是记载错误。罗亦农在"四一二"被反动派捕杀,他的爱人是上大学生(名字记不得了),后来送苏联学习。

互济会在开始成立时名济难会,随后为了明确在革命的道路上革命同志互相支援,更名为互济会,党发动成立这一组织,参加公开发起的主要是工人领袖,文化界先进人士和上大师生,我也是当时发起人之一。首次负责互济会工作的人是王弼同志,也是上大学生。互济会在救济革命战士方面做了不少工作,特别是对狱中难友们。

上大学生会在校内学生群众中有威信,有广大的群众基础,在上海学联中影响很大。五卅运动上大学生队伍英勇地向帝国主义冲击,上大学生何秉彝以他的生命在南京路敲响了五卅反帝大运动的血钟。五卅之后的上海群众集合,上海大学这一面战斗的旗帜总是站在前列的。1925年下半年在闸北举行的一次全市的群众大会,事先被反动统治得到消息,派了武装警察占据了预定集会的广场,同时还派了武装警察封锁了上大门外的青云路,准备不让上大的队伍出校。上大学生会发出了号召,要冲击武装警察的封锁线,并占领会场,坚持开会。号召一发出,上大同学踊跃签名,愿不惜牺牲,冲破敌人的封锁。集队出发时,争先向前,青云路上的武装警察上了刺刀,一字儿排开阵势,挡住去路,同学们蜂拥而上,一面向警察说道理,一面推开刺刀,用力地挤过去,挤开了一个缺口,大队便一冲而过。警察往空中放了几枪,但没有能惊散队伍。又冲开守在广场的警察,立刻开大会,并举行了游行。武装警察的队伍只有尾随在后,陪同游行。

# 唐棣华
# 回忆上海大学

> 这是王家贵、蔡锡瑶等于1980年在北京访问唐棣华的记录稿,经唐棣华本人审阅。原载王家贵、蔡锡瑶编著《上海大学(1922—1927)》(上海社会科学院出版社1986年版,第85—86页)。
>
> 唐棣华(生卒年不详),上海大学附中学生,曾任学生会副主席。

我是上大中学部的学生,王稼祥是中学部学生会的主席,我是学生会的副主席。

五卅运动时期我曾在上海学联当过会计。学生支援工人罢工上街募捐,钱放在竹筒里,同学们每天回校后,当众劈开竹筒,把钱交给我,我把钱收齐后,一部分存银行,一部分发给五卅运动中被难者的家属。那时为了支援被难家属和救济罢工工人,我们除外出募捐还主动节衣缩食,有些学校素食三天,也有的学校吃粥,把节省下来的钱捐出。五卅运动发动的规模很广,不仅工人、学生和各界人士都起来了,连小孩子也把钱罐拿出来,当场打破取出钱交给我们,还一边哭一边说:送给死去的叔叔的家里。看见孩子们哭,我很感动,也很高兴,感到我们同学做的宣传工作已深入群众,连小孩都知道爱国。

我们的校长侯绍裘,是共产党员。他对革命事业很积极,他总是亲自带领我们参加革命活动。1925年从二月罢工到五卅运动,学生多次上街游行,支援罢工工人。游行时我们拿的是写上"打倒帝国主义""打倒英帝国主义"的小旗子。有时晚上上街贴标语,记得有一次我和几个女同学一起出去贴标语,听到有脚步声,以为是巡捕追来了,就马上跑掉。有时正在贴标语,发觉有巡捕过来,就跳进附近的垃圾箱里。还有一次,我们出去游行,男同学走在前面,后面是女同学,巡捕用水龙冲我们队伍,冲不散,就用马队冲。马队冲过来时,队伍被迫分在两边,等马队过去,我们又合起来,这样,他们没有办法,就用机关枪扫,同学们马上躺下,女同学躲到了附近馄饨馆楼上。看到被机关枪扫射倒下的同学,我们非常着急,非常心痛,难过得直流泪。

我在上大附中高中读书时,一般情况下,上课是正规的,和其他普通中学校一样。所不同的是,我们的老师大多数是共产党员和革命者,他们用新思想教育我们,讲课时,理论联系实际,常常讲当时的革命形势,启发我们爱国主义的觉悟,激发我们的革命热情。学校有什么革命活动,我们就不读书了。二月罢工期间,我们到小沙渡一些女工多的工厂去宣传鼓动,每次总是等工人上工时混进工厂去,与女工一起做工,鼓动她们罢工、要求加薪、改善待遇,告诉她们贫穷的根本原因是她们受资本家剥削压迫的结果。当时我们到工厂去开展工作,回校后向杨之华汇报,经常在瞿秋白家里开会。瞿秋白斯斯文文,很会讲话。

当时开展工人运动,是一件很不容易的事,除要防军阀、帝国主义巡捕外,要混进工厂去,一旦被工厂门警发觉,不仅挨骂,而且还要挨打。我们那时是中学生,年纪小,也不很懂革命道理,但有正义感,有股革命的热情,因之,跟随大学部的同学一起,积极参加革命活动。

岁月流逝,一转眼五卅运动至今已快60周年了。每到这个节日,回忆起当年在五卅运动中牺牲的同学、同志和人民群众,心情就非常激动,我深深地怀念他们,永远不能忘记他们。

# 汪令吾
# 国共合作创办的上海大学

> 原载上海市政协文史资料委员会编《上海文史资料存稿汇编·第9辑·教科文卫》(上海古籍出版社2001年版),选自《20世纪20年代的上海大学(下卷)》(上海大学出版社2014年版,第1061—1063页)。
>
> 汪令吾(生卒年不详),上海大学学生。

1923年,孙中山准备改组国民党,实行国共合作。当时国共两党在沪的著名活动家于右任、邵力子、瞿秋白、蔡和森、陈望道等,应中国革命形势发展的需要,共同创立了上海大学。

我是当年上海大学的学生,现将片断史实叙述如下:

建校之初,利用原上海东南艺术专门学校的基础加以扩充,设社会学系、中国文学系、英国文学系等三个系,并附设一个美术专科,一个附属中学(原东南艺术专门学校因学生反对校长而停办,该校学生慕于氏之名望,推代表程永言等请求于氏接办,因而并入上大)。于右任担任校长,社会学系主任为瞿秋白,中国文学系主任为陈望道,英国文学系主任为留美法学博士何世桢;瞿、陈两人先后兼任教务长。

该校政治上同国共两党均有联系,与北京军阀政府对立。经费来源主要靠学生学费及由校董会募集捐款维持。一些老牌国民党人如张继、邹鲁、叶楚伧、柏文蔚等,因于右任、邵力子等的牵引,也被邀参加校董会。

于右任当时在国民党中是中间偏左人物,为孙中山先生所器重,对三大政策及国共合作更表积极。校务会议中共产党人及国民党左派占多数。对于办学方向、教导方针、政治活动等,共产党有决定的作用。社会学系教师绝大多数是共产党人,如蔡和森、恽代英、张太雷、施存统、李季、李汉俊(后三人后来相继代瞿秋白为社会学系主任)、萧楚女、彭述之等。其他学系和美术专科及附中的教师,亦以共产党员和先进知识分子居多,如沈雁冰、蒋光慈、杨贤江、田汉、邵力子、丰子恺、郑振铎等。因此校内共产党、共青团或国民党组织迅速得到发展,从而逐步带动部分无党派的学生积极地参加国民革命运动。

1925年前后,有的教师调广东工作,也有一些学生如张治中、滕杰等转往黄埔军校学习。

在共产党领导下,校内革命和民主气氛异常浓厚,为当时上海一般学校所少见。革命书刊风行全校,如马列著作、孙中山先生的著作、中国国民党第一次全国代表大会宣言、瞿秋白、安体诚等编著的《社会科学讲义》、蔡和森编著的《社会进化史》以及《向导》周报、《新青年》季刊等书刊,几乎人手一册(《向导》周报、《中国青年》有时还在校内地下室添印)。全校学生会的组织也坚强有力,校务会议有时还有学生代表参加。以学生会名义主办的贫民夜校招收附近男女工人及他们的家属入学,既有文化课,也有政治课,遇到全市性的群众运动,夜校学生有时也来参加。

上大师生在反帝国主义、反封建军阀的运动中特别活跃,每当上海工商学各界举行市民大会或游行示威,上大队伍必居前列;在先后不同时期和不同场合,恽代英、张太雷等及学生秦邦宪、朱义权、贺威圣、林钧、谢作民、薛卓汉、陈绍禹、杨之华、向警予等,或负责指挥联络,或带头宣传演讲。他们还常出入某些工人居住区或其他学校,搞宣传、组织工作,有的还参与市总工会、市学联或各界联合会的领导工作,推动工人运动和学生运动更快地发展起来。

1924年11月,上海各界欢迎孙中山过沪北上时,游行行列被法租界巡捕中途拦截,分成前后两段,上大学生会的干部们一部分指挥前队紧紧随护中山先生坐车前进,一部分留在后队协同组织群众奋力抗争,终于迅

速冲破阻挠,使大队及时到达中山先生的寓所门前集合,听中山先生作了关于打倒帝国主义、废除不平等条约、召开国民会议的讲话。

1924年下半年上大渐见裂痕,张继、叶楚伧先后同上大脱离关系;11月间孙中山应冯玉祥电邀去北京共商国是,于右任随往,由邵力子代理校长之后,何世桢等嗾使右派学生骂瞿秋白、陈望道等是上海滩上一群流氓无赖,激起了左派学生的愤怒,屡相争执,以至动武。1925年何世桢及其弟何世枚等纠合英国文学系一部分学生从上大分离出去,另办了一所持志大学。上大英国文学系主任换了周越然担任。张继、叶楚伧等后来都成了西山会议派主要分子。

1925年在国民会议促成会运动中,上大学生朱义权被右派雇用流氓打伤;五卅运动中,上大学生何秉彝被巡捕开枪打死,校舍被封。1926年春在上海人民为"三一八"惨案声讨军阀段祺瑞的运动中,下半年在驱逐军阀孙传芳属下李宝章的运动中,上大学生都起着战斗先锋作用。北伐军到沪前夕,上海工人举行起义时,上大学生也有部分参加。

1927年"四一二"反革命政变时,上大学生在反蒋斗争中被捕牺牲的不知凡几,同时上海大学被蒋介石下令封闭。

上大校址最初在闸北青云路,为军阀所不容,于1924年迁到租界西摩路。仅仅一年之后,在1925年五卅运动中,又被租界当局封闭,复迁青云路,在江湾建筑新校舍,1927年初落成。至此时已是三次播迁,两度被封。

上大被蒋介石封闭后,在"清党"和"十年围剿"时期,许多师生继续追随共产党,英勇牺牲的有瞿秋白、蔡和森、恽代英、张太雷、萧楚女、李汉俊、朱义权、向警予、蒋光慈、杨贤江等,但也有不少人或先或后投入反共的营垒。南京国民党政府的教育部和铨叙部在这十年期间,一直不承认上海大学的历史存在和该校学生的学历。西安事变后,1937年初,政局渐呈可能实现第二次国共合作的趋势,于右任出自他个人与上大的一段历史因缘,加之部分接近他的学生的请求,以及国民党部分中委和邵力子等的支持,在当时一次国民党中常会上提请追认上大的合法地位和毕业生的资格。案经会议通过后,由于右任指定原上大学生蒋抱一(时任国民党监察院秘书)、程永言(时任国民党监察院调查员)等负责办理册报国民党教育部备案,及印发毕业证书事宜。他们从国民党上海警备司令部找到当初被封时抄没的档案材料,并经于右任决定:不论已届毕业与否,也不论属何党派,一律作为毕业处理,报部补发毕业证书(我在上大只肄业2年,也领到毕业证书)。1939年后还有不少学生未曾去领,均送存国民党教育部待领。另外还准备印发校友录,因抗日战争时期国土大部沦陷,又有国统区、解放区及前后方之分,旧日师生散处各方,无法调查联系,乃留待抗日胜利后全国统一复员再行办理。不料胜利后国家仍然分裂,内战再起,遂未果行。

王伯协
# 上海大学陕南学生革命活动片段

> 原载中国人民政治协商会议洋县委员会文史资料委员会编《洋县文史资料（第一辑）》（1986年6月出版，第172—177页）。在文章末，编辑注："王伯协委员已于一九八五年五月与世长辞了。"
>
> 王伯协（？—1985），陕西汉中人。1926年秋进入上海大学学习。新中国成立后，任洋县政协委员。

## （一）

我原是汉中道尹公署保送到武昌师范大学学习的学生，学成后充当汉中地区中学师资。我到武昌以后，北伐战争已在湖南境内酣战，我三次上蛇山、去武昌师大，但校长还在北京，学校无人负责，我不得已，乃东下赴上海。其时是1926年初秋，去上海的目的没有别的，是想找在上海上学的阎灵初。我到闸北青云路恒裕里24号，找到阎灵初、尚莘友、何挺颖、尚志清四位同学，阎灵初和我是表兄弟，何挺颖、尚莘友和我都是汉中联立中学的老同学，同时尚莘友和我又是"把兄弟"，所以到沪以后，在他们的帮助下，我也考入上海大学社会系。

上海大学原先设在上海英租界西摩路，五卅惨案后，迁移闸北青云路师寿坊。上海大学系中国共产党为培养革命人才设立的，可是这一点是秘而不宣的。当时,在上海大学上学的陕西学生计有南郑的何挺颖、汉中的谢佐民、城固的王质生、洋县的阎灵初、尚莘友、尚志清、安康的刘济生、白河的艾纪武。此外在别的学校上学的还有汉中的孙绍亭、宁强的陈锦章、西乡的王子诚、城固的刘平衡、洋县的宋克仁、南郑的王世琨等。当时我们在上海的陕南学生有一个约定,每一个星期天,在青云路恒裕里24号楼上开一次座谈会,会议规模虽然不大,对于革命具有巨大的现实意义。意在了解国家大事,统一认识,提高思想觉悟等。每次座谈会大体说来,是由何挺颖、尚莘友主持领导的。尚莘友同志是由广州农民运动讲习所毕业后来上海大学学习的,他俩加入共产党组织也早一些。

## (二)

当时的上海,革命空气特别浓厚,革命浪潮一浪高过一浪。反动军阀孙传芳的上海警备司令李宝章,每天派出大批巡逻队,不分昼夜到处巡查。同时,又与帝国主义多方配合,镇压革命。黄浦江中大小军舰不下五十艘,一字排列,耀武扬威。清晨还有五十架飞机由跑马厅起飞,在上海市天空终日盘旋,给反动派助威。

上海工人武装起义,第一次是在1926年冬天,第二次是在1927年2月,1927年3月21日的上海工人武装起义,已经是第三次了,参加这一伟大运动的群众,除上班工人以外,还有上海大学学生纠察队、复旦大学学生纠察队和暨南大学学生纠察队。

这一天,天气很好,云淡风轻,天高气爽,灿烂的阳光照遍了大地,主持指导这一伟大的革命事件的领导人是周恩来同志。据说武器只有秘密运来的白朗宁手枪200支,弹药事先与上海商团(资产阶级武装)联络妥当,由那里供应。在行动之前,不发通知,不下达命令,一律要求把钟表校正准确,钟鸣12响即为信号,立即行动。当我看到弄堂大门口的大钟时针接近12时的时候,我的心脏跳动加快了。那时我才20岁,既未见过这样的运动,也没有听说过这种事件,初次身临其境,心情不免紧张,当钟鸣12响的时候,钟响枪也响,来自四面八方的人群,难辨去向,穿插急进。此时此刻,上海警察大约人枪两千之谱,战到当天下午四点钟前后全部缴

械投降,起义胜利结束。

当时的上海闸北列为重点区,在这一地带,驻有奉鲁军的大部兵力,由"狗肉将军"张宗昌的一个军长毕某指挥。因此,这一地带,战斗时间比较长,也比较激烈。大约延续到第二天下午,才全部结束。阎灵初同志当时分配在宝山路一个铁工厂里,对面便是商务印书馆的东方图书馆,这是一座西式建筑,内面驻着奉鲁军,双方相持,直至第二天下午才告结束。事后,我们看了看阎灵初的手指,已因扳枪机的时间长了,手指也变成乌黑的了。

概括说来,这一次上海工人武装起义,只用了两天一夜的时间,暴动取得了胜利。那位赫乎威乎的毕军长,满以为到了上海一定可以得到好处,大捞一把,没想到在上海工人学生的铁拳之下,撞得头破血流,最后只得在帝国主义的庇护下,灰溜溜地由海上逃跑。

上海大学的陕南学生,参加这一次武装起义斗争的,这时候只有八位,即艾纪武、刘济生、谢佐民、阎灵初、王伯协、尚莘友、尚志清、王质生,这时候何挺颖同志已经离开上海,西上汉口,在国民革命军第八军(军长唐生智)司令部办公厅任主任职。

往事如烟,回首当年,有不胜沉浮之感,汉中地区过去在上海大学上学的七位老同学、老同志,有六位已离开人间,只我一人犹在,我已七十有八,数十年前的经历,可能有记忆不准确之处,尚望知者,予以更正为盼。

王秋心
# 我在上海大学的生活片断

> 原载中共江苏省委党史资料征集委员会、江苏省档案局编《江苏革命史料选辑》1983年第6期,为江苏镇江市委党史办访问王秋心的记录整理稿,由李之、钱在义记录整理。
>
> 王秋心(1899—1987),江西永修人。1922年进入上海东南高等专科师范学校学习,后转入上海大学中国文学系学习。1924年加入中国共产党。新中国成立后,在永修民盟工作。

我和嵇直是老同学、老同志。1922年,我同弟弟环心一起进入上海东南高等专科师范学校读书,嵇直同志也在这个学校读书,所以说我们是老同学。

东南高等师范专科学校是王理堂和陈勋武两人办的,他们不过是五年制师范学校毕业的,论资格还不如我这个江西第一师范的毕业生哩(因为江西第一师范名气大),请来的教师水平也不高。他们办学目的是为了赚钱,在闸北青云路租了几间房子,略备了些桌凳,就挂上了东南高等师范专科学校的牌子,广收未考进正规大学的青年学生。进这个学校根本不要考,报个名,缴足昂贵的学费就可入学了。

这所学校约有学生300人,其中女生占四分之一、男女生同校,这在当时全国尚属少有的。学生籍贯大多是湖南、广东、四川,其他省份虽有,

但为数不多。

我们弟兄俩爱好文艺,在校内办了一个晨曦文学社,嵇直、黄俊都是其中成员。女同学中黄洁如、陈天宇、吴玉莲、史冰鉴等也是社员。最初我们主要是写一些反帝反封建的抒情诗词和散文。

嵇直的斗争性很强,他来到师专就对学校不满,闹着要改组,要搞学生自治会。我们都支持他,选他当了学生自治会会长。后来,我们与学校当局的矛盾逐步激化,就到法院去控告校长只知骗钱、赚钱,学校搞得不像学校。法官同情我们青年学生,这样就把陈、王两个"学店老板"撵走了。

"老板"走了,学校怎么办? 我们这些学生还是想把学校维持下去。有个姓程的陕西籍同学出主意说:"于右任先生现在上海,他既有文名,又具有革命党人之声望,何不把他请来当校长?"于是,我们就决定去请于右任。开始,他不肯来,说自己只不过是喜欢写写文章,并不懂得教育,不能当校长。在我们的再三恳求下,他才勉强同意。于右任来校时,我们全校师生都在校门口鼓掌迎接。

于右任来校后,曾邀李大钊、陈独秀来任校董,他们此时都负有革命重担在身,当然不可能来。李大钊介绍邓中夏同志给于右任到校担任教务长。邓中夏到校后,干脆摔掉了东南高等师范专科学校的牌子,改校名为"上海大学",这大概是1922年下半年的事。经此一番大改组,学校开始有了生气,后来,瞿秋白、陈望道、张太雷、傅东华、恽代英等革命前辈都来教过书,不少学生在这个学校里参加了SY、CP组织,走上革命的道路。上海大学实际上已成为我党宣传马克思列宁主义、培养党团员的一所学校。我同弟弟环心就是在1924年由瞿秋白、邓中夏两位同志介绍入党的,而嵇直同志早在我们入党前就入党了。

当时是国共合作,学校还请过廖仲恺、汪精卫、胡汉民来校演讲,何香凝同志也到上海大学来参观过。

# 王一知
# 回忆张太雷

> 原载《近代史研究》1983年第2期。
>
> 王一知(1901—1991)，湖南芷江人。1923年夏进入上海大学学习。同年9月27日，根据中共上海地方兼区委的决定，担任中共上海大学组组长。新中国成立后，任北京101中学校长。

1922年秋，上海大学开办，次年秋，上海大学增设了社会学系。这时，我与几个湖南、四川籍的同学从平民女校转到上海大学社会学系学习。上海大学也是我党所办的，原为私立东南高等专科师范学校，校址在闸北华界青云路青云里，是两幢石库门房子。因发生学潮，校长被逐，公推当时名望较高的国民党人于右任来当校长，改名上海大学。于右任不过挂名而已，并不到校办公，校务实际由邓中夏等同志主持。那时，瞿秋白同志是社会学系主任，瞿秋白、蔡和森、恽代英、萧楚女、陈望道、李汉俊、沈雁冰、蒋光赤等，都在校任过教职。太雷在党的第三次代表大会以后，也曾短期在"上大"当过教员。1923年七八月间，我曾经与太雷在一个党小组。党小组长是许德良，小组成员有瞿秋白、张春木（即张太雷）、严信民、黄让之、施存统、邵力子、张特立（即张国焘）、邓中夏和我。我们一些同学时常遇见太雷。听说太雷在第三次党代表大会开幕以前，即参加了预备会议，并与陈独秀、瞿秋白、蔡和森、毛泽东、向警予及马林等人

一起参加了"三大"决议的起草和会议的组织工作。在第三次代表大会上,他是主张国共合作、反对张国焘关门主义最有力的人之一。在上海大学的接触中,我们常常由苏联革命经验谈到中国革命问题——革命阶段、性质和革命同盟军问题,劳工问题和妇女问题等,他给我们不少指教和解释。他的语言中没有华丽的辞藻,总是在我们谈论得非常热烈或是有争论、有疑难的时候插进几句话。而他那简单的几句话,总是能深入到问题的本质,有不可争辩的逻辑力量,常使我们疑难解决,争论停止。他没有架子,总是朝气蓬勃、愉快活泼的。他还喜欢开玩笑,有他在场,总是谈笑风生,欢腾四座。

# 王一知
# 回忆平民女校上海大学及早期妇女运动等情况

> 原载中共"一大"会址纪念馆、上海革命历史博物馆筹备处编《上海革命史资料与研究（第4辑）》（上海古籍出版社2004年版，第514—517页）。为1959年6月16日在北京访问王一知的记录稿，访问和记录整理为刘明义。原件藏中共"一大"会址纪念馆，编号：访问录34号。

## 一、关于平民女校的问题

平民女校是在1921年下半年创办的，到1922年秋冬停办，前后共有一年多的时间。关于停办的原因，我不太清楚，大概是因为"上大"要开办了，平民女校没有继续下去的必要了。或者还有其他的原因，我不清楚，你们可以去问李达同志（现任武汉大学校长）。

平民女校共有20多人，分为高级和初级两个班，初级班的人比高级班的人多一些。我是高级班的一个。这些学生的情况是：有的是不愿受封建家庭的束缚，不满父母之命的包办婚姻而走出来的；有的是不满旧学校的腐败，不愿意升学独自找出路的；有的是因为没有考上学校而投奔到上海来的；也有一些是听说这个学校是比较进步的，又有许多知名的人士如陈独秀、陈望道、邵力子等，也就被吸引来了。这些青年女孩在到了上海之后（有些原来就是上海的），党就把她们组织起来开办了这么

个平民女校。

这个学校是由李达出面办的,所以学校的负责人可以说是李达。这个学校没有严格的校规和教育计划,教员不是经常的固定时间来上课,学生也很自由散漫,也不是经常都来听课。这里的教员比较常来学校的是李达、高语罕(教国文的),其他大都是来教一二次课或做一次报告就走了。记得少奇同志从苏联回来时就到平民女校给我们作过一次报告,他说了些什么,现在也记不起来了。你们说我在《妇女声》上发表了一篇记录,这是谁写的我记不起来了。

这是一个半工半读的学校,实际上除了做工和参加一些社会活动外,没有多少时间去读书。当时的生活费用都是由自己解决。

这个学校和党中央、团中央是有些联系的,和上海地方党组织很少有什么联系。这个学校的学生中,只有我一个是个党员,另外还有几个团员,其他都是一般的群众。这些人中间,有进步的,也有落后的和中间的。参加社会活动——主要是去参加工人罢工运动,到各工厂去进行宣传,鼓动(特别是一些女工工厂如纺织厂、绸厂、烟厂等)、贴标语、发传单,听工人的生活诉苦等等。这些工作大都是积极分子去做的。1922年上海有许多工厂罢工,有些厂的罢工我们都参加了,有的厂还不止去过一次。另外就是搞捐款运动,这次工作大家都参加了。

关于对这个学校的历史意义,应该怎样估计,我觉得主要是一个进行革命活动的联络机关或者说是掩蔽机关。它虽然做了一些工作、参加了一些社会活动(这些活动都是在党领导下进行的),但是它并没有严格的锻炼培养这些人,所以也没有出什么党的优秀的领导者来,对革命事业也没有作出什么突出的贡献。因此,你们问它是不是一个培养党的干部的学校,我想不能这样估计。"上大"那确实是党培养干部的学校,它确实起了很大的作用。

## 二、关于上海大学的情况

上海大学的党组织大概是1923年底或者是1924年初建立的。当时有一个支部,学生党员占多数。支部的负责人记得是一个叫薛卓汉的。

至于有多少党员、团员、各支部的负责人是谁,这些我都记不清楚了,你们可以去问杨之华同志(现在全总工作)。她也许知道得多一些。记得在李达家里开过一次党的会议。不知李达还记得"上大"的一些情况否?你们也可以问一下。

1923年这个学校在社会还没有多大的活动。这段时间,主要是党对学生进行革命教育的时间。到了1924年就开始行动起来了。1924年以后那就更活泼了,直到"五卅"以后被查封。查封的时间是1925年底还是1926年初,记不清楚了。

1924年上大搞过一些工人夜校、工人补习学校这类的活动,派学生去给工人上课或讲演,中心内容是揭露帝国主义和国内反动军阀的黑暗统治、对工人阶级的残酷压迫和剥削、工人的生活如何痛苦等等,以此激发工人的革命觉悟,并带动工人建立自己的组织,为推动工运高潮作准备。通过这些活动培养了不少领导工运的骨干。(你们说的工人训练班,就是工人夜校、补习学校等,别无什么专门的训练班)

在"五卅"运动中,"上大"的学生起了很大的作用。"上大"的学生很多都参加了或者领导了各厂的工人罢工,还有学生罢课和市民罢市等工作。著名的工运领袖刘华过去就是"上大"的学生。秋白、中夏那都是"上大"的领导人,"上大"对培养党的干部和宣传组织工运都起了很大的作用。

## 三、关于早期的妇女运动

党成立后主要是搞工运工作,妇女工作配合工运来进行的。那时妇女运动还没有形成什么规模。那时王会悟(李达的爱人)主编过一个刊物《妇女声》,那上面谈了些有关妇女工作的问题,你们可以找来看看。那时的妇女工作就是在报刊上写写文章、找人谈谈话、做宣传教育工作,也可叫启蒙工作。后来,特别是向警予同志回国到上海之后(大约是1922年冬天警予来上海的,不久到北京,后又回到上海)妇女工作就陆续发展起来了。真正有了一些规模还是1924年以后,那时我们组织了一些读书会,开办了一些女工夜校(这所学校1922年就有了,23年、24年就

多起来了),这是团结、教育妇女的一些形式,大都是一些知识妇女搞起来的,我记得我曾去妇女夜校上过一次课。

## 四、关于马克思主义研究会的成立

你们问马克思主义研究会是不是设在大沽路阅书报社,这我记不清楚。不过,我记得大沽路(门牌记不清了)有两个房子,一个是党中央住的地方,一个是团中央住的地方。少奇同志也在大沽路住过。在我的记忆中,马克思主义研究会并没有固定的地点和固定的活动时间。有些人有时去,有时又不去。有时候也定出一些题目,大家到一起谈谈。具体情况我记不清楚,你们可以去找一找陈公培(现在国务院参事室工作)。

我能记忆起来的就是这么多了。很不具体,对你们工作没有什么帮助,以后再回忆起什么情况来,再同你们联系。

关于文物,很抱歉,我是一点也没有。就连我常用的一只箱子,也没有保存下来。

吴 云
# 在上海大学这座革命的熔炉里经受锻炼

> 节选自吴云著《无悔的奋斗——吴云回忆录》第四章"革命的熔炉"(大众文艺出版社2010年版,第17—27页)。题目为编者所加。
>
> 吴云(1903—1978),安徽凤台人。1923年与弟弟吴震、吴霆同时进入上海大学学习,并于同年一起加入中国共产党。新中国成立后,历任凤台县副县长、阜阳高级职业学校副校长、皖北干校副主任等职。

上海大学是在国共合作的条件下,由中共实际领导的第一所高等学府。它是中国早期革命者的摇篮,革命的大熔炉,许多民族的精英在此熔铸成长。许多上大的师生为民族解放事业前赴后继,英勇捐躯。上海大学是政治与文化结合的产物,在国共合作的呼声中,在统一战线的旗帜下,应运而生。

上大办得最有特色的是社会科学系。

1923年夏天,我由芜湖到南京,会同两个弟弟,一道到了上海。

二弟吴震外语底子比较好,进了英国文学系。我和三弟吴霆进入社会科学系学习。

在瞿秋白的主持下,社会学系开设了一系列的马克思主义理论与社

会科学的课程。这些课程除社会学学生外,其他系的学生,甚至其他学校的学生都热心选修或旁听。上大社会科学研究会根据学校讲义,汇编了《社会科学讲义》共四集出版,广为传播,影响甚大。其中收入了瞿秋白的《社会哲学概论》《现代社会学》,施存统的《社会思想史》《社会运动史》《社会问题》,安体诚的《现代经济学》等。此外,还有其他的讲义,如瞿秋白的《社会科学概论》《现代民族问题》,蔡和森的《社会进化史》,邓中夏的《中国劳工问题》,恽代英的《中国政治经济状况》,萧楚女的《中国农民问题》《外交问题》,董亦湘的《唯物史观》《民族革命讲演大纲》,杨贤江的《青年问题》,施存统的《劳动问题讲演大纲》等等,由有关书局公开出版或由报刊发表,在社会上产生过很大的影响。

当时,全国的大学,还没有一个以系统传播马克思主义理论为教学任务的系科,更没有一个系从系主任起到教员,集中了那么多的共产党的教育家、理论家讲课,唯有上大的社会学系是如此。在上大社会学系执教的有中国共产党的著名领导人、杰出的理论家、宣传家,他们在上大的理论教育,对党的理论建设起了重要的作用,促进了党的思想建设,提高了党员的理论水平,推动了将马列主义理论和中国革命实践相结合的研究和探索。他们在哲学、政治学、经济学、近代历史、劳动运动等各个领域问题的研究,都卓有建树。理论与思想教育,培养了大批的优秀共产主义战士。瞿秋白在上大的讲义《现代社会学》《社会哲学概论》《社会科学概论》等,比先前更全面更系统地阐述了辩证唯物主义与历史唯物主义的理论,这些熏陶,更加激发了我们兄弟的革命热情和蓬勃坚强的战斗精神,立志将理论与实践相结合,投入到如火如荼的斗争洪流中去。

尤其让我倍感振奋的是,学生各类社团十分活跃。社会学系有社会科学研究会、中山主义研究会、中国孤星社、平民教育委员会等;中国文学系有湖波文艺研究会、春雷文学社、春风文学会等。英文系有英文文学会、英文演说会等。美术系成立画会等。我们举行各种活动,出版各种刊物。这对提高学生的政治意识,繁荣文艺创作,培养独立的工作能力,学习和社会实践的结合都是十分有意义的。学校不关门办学,而是与社会现实紧密结合。邓中夏在讲课时说:"上大学系虽杂,而各欲以所学从各方面企图建国的目的完成则已,只此一片耿耿孤忠,是我们大多数教职员和学生所不能一日忘怀的,所努力从事的,这便是和别的大学不同的地方,也便是上大的使命。"学校强调理论联系实际的学风,具有新颖而生动的学习方法,将课堂学习和业余活动相结合,并和社会活动打成一片。他们强调:"'读活的书',使读书与生活(尤其是社会的、民族的)打成一片。""课堂、自修室之外,一步也不走开去;读书之外,一句也不响……这样偏狭而死板的方法,上海大学的学生是不甘采用的。"

在火热的革命学习中,我们结识了许多具有先进思想的老师、朋友。

最先建立友谊的是寿县籍学生胡萍舟。

胡萍舟,1902年11月生于寿县杨庙乡一个世代务农的家庭。因家境贫寒,他少时不能上正规学校,只跟着乡间秀才读了一些蒙本和《四书》《五经》之类。1918年,安徽省立第三蚕桑讲习所在宣城成立,因每年只收7块钱的书本费并免收学费和膳费,16岁的胡萍舟步行前往考入。五四运动爆发,僻居皖东南一隅的宣城,学生们对何为第一次世界大战,何为巴黎分赃会议,以及五四运动的缘起等,似乎都茫然无知。幸因亦设在宣城的省立第四师范学校校长章伯钧思想开明,他请恽代英上大课讲一战和五四形势,并欢迎同城的省立八中和省立蚕桑所的同学们旁听。恽代英深入浅出的演讲,使得胡萍舟懂得了巴黎和会实际上是列强重新分割殖民地,导致中国"不败而败"的会议,中国反帝反封建任重而道远。胡萍舟从恽代英宿舍读到他正在翻译中的《阶级争斗》,并把布哈林的《唯物史观》用毛笔工楷抄了一遍,又接触了陈独秀主编的《新青年》。他还和宣城的进步师生一起上街游行,查禁日货。不久,蚕桑讲习所停办。胡萍舟依靠本家胡建侯、胡歧山寄自上海每月8元钱的资助,在芜湖补习功课,并于1920年秋考入安徽省立第二甲种农业学校。在芜湖,他和寿县、合肥籍的同学曹渊、李坦、陶久仿、徐梦秋等都加入了安徽学生联合会。1921年,芜湖、合肥等地的学生齐聚省城安庆,掀起反对军阀、求民主的斗争。马联甲狗急跳墙,竟下令向手无寸铁的学生游行队伍开枪,酿成惨案。血的现实,教育了原先还想安坐书斋指望科学救国的胡萍舟,他来到上海,在阜丰面粉厂做家庭教师。不久,也考入上海大学。

1923年10月,另一位挚友薛卓汉,因反曹锟贿选,捣毁猪仔议员住宅,遭通缉,被迫离开芜湖,前来上海大学学习。

这使我们兄弟惊喜万分。

"与瞿秋白同志交谈过吗?"薛卓汉问。

我不好意思地笑笑,说:"很惭愧,还没有机缘见到他。"

"近在咫尺,而且又是你们的老师,为什么不主动去找他?"

"瞿先生身体状况不大好,他要上课,还要负责党的工作和校务,忙得团团转,我不想给他添乱。"

"没关系,革命同志从来不怕忙、不怕累的!"

我们一起去拜访了瞿秋白。去时,带着各自写的文章,欲请先生指点。

瞿秋白身体略清瘦,但神采奕奕,似乎有流溢不完的革命热情,各种奇思妙想从他那炯炯有神的目光里不断地喷射出来,与其交谈的同志深受感触。我的心胸也顿感豁然开朗。

瞿秋白虽然在党内有较高的地位,但对我们兄弟视如亲人。他谈起自己喜爱读的各种书籍,如《老子道德经》《庄子集释》《陶渊明集》《三国演义》《红楼梦》《太平天国野史》和梁启超的《饮冰室文集》、谭嗣同的《仁学》、严复翻译的《群学肄言》等等。历代英雄好汉,给他留下了"最强烈的印象和记忆",激起他对晚清统治者的憎恨和反抗精神。

瞿秋白认真地查阅了我们这些青年学生的文章,一丝不苟。我从他那严肃的神情里看不到明确的意见,心里忐忑不安。看完文章,瞿秋白长出一口气,说:"不错,不错,胸怀大志,为国分忧,真男儿本色啊!"接着,他问,"你们以前都读了些什么书啊?"

我说:"我也很佩服历史上的那些英雄好汉,看过《三国演义》《水浒》等书。特别是梁启超的《饮冰室文集》,早年就读过,对我影响很大!"

"很好,很好。"

"先生写的关于苏联革命的很多书我都认真读过,可是,对有些内容的理解还不是太深。"

"教学相长!以后,有什么问题可以直接找我谈。"瞿秋白爽快地回答。

不久,我们兄弟三人由瞿秋白和薛卓汉两人介绍同时加入中国共产党。

这是我们兄弟生命历程中最神圣的时刻。

从此,我们表示,坚决做建党后的各个运动的中坚分子,积极投身到中国革命运动的洪流中去。

1923年下半年,由中共中央直接领导的上海大学特别支部举办了两次大型文艺演出:《曹锟贿选》和《孙中山誓师北伐》。

《孙中山誓师北伐》是校内活动;《曹锟贿选》则由校内向校外扩展,由上海向全国扩展,最终成为由中国共产党领导的影响全国的大运动之一。

这两个运动,都激发了与国民党右派之间的矛盾。

首先,是"孙文"和"孙中山"的斗争。国民党右派在审定《誓师北伐》剧本时坚持要用"孙文"誓师,而共产党原计划用"孙中山"誓师。因为,"孙中山"是国民党宣布了革命的三大政策,改组了国民党的;而"孙文"则是国民党改组前的称谓,所以,国民党右派要维护他们的旧传统,并且还成立了"孙文主义学会",把矛头指向共产党。

同时,还有争夺"领导权"的斗争。

在反对《曹锟贿选》运动中,体现了共产党员的先锋作用,一些优秀的活跃分子引起国民党右派的注视,便暗中运作,把他们拉进国民党。

我们三兄弟同时也接到了国民党党证。

我们一起去退还,并且严肃地说:"我们是中国共产党党员,不能接受国民党的党证!"

此事经报告到特支书记施存统处。

施存统因为早年发表过一篇《非孝》的文章,而被浙江第一师范开除。他提倡"非孝",被守旧分子认为是"大逆不道"。而青年人却认为是最激进的反封建行为,很多学生都很崇拜他。我们兄弟同样也敬佩他的勇气与学识。平时,我们经常从同学那里有意识地了解这位反封建传奇义士的事迹。现在,因为国民党党证的事情,施存统亲自约我们谈话!我们三兄弟忐忑不安地找到施存统,他首先和蔼地表扬了我们,大家立刻极觉释然,把这段时间的经历详细地叙说一遍,并明确地表明自己的立场。没想到,施存统却严肃地说:"经过领导上研究后,指示:共产党员可以加入国民党。""这叫'跨党'。"

我当时很吃惊:"这怎么可以呢?"

"上海大学本来就是共产党和国民党合作创办的,最高目标是为了民族大义而非其他,所以,可以跨党。这也是国、共两党合作的规定。"

"可是,如果有共产党员跨过去不回来怎么办?"

后来有一位共产党员名叫鲍睿的,他不仅私自接受了国民党的党证,反而投入国民党的怀抱,唤不回来了。为此,中共上大特支发动了一次向国民党右派的斗争。结果,一部分国民党右派退出上海大学,另成立一所大学。客观条件注定革命领导权不可能属于国民党。这并不是共产党不让国民党领导,而是国民党不敢站在革命斗争的最前列。所以,在一定意义上,敢于斗争就是领导。

1923年,冬天,党组织派遣我和吴震利用寒假回乡的机会做些宣传组织活动。

吴霆另有任务,留在上海。

按照党的使命回到家乡,我们很快组织全县学生(包括旅外学生)在白塘庙开了一次联合会,吴震当选为学生联合会会长。活动期间还印发传单,分组到各乡村进行反封建、反帝国主义侵略的宣传。

做农民工作与做工人工作有很大不同。

老同学李坦、范毓南(合肥人)听说我和吴震回来,特意来白塘庙向我们学习上海的革命经验。1922年,他们在芜湖闹学潮被学校开除,曾到过上海,以后就在家乡办起了"改良私塾",不教四书五经,开设国文、数学、地理、历史、英语等课程。一面讲授新知识,一面讲解革命道理。这是他们在芜湖接受了"五四运动"新文化运动的具体实践,在教育界很有影响。

我对他们十分敬佩,鼓励他们要继续宣传革命。同时我已明显地感觉到很多农民从内心深处不信任学生。

我家有个同族帮工叫吴家斌,从表面看,他似乎不存在阶级意识,乐观自得,顺口说唱,与世无怨,与人无争。但细心体察,他无处不表现阶级观点,像父亲发给他工资时,他笑嘻嘻地唱:"吊儿浪荡吃大馍,稀里糊涂拿龙洋。"

在白塘小学未革新前,我与士绅们谈判革新小学时,吴家斌去找我。

这时,士绅们一个个坐在学校会客室里,谈笑风生。吴家斌转过身去,顺口就唱:"大腿翘到二腿上,肌巴支的招炮样"。绅士们哄堂大笑"这家伙真能"。我立即体会到他这两句里阶级观点多么鲜明!这里既包括高高在上、气势凌人,又包括鄙视他们算个"肌巴",我就下过决心在吴家斌身上作工夫。

起初他认为我是同他开玩笑。我虽然是他的弟弟,但我家是地主,他是贫雇农,总认为我说的不真实。

为了表达诚意,干脆把我的铺盖卷搬到牛屋与他住在一起。

"洋学生,你不嫌俺脏?"

"你我都是人嘛,没有什么不同,没有臭汗水,哪有五谷香!"

"哦,你这话还挺有道理的。"

这时就因势利导,向他介绍了大上海趣事和革命热潮,又给他讲穷人为什么会穷,富人又为何会富,穷人怎样才能站起来,要站起来该采取怎样的方式;官家是替谁说话的?共产党是替谁说话的?团结才有力量,无产阶级(穷人)的党是共产党;穷人是全国一条心、全世界一条心,最后胜利归穷人;和苏联无产阶级胜利的情况,等等。慢慢地,吴家斌开始理解了我的谈话怀着一片真诚心意,也逐渐信任了我。

一天,吴家斌突然问我:"我多找几个人来,你同他们讲讲,好不好?"

我高兴地说:"那太好啊,欢迎,欢迎!"

张瞎子、王麻子都是他找的。他还说"穷人好找"。当时我觉得接近穷人,尤其想要穷人乐意接近自己,不是一件容易的事。他却说"好找"。这就显出阶级和成分问题了。

对待他们需要耐心细致、深入浅出地讲解革命的道理,效果很好。不久,便以他们为骨干成立了一个贫雇农小组。我趁势决定在过年时组织活动,小组的成员即能积极响应。

当时受到吴家斌顺口溜的启发,心想:为什么不利用传统的文艺形式,比如过年时舞的花鼓戏,耍的龙灯,再配以崭新的革命内容,组织起来进行寓教于乐的宣传活动?

首先,要利用活跃的群众文化。过去,白塘一带的舞龙人拿着一条用纸扎糊而成的长不过六尺的小龙,挨家挨户串门为百姓驱邪,目的是讨饭

吃。这次,要组织大型舞龙活动,把广大群众凝聚起来。我和吴震专门请了民间能工巧匠扎成两条巨大的龙。每条龙长度约为三丈六尺,九人表演,龙头龙尾难度较大,以龙头吹哨指挥,哨声一响,群龙起舞,或腾云驾雾,或翻滚腾跃,或卷盘成柱,二龙戏珠。或踩街,或串门头,家家鸣炮,户户张灯,龙飞起舞,锣鼓喧天,整个白塘村都热闹起来。

接着,这些生龙活虎般的年轻人又表演了《小车灯》。这也是当地特有的民间娱乐形式。用竹与布扎成手推车,车上扎彩篷,周围挂花穗,四角有彩色灯笼,两边用布围上,画有车轮,前面装上假腿,着彩裤,穿绣鞋。坐车人上身穿红衣,腰系彩带,站在车厢内,手扶车帮,两边有丫鬟把车。推车的大汉、拉车的丑角,踩着有节奏的鼓点上场,表演幽默,动作滑稽,表演时有上坡、下坡、挡车、避开障碍物等动作,坐车与推车者,互相默契,前仰后合。

这些活动激发了群众的极大热情,他们都称赞我们兄弟在外面上学见识广,能真心诚意为老百姓组织反对封建压迫、积极向上的娱乐活动。

我与吴震也觉得群众中孕育着极大的革命热情,工作卓有成效,压抑不住心中的激动。

寒假刚结束,我们就回到学校汇报工作。

当时,上海大学有一个特殊的风格:凡是参加实际革命斗争的学生,不拘时间长短,一概不误学籍。这也充分地体现了"实践是更好的学习"风格。很多学生(多系共产党员)包括我们兄弟三人在内受党的派遣到各地开展工作,回到学校后向特别支部报告活动情况后,到学校总务处一登记,跟班听课,照旧过学校生活。到今天回想,上海大学仍然是一个新型先进的大学。

此时,吴霆已经被党中央派遣到华北国民革命第一军冯玉祥部任政治宣传员。

除了派遣学生直接参加革命工作外,上海大学还利用寒暑假的时间举办寒假读书会和夏令讲学会,以培养本校和其他学校的革命青年。1924年,上大以上海学联名义举办上海夏令讲学会,邀请著名学者与名流35人讲学,苏、浙、沪各地200多人参加,为时两个月,盛况空前。恽代英、萧楚女、邓中夏、董亦湘、沈雁冰、邵力子、陈望道、杨贤江等都前去讲课。上大还经常举办讲座，邀请著名学者与名流演讲，听讲者以社会学系学生为主。李大钊来沪先后到上大作过"演化与进步""社会主义释疑""史学概论"等演讲。郭沫若、沈泽民、杨杏佛、马君武、胡适等都曾前去演讲。

我们三兄弟还参加了上大学生卓有成效的开拓平民教育事业活动。1924年春，在校务长邓中夏的倡导下，开办上海大学平民学校。先后由上大学生卜世畸、刘华、秋心、杨之华、刘一清、林钧、王华芬等担任上大平民义务学校执行委员。担任教职员的有40余人。4月15日，上大平民学校第一期开学，校址即设在上大内，吸收附近的青年工人、店员或失学青年近400人为学员；第二期460余人。中共中央开拓平民学校的目的在于提高工人的文化与政治觉悟，进行革命宣传，扩大党的政治影响，在工人中发展党团员。将平民学校作为工人或工会活动的据点。因此，除了在上大办平民学校外，邓中夏还动员与组织上大学生刘华、何秉彝、杨之华、张琴秋、诸有伦、钟复光、王亚璋及我们兄弟等很多人到沪西小沙渡和沪东杨树浦工人集中区建立平民学校，开展工人运动。平民学校工作取得很大的成绩，刘华、杨之华、张琴秋等在和工人的结合中，成为工人运动和女工运动的领导者。在平民学校工作中，上大学生也受到工人的教育与激励，增强了他们献身于共产主义的信念。他们以高度的爱国热忱投入到实际斗争中：课堂里是殚精竭虑的讨论，街头巷尾是如火如荼的讲演，舞台上是民族的血泪控诉的活动，刊物与传单成堆地从印刷所的机口中吐出来……

谢雪红
# 我在上海大学学习的经过

> 选自谢雪红口述、杨克煌笔录、杨翠华编著《我的半生记》第六章"上海大学"(1997年初版、2004年再版于台湾新北市)。题目为编者所加。
>
> 谢雪红(1901—1970),原名谢阿女,又名谢飞英。祖籍福建泉州,生于台湾彰化。1924年到上海,参加了上海台湾自治协会。1925年8月加入中国共产党。同年9月进入上海大学学习,12月到莫斯科东方劳动者共产主义大学学习。1927年回国,1928年4月,台湾共产党在上海成立,被选为中央候补委员。1948年8月,台湾民主自治同盟在香港正式成立,任主席。1949年9月,以台盟主席的身份到北平参加中国人民政治协商会议第一届全体会议,并被选入大会主席团。新中国成立后,历任政务院政法委员会委员和民族事务委员会委员、华东军政委员会委员、全国人民代表大会代表、全国民主青年联合会副主席、全国妇女联合会执行委员等职。

1925年7月间,我、林木顺、陈其昌三人由杭州被调到上海参加"救援会"工作。当时,杭州国民党省党部许多工作人员也都被调来上海;我们抵达上海后,就听说黄中美也将调来在"上海总工会"工作,住在吴先清家。

救援会的正式名称是"五卅惨案救援会",但内部也称为"赤色救援会",即MOPL,记得它是属于"国际赤色救援会"。

这时我住在闸北商务印书馆斜对面,楼上前部分是总工会干部住处,我住在屋后的"亭子间"。由亭子间后窗往外看,可以看到瞿秋白和杨之华的家。他们当时是打扮像富户人家,不许我们同他们讲话。瞿秋白住处的后面是吴先清和她爱人的住家——听说刘少奇、李维汉也都住在那里。这时,林木顺等住在哪里忘了,只记得姓余的嘉义人来这里找过我。

在救援会的时期,我的主要工作是拿救济款去分发给罢工的工人,记得是一星期出去一次。我们常四五人为一组,分乘小汽车,用大箱子装钞票出去分发的。我去的地方是杨树浦方面的工厂和浦东的纱厂。而我开始参加这个工作时,已是罢工的末期,当时一个工人只能发到两块钱。我们到工厂时,看到罢工的工人在贴标语、开斗争会、揪工头(也有工头是日本人)出来斗争。

另外,我还参加上海的募捐工作。那时因在运动中,人民排斥外国货,宣传爱用国货,使得本国资本家的产品畅销,大发其财,所以大家都跑去向他们募捐。例如,我们到"南洋兄弟烟草公司"募捐时,就用汽车去装了许多零票(因大钞票发给工人时较困难)。

救援会一天发给我们两毛钱(或三毛钱)作为伙食费,我食量小,还够吃,但林木顺他们就不够吃了。

当时,上海是在孙传芳军队的管辖内,五卅以后,孙传芳军表面上装作爱国,支持工人罢工,因此我们去发救济款时,他就派来总工会的卫兵,站在汽车外面保护我们。

我被调来上海后不久,黄中美也被调到上海,他几次叫我去法国公园或到旅社谈话。他帮助我提高对共产党的认识,鼓励我争取入党,并向我了解我的家庭、出身和经历等。

同年8月间,黄中美到闸北我的住处,向我宣布我已经被批准加入中国共产党了,介绍人就是他。当时我并没有写过自传和填过表格,只有他单方面问过我的经历而已;宣布入党时也没有其他人在场,更没有举行任何入党仪式。

就在这天以后,我们几个人一组乘小汽车去某工厂分发救援款,当天任务完成后,傍晚要回救援会的路上,我突然肚子痛起来。于是汽车就直接开到我的住所,同一组的人也各自回家不再回办公室了。我到家不久,跟吴先清住同楼的人来告诉我,总工会和救援会刚刚遭到破坏,说是孙传芳指使暴徒、流氓带大刀去砍伤在那里工作的人,并捣毁机关内之设施。当天如果我们的小汽车直接开回救援会,正好碰到这场大屠杀。

上海总工会是9月30日被破坏的。孙传芳表面上带着爱国的假面具,背后却指使暴徒来血腥镇压上海工人反抗日、英帝国主义的罢工斗争。那时救援会的办公地址和总工会公开的办公地址在同一个地方(总工会在后楼),位在英租界地(总工会另有几个秘密办公地址,例如宣中华他们就不知道在那里办公)。当天暴徒来袭击时使用大刀,杀伤几十个人,李立三等因在后楼办公,幸运地逃脱,才没有受害。

就在上海工人爱国运动罢工斗争被镇压后,黄中美又来找我,告诉我,党要派我进"上海大学"学习。我吃了一惊,对他说我没有半点文化怎能进大学。当时我心中很害怕自己是一个没有文化的人,怎能去和那些知识分子在一起上课和生活呢?因为我不同意,黄中美接连几次来说服我。最后,他对我说:"党正是要培养像你这样穷苦人出身、文化很低的党员,……你只要上考场亮相,让同学们看到你,交白卷也不要紧;以后上课,党会布置几个人经常帮助你,……"我同意了,就去考试。记得第一天中文笔试的考题是有关"五·九事件"等,我虽然懂得一点,可是不会写,只写了一点就交卷了。当日下午口答(口试)——这是主要部分——记得问起了"鸦片战争"的历史和不平等条约等问题,对这个口答我讲得比较多一点。第二天考英文,一进考场就发了好几张考卷,我看了后当然完全不懂,就在试卷上写:"我不懂英文,只会一点日语。"就交卷了,大家都抬起头看我,惊骇得很,以为我这么快就写好呢?后来我把此事讲给大家听,他们都大笑,说:"你应该多坐一会儿嘛!"

总工会被封之同时,党和工会命我搬到闸北——接近江湾的地方——虹口公园附近的一栋小洋房,这地方邻近住的人大都是白俄,楼房主人是一个刚从医学院毕业的医生——麻子脸,有个未婚妻——他在这里开一家设备极不齐全的门诊所。他当时很进步,可能也是党员。

我到这里后,林木顺、陈其昌、林仲梓(斗六人)、林仲枫(斗六人)、陈水(斗六人)也随后搬来住了,而我进了上大后,"复旦大学"有一个姓韩的朝鲜学生也常到这里来找我们。

从我搬到诊所(也即入党后)至进上海大学期间,有几个党的负责人或交通员到这诊所来找我,要我带一些秘密文件过"白渡桥"——位在"百老汇大厦"(后改为"上海大厦")的前面——到外滩公园去交给另一个党的交通员。那是因孙传芳的反动行为已表面化,党也提高警惕了。

投考上海大学当初,我的志愿只是想考社会科的旁听生,但报纸上发表录取者名单时,竟然谢飞英三个大字堂堂上榜了(当时也有旁听生,不过报上不发表旁听生的录取名单)。我自己心里有数,这完全是因我按照党的指示去做了工作的缘故,而不是自己有什么本事。于是,我正式进入上海大学社会科学习了,同时和我一起考进上大的台湾青年有林木顺、陈其昌,此外,进该校附中的有林仲梓、林仲枫、陈水等。

上海大学校址在闸北的宝兴路,校长是于右任,他可能只是挂名的,因未曾看到他来过学校。当时,于右任、胡汉民等是国民党的"左派"人物。该校教务主任是施存统(后改名施复亮,其妻复光),他兼在社会科讲课,主讲"新三民主义""建国大纲"等;王一飞教俄语。

上大一学期学费、书籍费等共十二元,黄中美对我说学费最好自己找社会关系想办法,不要加重党的负担。恰好在1925年9月间,我们接到林木顺父亲林德裕由台湾的来信,说他要经日本来上海,约好9月到达,他来沪的目的是要做走水仔(走单帮)的生意。刚来时,他对林木顺在台北师范罢课被开除的事又发唠叨,我向他说林木顺现在要进的上海大学比台北师范好几倍,将来一定会做大人物;又劝他经常来上海,可以赚钱,他就高兴起来了。后来,经过我们种种说服,他终于替我缴纳了十二块大洋的学费。这是很不容易啊!这个老头儿买一盒火柴都要记账,花十二块钱对他是大事啊!他还答应回台湾要到台中说服我二兄,以后负担我的学费、生活费。

进上大后,发了几本书,上课时又经常发讲义,这些书以我当时的文

化水平只能大体上看懂一点儿,但不理解深意。上课时,看到许多同学都在做笔记,自己羡慕得很。对上下课的生活我也很不习惯,除了我一人以外,每位同学都起码有进过学堂的经历,有几个女同学还戴着深度的近视眼镜,因为她们都是"书"的老朋友了;仅有我一个人未曾进过一天学堂,在他们中间是一个非常特殊的存在。

现在回想起来,当时我们住的这一栋洋房,是党租来给那个年轻医师——名郭亮或胡亮(1970年6月28日,谢雪红又谈起好像他不是姓"郭")——开诊所,同时又分给我们几个台湾青年到这里住的;主要目的之一是要利用这个地方来搜索敌人的军事情报的。所以,郭医生并不是这栋洋房的主人,且在他开诊所不久我们就搬进来了。

郭医生有个同乡或同学和上海地区一个姓钱的司令相识,且有深厚交情。不久,这个同乡就带钱司令来诊所,介绍给郭医生。钱司令看到这栋洋楼,又看到屋主是个做医生的,他可能心中很高兴能交到一个相当有社会地位的人;还看到我们几个台湾青年住在那儿,他脑筋里一定认为,这几个青年,在台湾的老家不是地主就是资本家。所以,一切在他看来都是好现象,没有什么可疑的政治问题。

当各界人士都正在谈论爱国运动的时候,钱司令也对我们说:"让台湾同胞受日本帝国主义的压迫,我们当军人的也没有面子,也有责任,……"又说:"中国太软弱、不统一,才会遭受外国的欺负,……"不久,我们同他搞得很亲密。钱司令是个个子高高、瘦瘦、寡言的人,大概是浙江人。

当时的中国军队还是采用"拉兵"的办法补充士兵。在上海常有年轻人出门或提篮子出去买菜时,就被拉去当兵。有几次上海大学的学生被拉去了,我就去司令部找钱司令,告诉他我们的同学被拉兵的拉走了,求他给放回。他问了这些同学的姓名,很快地他们就被放出来了。

同年10月初,林德裕要来上海时,我们也把此事告诉钱司令,他即刻表示要派一部汽车和我们到码头迎接林德裕,这可真使我们着急,赶快想办法花钱给林准备一身新衣服;但不知他脚的大小,没法替他买鞋子。当天,我们到码头等他时,很快地望见他蹲在甲板上,就使人赶快上船去让他换新衣服,嘱咐他要斯文一点儿。这个老头儿,我们叫他不要带那根扁担和抽旱烟的烟杆子,他死也不肯;他说扁担是挑东西用的,离不开它;他还给我们带来了甘蔗、米粉、中秋月饼、冬虾(虾米)等台湾土产。下了船他和我们同乘钱司令的小汽车回诊所,钱司令也一道来了。到家后,在司令面前,我们几次提醒林德裕,坐在椅子上时不要把脚弯上来,但他一会儿就又忘记,脚上又穿一双破鞋,真令人捏一把冷汗,一个农民要打扮成地主真难啊!有一天晚上,钱司令请林德裕和我们六七个人去大舞台(大世界旁边)看京戏。戏票是一张五元的头等票,我们都是第一次开了眼界,林德裕也高兴了。他在上海期间,钱司令到诊所来看过他几次。

当时上海有个党的机构叫作"国民通讯社",社址在老靶子路(后改为武进路)的一栋二层楼楼房,社长邵季昂(浙江人,党员,约三十岁左右)可能是负责打听敌军军事情报的。后来,我听说他在1927年被捕,是党花钱交涉让他出来理发时,派人同他联系才把他营救出来。1950年间我再去上海时,又看见过他和华林等人,他们都在杭州,看样子他们都脱离了党的;当时,华林还告诉我他爱人死的经过情形①。

我们同钱司令的关系搞得很好后,邵季昂前来找我,告诉我怎样协助他向钱司令打听军情的方法,于是,有几次我们去看钱司令时,邵也跟着去。每次要出发以前,邵预先告诉我今天见了钱司令要找机会问他哪几件事。例如问他:孙传芳在某地的军队打战很英勇啊!什么地方的战况怎样啊!这样来提起钱司令的话头,他就滔滔地讲个不停。这些事情的意义如何,当时我是听不大懂的,因此每次出门时总要背几个问题才去,问完就完成任务了。邵季昂只是坐在旁边,不吭一声地听,回去后就大写他的通讯稿件了,据他说用这种办法他可以获得许多军情。所以,每回钱司令来诊所,我们就偷偷打电话去叫邵来旁听。

党为了叫我做好这个工作,特地花了十多块钱——或几十块钱——到旧货摊买了一件虎皮大衣给我(这可能是黄中美叫党买的),去见钱司令时穿用,让我打扮成一个有钱的台湾人小姐的样子,那件虎皮大衣可真漂亮啦!要是新的不知道该值多少钱呢!

---

① 杨克煌注:"邵季昂"这个名字是1970年6月28日外调来要写材料时(很碰巧呵!),才了解到的。

我们刚到上海时,虽然组织每天发给我们伙食费,但林木顺他们要添一些衣服,鞋底破了一个大窟窿也难得买一双新的,所以曾跑过几次当铺。但也只有我由台湾带出来的几件衣服比较好一点,可以派上用场拿去典质。又因我在台湾做的衣服都是日本布和日本花样,都不值钱,几件衣服才当一块来钱,用这些钱买烧饼大家来吃。当时一块大洋(银元;钞票叫小洋)可换十多毛钱(银价涨落不定,有时换多,有时换少),一毛钱(角)又可以换十个铜板。七八个铜板买烧饼回来大家就有得吃了,但是,有些人还是吃不饱。当时给人家包饭一个月五六块钱。

跑当铺都是林仲梓的任务,每次要拿东西去当时,就先经过几次商量,很舍不得的。已决定拿去当了,行将出门时,林仲梓又回过头来说:"姐姐,去好吗?"真是恼煞人,去就去吧!何必啰唆。

郭亮的诊所外观上很不错——虽然我不知道他有多少病人和收入——加上有我们几个显然不是本地的人住在这里,又有一个穿虎皮大衣的小姐在这儿进进出出,这些对近邻的人来说,不能不成为引人注目的对象。

有一天,诊所来了一个自称为是富户人家的佣人,随后他又来过几次;每次来时都穿白衣服,上面再套一件绸缎背心,一看就知道像是在富户人家当跑腿的。这个人来过几次后,我开始注意到了。后来郭医生告诉我,他是富户人家的佣人,又说他的主人有两个女儿,大女儿因同男人发生关系,被她父亲活活打死了。最近二女儿又重蹈覆辙,也怀了孕,她父亲很严厉,因此,她母亲叫这个佣人来恳求郭医生替她女儿堕胎。起初,郭医生怕惹出事故不敢答应,那佣人说得很可怜,他说:"救人一条命吧!"终于,郭医生的心也动摇起来了,想想做这件事是助人之急,又能有一笔可观的收入,这对当时已有未婚妻的穷医生是多么需要啊!于是,郭医生终于答应了。

答应了人家,他就得听人的摆布。那个佣人说,依他女主人的意见为了保密,她要租一个大旅社的套房,再带她女儿去那里接受手术。于是约定时日,这佣人要来带郭医生去旅社,郭医生也约好他的未婚妻一道去,好当助手。

有一天,刚吃过午饭,那个佣人来诊所请郭医生,郭医生和他未婚妻就同他一道出门了。事后得知,他们三人一同到"先施公司"开了一套幽静的大房间,佣人对郭医生说:"你们先在这里休息一会儿,我就去接小姐她们来。"佣人又折回诊所来对我说:"郭医生请你到先施公司旅社帮忙。你到公司的乘电梯处等,他们就会下来接你。"于是我马上出发了,丝毫没有怀疑。过一会儿,那佣人又第二次来诊所,对娘姨(保姆)说:"郭医生叫你拿汽油炉和消毒用具去,小姐另外要你拿她的大衣去。"又说:"小姐需要五十元买东西,叫你去向另一个娘姨处借一下。"娘姨就跑到吴先清家借钱,吴的丈夫感到有点蹊跷,回说没有现钱,娘姨就同那佣人分别坐黄包车一道来到先施公司,佣人就说:"成啦!你回去吧!我替你把东西带到上面给他们。"娘姨不疑有他,就回家了。

同时我在先施公司的电梯处等了很久,也不见有人来接我,以为郭医生找错地方或已用不着我了,因此,我不耐烦地回家了。回到诊所时,娘姨一看到我就问:"啊!你没有穿大衣?"我说:"我没穿大衣出门啊!"她说:"刚才你不是叫人来要我送大衣去吗?"两人同时知道上当了。

郭医生两人一直等到天黑未见什么小姐来,就打算回家了,可是旅社的掌柜要他付房间的租费,结果他赔了房间费、车费极其扫兴地回来了。

后来听说这件事是"赤白党"干的,他们虽然只由一个人出面,但背后有几个人帮忙他们做许多工作;又听说他们的目标一定是我那件虎皮大衣,他们估计它值几百元甚至上千元。而那个汽油炉值十多块钱,是我们大伙儿几个人做饭用的。

我那件装门面的虎皮大衣就这样丢了,以后去见钱司令时,就把这件事经过告诉他,他答应替我找回,但一直没有什么结果。

1950年间在上海的群众大会上,我看过郭亮,他是以"群众代表"的身份来参加集会的,看样子也是脱离了党组织的。

我离开上海大学后,1926年初蔡孝乾(彰化人)、李晓芳(嘉义人)、庄泗川(嘉义人)等进了上大;他们回台后,被称为"上大派"。当时,进上大是公开的。

许德良
# 五卅运动与上海大学

> 原载中国人民政治协商会议上海市委员会文史资料工作委员会编《文史资料选辑(第二辑)》(上海人民出版社1979年版)。
>
> 许德良(1900—?),江苏吴县(今属苏州)人。1925年春进入上海大学任庶务员兼附属中学教员。

上海大学的成立,时代背景是在第一次国共合作时期。到1927年蒋介石背叛革命,国共合作破裂,这个学校即被国民党反动派封闭,并派军队占领,后来改办为国立劳动大学。这一段历史虽然极短暂,但在中国新民主主义革命史上却是重要的一页。

上海大学原名东南高等师范学校,因闹学潮,校长被驱逐,学生公推国民党的于右任为校长,改组为上海大学。李大钊同志早期曾到校演讲,称赞学生会改组学校,目标明确,斗志坚强,并指出中国革命必须朝着正确的政治方向,坚决斗争,才能取得最后胜利。他这一次讲话,曾给上海大学师生以巨大的鼓舞力量。李大钊同志是于右任在上海震旦大学的同学,他们又同时在日本参加孙中山先生领导的同盟会。于曾请教李大钊同志如何办好上海大学,李当时从中国革命的需要出发,指出首先应办好大学的社会科学系,并介绍邓中夏同志来校担任校务长,瞿秋白担任教务长兼社会科学系主任。

1923年4月，邓中夏同志到上海大学参加工作，他担任校务长（又称总务长），负责主持学校的行政工作。当时校长于右任是挂名的，并不到校办公。邓中夏同志在了解学校全面情况之后，紧紧抓住三件大事来做：一是确定教育方针和目的要求；二是改革学校建制，草拟上海大学章程；三是聘请具有真才实学的学术界人士来担任教职。当时校址在闸北青云路青云里，到1924年才搬到西摩路（今陕西北路）南洋路（今南阳路）口，校门正对着南洋路。我当时到校参加工作，担任总务工作，租房子、和房东办交涉都归我负责。记得当时学校每月房租是300元，后来校舍不敷应用，我们又把学校靠北边的中国式房子和对面新造的时应里的一部分房子一并租下来。因为是国共合作，当时学校经费是从广州汇来的，但经费还是有困难，有时房租都交不出。那时上海房地产公司的老板主要靠外国人牌头，例如时应里的房东本来是中国人，却去加入了荷兰国籍，我们欠了他的房租，他就要打官司，仗洋人的势力来欺压我们。我先是向他软求，说房租一时付不出，但我们是教育机关，大家都通情达理，总不会少你的。对方不肯通融，要我们立刻付清，逼得我无路可走，只能对他说："你去告状好了，你也是中国人，不过入了外国籍，大不了封闭学校，换个地方我们还照样办下去！"对方碰了钉子，只好答应延期付款。

刘华同志当时名刘剑华，从四川宜宾到上海来寻找半工半读的学校求学，但到了上海一时找不到这样的学校，他先到中华书局印刷所当学徒、做工，后来才进上海大学中学部半工半读。他一面念书，一面和我一起做总务工作，晚上和我住在一个房间。他学习勤奋，工作积极，深得师生敬佩。他最初在青云路中学部读书时，中学部主任是国民党的陈德徵，他看到刘华同志经济情况很不好，想收买他，每月给他两块大洋作零用。刘华同志坚决拒绝了他，并和中学部的同学联合起来，把陈德徵这个坏人赶出了校门。还有上海大学英文系主任何世桢，也是国民党的，他后来辞职出去办了持志大学，他的职务即由周越然继任。大学中文系主任是陈望道同志，我记得他担任这个职务，直到上海大学被迫停办时为止。邵力子先生担任过一个时期的副校长，那时他在《民国日报》担任经理兼为该报主编副刊《觉悟》。五卅运动前夕，即沪西日本纱厂工人罢工斗争时，邵已被上海租界当局驱逐出境，到广州去了。

回忆当时我所接触的情况,上海大学的同学,以外地人居多,特别是陕西、四川、广东省籍的同学很多,上海本地人较少。学校为培养革命干部,提倡把所学的革命理论和当前革命的实际斗争紧密结合起来,因此同学们不是关起门来死读书,在外面担任社会工作的很多,如参加全国和上海学生联合会工作,举办平民夜校和夏令讲习会等等。我们在大学部发展建党工作,在中学部发展建团工作。由于党的坚强领导,教师们认真教导,全校师生努力学习马列主义理论,政治觉悟逐步提高,很多人走上了革命的道路。现就回忆所及,简记三事如下。

## 一、支援日本纱厂工人罢工斗争

从1914年到1925年为止,日本帝国主义在我国开工生产的纱厂共有41家,其中在上海的纱厂就有27家,起用工人有五万八千多人。

日本资本家为了加紧掠夺和剥削,对中国工人的待遇是极其苛刻的。有几个明显的特点:一是工资低。最低的,工人每天只拿到两百文[①],初进厂的工人,先要扣三个月工资作为押金,以后每月还要扣储蓄金,而且时常借故克扣工资。二是工时长。六进六出,每班工作十二小时,星期天加班不加钱。三是压迫重。厂里的工头、领班可以随便打骂工人,一个不顺眼就要开除出厂,有的厂还准备了一批养成工,可以随时代替熟练工人,便于任意开除工人。

1925年2月9日,日本内外棉株式会社第八厂工人,为了反对任意打骂并开除工人,要求增加工资,首先发动罢工,接着东五厂、西五厂也罢工响应,推动了内外棉所属的11个厂全部罢工。发展到12日,其他日本纱厂如丰田、日华、同兴、大康、裕丰、公大和麻布袋厂等厂也相继罢工,一共有22个厂,3万多工人参加罢工,一直坚持了三个星期。

这次罢工是日本纱厂工人第一次同盟罢工,开始是自发的,在斗争过程中逐步建立了党的领导,发展成为有领导、有组织的罢工。当时上大学生和文治大学的学生积极支援日本纱厂工人的罢工斗争,组织宣传队分

---

① 原注:当时一个银元,兑三千文,即三百枚铜元。两百文,就是二十枚铜元。

头演讲、发传单、写标语,揭露日本资本家残酷压迫工人的罪行,呼吁各界爱国同胞予以援助。接着又组织募捐队向各界人士募捐,将所得捐款以及募来物资送交纱厂工会和工人纠察队,支持工人坚持罢工斗争。学生们还到工人居住地区向工人家属作广泛宣传,要大家团结一条心,反对日本资方收买工贼走狗破坏罢工。

日本资本家曾收买"上海工团联合会",用"反共产主义男女劳动同盟"名义散发反动传单,又威吓我国军阀、官僚要他们压制工人罢工,但都没有什么效果。罢工斗争的形势,发展很快,当时驻沪日本商会主席田边曾于2月21日致函工部局总董英国人费信敦,提出:"……这一运动的性质已不是一次普通的工潮……罢工几乎流行于所有此间之日商纱厂,现已蔓延到六家公司的22家工厂,现大批职工(指日本高级职员和部分受骗上工的工人)在上工时遭到煽惑者的威胁,厂方受到巨大损失……这次罢工是经过周密部署的运动的第一步……那些煽动分子和狂热分子煽动罢工的经费,则由本市一所大学校供给。这所大学是被认为是俄国布尔什维克党的宣传机关。因此,公众的感觉甚为不安……"他们所指的"这所大学"就是上海大学,所谓"供给罢工经费"就是指上大学生进行募捐支援罢工工人,所谓"煽动分子和狂热分子煽动罢工"就是指上大学生宣传队揭露日本资本家残酷压迫中国工人的事实真相。

这次罢工到最后厂方还是接受了工人的部分要求,我们取得了初步胜利即开始复工。复工时,各厂燃放爆竹,工人列队进厂,日本资本家还赔笑脸欢迎,他们历来趾高气扬,不把中国人放在眼里,这次被迫在中国工人阶级的伟大力量面前头一次认输。但斗争并未结束,二月罢工斗争只是五卅运动的序幕而已。

## 二、五卅惨案掀起反帝斗争高潮

1925年5月14日,由于内外棉三厂资方无故开除工人,三厂和四厂的工会立即召开紧急会议,决定发动罢工。第二天(即15日)早上,内外棉五厂和七厂工人也继起罢工反抗,就在这一天,内外棉七厂大班川村竟开枪惨杀七厂(今上棉二厂织布车间)工人领袖顾正红,当场受重伤、轻

伤的工人达16人。惨案发生后，上海各界人民群情愤慨，上海的日本纱厂工人，即全面罢工，强烈抗议。上海各大学学生会也立即召开会议，声援罢工工人，上海大学学生会并派代表到内外棉五厂吊唁顾正红烈士并慰问罢工工人。

5月24日，上海大学学生代表朱义权、江维锦、赵振寰等四人到闸北潭子湾去参加顾正红烈士追悼大会，经过沪西普陀路，沿途散发传单，并向群众宣讲顾正红烈士被惨杀经过，呼吁各界爱国同胞起来斗争。普陀路巡捕房就把他们逮捕起来，学校闻讯后，叫我赶到巡捕房办交涉，请求保释，捕房的西捕头强词夺理，说他们犯了"散发传单、扰乱社会秩序"的罪名，不准保释。第二天，我为他们送被服和食品去。据捕房的中西探捕对我讲，被捕同学顽强不屈，在巡捕房里还高唱"打倒列强"的革命歌曲，闹得大家坐卧不安。这时也有文治大学学生因在马路上募捐援助罢工工人而被捕的，沪西区罢工工人也有被捕的。与此同时，帝国主义所控制的公共租界工部局企图通过他们的御用工具"纳税华人会"于6月2日讨论通过有关增加码头捐、交易所注册、增订印刷附律和取缔童工等四个法案，进一步压迫租界上的各界人民，这一消息传出后，更加激起各界人民的普遍义愤。党组织于5月28日召开会议，分析研究了当前的政治形势，决定在5月30日在公共租界举行游行示威，掀起全市反帝斗争的高潮。

5月30日上午，罢工工人和各大中学校学生，分头到达南京路闹市区，散发传单，在街头演讲顾正红烈士被惨杀经过，控诉许多爱国学生被捕经过，坚决反对工部局准备提出的四个法案。远在郊区的浦东中学学生一清早就渡过浦江，步行到达南京路。上海大学的师生除少数留校看守校舍外，几乎全部动员到南京路参加游行示威。游行队伍组织得很有秩序，各校学生都推定指挥人员，由左手贴着橡皮膏（这是一种暗号）的交通员，穿插在队伍中间随时传达总指挥部的命令和消息。许多市民也踊跃参加游行队伍，人数越来越众。游行队伍经过日本领事馆、会审公堂、南京路外滩时，高呼革命口号，响彻云霄，马路两旁群众很多，跟着喊革命口号，车辆几乎无法行驶，交通阻塞。这时巡捕还在继续抓人，群众就怒吼："不要再抓人了，要到巡捕房，我们就一齐去。"说着就跟随被捕学生一起涌进老闸捕房。一路上，还有人和英国巡捕头子争辩："什么租界不租界,你们每年究竟出了多少钱租费?上海是我国的领土,我们是主人,不许你们再横行霸道。"

帝国主义历来就欺软怕硬,他们见到当时群情激愤,众怒难犯,在下午2时曾先后释放了一百多人。但是陆续还有人被捕的,老闸巡捕房里还关押着几百工人、学生和市民,渐有人满之患。当时示威群众集中在从西藏路到先施、永安公司那一段最热闹的市区,作街头演讲,并散发传单,高呼:"释放被捕学生!""打倒英、日帝国主义!"等口号,群众队伍走向老闸捕房门前,口号声喊得更加响亮。这时捕房门口站好了荷枪实弹的英国、印度和华籍巡捕,戒备森严,如临大敌。先施公司的高楼上也架起机关枪,还有一部分武装力量集结在铁房子小菜场,预先部署一场镇压。下午3点45分,英国巡捕头子爱活逊(译音)发布开枪命令,步枪和机关枪就密集地向徒手示威群众扫射,顿时南京路上血肉横飞,伤亡枕藉。上海大学的何秉彝同学当场中弹,英勇牺牲。

据当时上大特刊调查股报告,五卅当天,上海大学同学受伤的有13人,被关押在老闸捕房的有130人。

5月31日,上海大学学生会就将五卅惨案真相电告全国,要求各界同胞一致奋斗。通电全文如下:

"万急,五卅上海各校学生在南京路一带演讲,意在引起全国人民注意,并无越轨行动。不料捕房开枪轰击,惨死多人,受伤及被捕者不计其数,本校同学何秉彝亦被枪杀。前昨两日,工商界人士及学生续遭惨毙者益众。本校决于6月1日起实行罢课,誓达惩凶雪耻之目的,还望全国各界一致响应,实所企盼,特此电闻。"

同一天,上海各产业工会召开联席会议,通过成立上海市总工会统一领导全市工人罢工斗争的决定。工人和学生还到天后宫桥(今河南路桥)总商会举行群众大会,要求商会发布全市罢市的决定。

## 三、上海大学被帝国主义武装占领

从6月1日到3日,帝国主义者采取各种残酷的镇压手段,从动员海军陆战队登陆驻防、开动铁甲车并派骑警队巡逻,到宣布军事戒严,继续

捕人并任意开枪屠杀。此外,还出版制造谣言的《诚言报》,压迫上海各报不许刊载五卅运动消息等等。但反帝斗争的全市罢工、罢课、罢市群众运动仍继续扩大,迅猛发展,全国各地也奋起响应。

五卅运动开始是工人运动和学生运动相结合,后来发展成为各界人民一致参加的反帝爱国运动。上海大学仅仅在其中起过一定的作用,但帝国主义者却视为"眼中钉",必欲早日拔除为快。

6月4日上午8时20分,那时上大同学组织的宣传队正预备出发,我刚巧在会计室内工作,从窗口看到有西捕三人和华捕一人,跨进校门窥探,旋即匆匆退出。过了10分钟,就有好几辆卡车,满载全副武装的英国海军陆战队官兵、巡捕房的巡捕包探约六七十人,闯进校内。先将全部师生员工一千多人赶到阅报室门口的空地上,用枪口对准我们,迫令高举双手,让他们作全身搜查,稍不顺意,就拳打脚踢,当场负伤的就有七人。搜查完毕,仍叫我们站着不动,留一部分人在旁监视,他们大部分即闯入办公室和宿舍实行搜查,翻箱倒箧,把书籍文具丢满一地。有的人就趁机窃取同学们的手表、钱币和自来水笔。他们搜查的目的,是要抄获军火和所谓布尔什维克的文件,结果却一无所获。他们限令我们在10分钟之内徒手离校,不许携带自己的衣服和行李。全部校舍和公私财物即被他们占有,以后就移交美国军舰鹅号"比固古多"(译音)登陆部队作为营房。

根据当时英帝国主义所办的《字林西报》报道:"……上海大学是一所由国民党①津贴的大学,是宣传共产主义的著名温床……被抄查是由于政治倾向……在西摩路附近,需要一所营房,上海大学是最理想的住所,于是派武装部队去占据,用以防御抵抗……此外没有别的理由。"这是什么理由?完全是帝国主义者强横霸道的理由!

在学校被武装占据的第二天,就在老西门勤业女子师范学校建立上大临时办公处,上大学生会和全校教职员工都发表通电,强烈抗议,并向交涉署报告经过,延请常年法律顾问、律师向巡捕房提出质问。上海复旦大学、同德医科专门学校、中国教师救国互助社、全国和上海的学生联合会、上海市总工会和各人民团体都派代表前来热情慰问,并表示一致抗议

---

① 原注:当时系国共合作期间,有些活动由国民党出面,实际上是共产党主持。

暴行。上海《热血日报》《民国日报》和《申报》都在报上报道这次暴行，著论抨击帝国主义的暴行。

6月5日，我们就在西门勤业女子师范召开大会，由陈望道教授主持，会上详细报告学校被占领经过，公推陈望道教授起草宣言，其他几位教授到交涉署要求启封、道歉并赔偿公私损失。6日又在小西门少年宣讲团礼堂开会，会上选举了教职员代表三人、学生代表四人组成上大临时委员会，做好下列几项工作：继续进行五卅运动的宣传、募捐工作；营救被捕同学；决定出版《上海大学五卅运动特刊》；募捐建校经费，并先租赁房屋作为学生宿舍；调查校舍被占据时的公私损失。

上海大学学生会宣传股所编印的《上海大学五卅运动特刊》于6月17日出版发行，其目的和要求在发刊词中说得很明确：

（1）我们要以同学研究与活动之所为，说明五卅运动之正确意义，并纠正一部分国人之谬误观念。

（2）我们要以五卅运动中同学之努力与贡献，报告给社会。

（3）我们要以同学此次参加五卅运动之史实，留为母校永久的纪念，并以勉励将来。

特刊出版后，上海《民国日报》曾作如下介绍："这份特刊是五卅惨剧中受伤最重的上海大学同学们本其平日研究社会科学及从事社会活动所积累的知识，对于此次惨剧，用历史的眼光，为彻底之评论的一种重要刊物。"

当时除出版这份特刊之外，还办了《五卅潮》三日刊，这种三日刊小报，是专门对外地报道上海和各地有关五卅运动消息的。

帝国主义者武力占领我校，并不能阻止我校革命师生英勇地参加反帝斗争。就在下半年，我们又在闸北青云路师寿坊找到了新校舍，恢复上课，继续在革命实践中进行教育。五卅运动中革命先烈的鲜血，激励并教育了中国人民在伟大的中国共产党领导之下，前仆后继，参加了新民主主义革命，迎来了1926—1927年的第一次革命战争时期。

（陆诒记）

# 许德良
## 回忆上海大学

> 这是王家贵、蔡锡瑶等于1980、1982年先后两次在上海访问许德良的记录整理稿，经许德良本人审阅。原载王家贵、蔡锡瑶编著《上海大学（1922—1927）》（上海社会科学院出版社1986年版，第116—118页）。

邓中夏在上大时，兼职很多，工作极忙，一般是下午夹一皮包来校，什么事都自己动手，工作能力很强，写东西很快。他一到上大就为学校的发展制定规划，写了《上海大学概况》。这个文件是上大发展规划最早的蓝图。上大西摩路校舍是他和我各处物色房子，最后由他定下来的。他烟抽得很厉害，手指都黄了，平时总是穿一套蹩脚西装，袜子露出后跟，皮鞋经常不擦油，头发向后梳。他所住的宝兴里房子是我找的，他找房子的要求是不要死弄堂，前后弄堂能够走通，以防万一。在反动统治下搞革命工作，他很有经验，很机警。

邓中夏在上大工作每月薪金八十元。但他和恽代英、萧楚女、任弼时等同志一样，生活都很艰苦。他每月薪金的一半，甚至大半，要用来为穷学生交学费，因为上大学校穷，学生也是穷的多，而学校规定，交不出学费可由教职员担保缓交，到期就由会计在担保者薪金中扣除。学生找邓中夏，他总是有求必应。他和学生关系很好，全校师生都很尊敬他，他是上海大学的奠基人。瞿秋白比邓中夏到校晚，当时他是理论权威，接触群众面就少些。邓中夏到上大后,党中央不少负责同志到上大社会学系、中国文学系和中学部兼课。他们年龄不大,都是青年人,和学生关系都很好。

邓中夏离开上大后,学校实际工作由副校长邵力子(代校长)负责。邵力子当时是共产党员,不久被帝国主义逐出租界。邵力子走后就是韩觉民当总务长(即校务长)。韩觉民当时也是共产党员,后来表现不好。所以说,上海大学名义上是国民党办的,或国共合作办的,实际上是共产党掌权。

我1924年进上海大学搞总务工作,在中学部兼上点英文课,工作很忙,租房子、订合同、付房租、应付巡捕捐、采购物品、聘请律师等等。学校被搜查,邵力子被控告,五卅被捕学生开庭等,学校都请了律师。学生开释,接他们回校,杂七杂八的许多事,都是我负责。而学校又没有经费,这件事很麻烦,常常为了债务问题与债主口角。在上大搞总务工作也练出了一种本领——就是欠债。

刘华在上大附中高中部读书,是半工半读,帮助学校刻蜡版,和我住在一个房间,关系很好,我也教教他英文。他刻苦努力,学习疲倦了,就用冷手巾敷在头上或冷水冲头,继续坚持学习。他用毛边纸订了一个本子,取名"第二副唇舌",记学习心得体会。他很乐观、活泼,喜欢唱一支歌:《麻雀与小孩》。由于他生活上有困难,陈德徵就想用钱收买他,说每月给他二元钱。刘华很有骨气,不仅拒绝他的收买,后来抓住他生活腐化问题,联合同学把陈德徵这个国民党右派赶跑了。

上海工人三次武装起义期间,我在上大。记得第二次武装起义,我们到宝山路一带演讲。当火车开过时,我们就在铁路北面(虬江路一带)高呼口号、发传单、演讲,因为这一边军警较少。火车路南面则岗哨林立,一个警察一个兵。火车在运行时,军警过不来,等火车过完,军警追来时,我们也都分散跑了。第三次武装起义的时候,组织上通知我们做一些青天白日旗,拿着去参加群众会议。后来分配我们在宝山路鸿兴路三德里一带打军阀士兵,我们弄了些桌子、椅子、被子等筑工事,与军阀部队作战。上大有一部分学生住在横浜路景贤女校,他们与工人一起撬铁轨,使吴淞开来的火车出轨,直鲁军无法到上海,只好退回吴淞。这时,北伐军已打到上海附近,反动军警无心抵抗,很快五区给攻下来了,其他地方也解决

得很快。闸北方面比别的区慢,主要是北火车站和天通庵车站敌人力量强。东方图书馆那里驻有直鲁联军一个连,对面就是商务印书馆。我们和工人一起打东方图书馆,商务印书馆工人徐辉初(?)被打掉了一只耳朵。很快直鲁军投降,我们把直鲁军集合起来,在马路边人行道上给他们训话。

上海工人第三次武装起义时,上大有学生军参加作战。当时上大校舍还有部分在师寿坊,大部分已搬到江湾。青云路广场就在师寿坊斜对面。

薛尚实
# 回忆上海大学

> 原载中国人民政治协商会议上海市委员会文史资料工作委员会编《文史资料选辑（第二辑）》（上海人民出版社1979年版）。
>
> 薛尚实（1902—1977），原名梁华昌，广东梅州人。1926年秋进入上海大学学习。1928年加入中国共产党。新中国成立后，历任青岛市委书记，同济大学党委书记、校长等职。

## 未进上大前所听到的

我在南方读书的时候，和两位同乡的同学经常来往，一位是陈志莘，一位是张西孟。

1926年春天，我们在宿舍里用打气炉子烧饭吃。边吃边谈，从饭菜的味道谈到读书等问题。我们都是穷学生，谈到最后，总要提到下个学期学费怎么办。陈志莘说，他有一位亲戚在上海大学读书，读了一年书，学费至今还拖欠着，而且在这所学校里学到了很多东西。我们就追问他上大究竟办得怎样。他说："上大办得好，是制造炸弹的！"这句话说得很新奇，我继续问他这话的道理何在。他接着就解释所谓制造炸弹就是培养革命干部的意思。

当时，我们在学校里读书正读得心乱如麻，死气沉沉，还今日不知明

日事。听他一席话正中下怀,以后我们常打听怎样才能进上海大学。

过了一个星期,心里实在憋不住了,又一起议论这个问题。末了,张西孟自告奋勇,愿打先锋,到上大去看个究竟。

他从上海回来,如此这般地讲了一次,讲得比陈志莘知道的还要详细,于是我们决定下学期转学上大。

### 青云路师寿坊第三条弄堂

这年秋天,上大开学了。张西孟搬进上大的当天,就写信来催我去办手续。到了上海,我把书籍行李运到青云路师寿坊的时候,东寻西找仍找不到上大的校牌。等了片刻,走过一位学生模样的青年,我就问他上大在哪里,他向弄内一指说:"在师寿坊的第三条弄堂里。"这样,我才找到了这所久已闻名的大学,经过张西孟等帮助,办了入学手续,成为这所大学的学生。

上大是弄堂大学,这样说是很恰当的。它没有校门,没有大礼堂,没有图书馆,也没有运动场。这里有两件事最惹人注意:一是庶务课的门口挂有一大幅红布,上面贴着各式各样纸头上写的文章、诗歌、学习心得和漫画等等,右角上写着"上大学生墙报"。另一件是收发室的客堂里摆了一个书摊,《向导》、《新青年》合订本、《中国青年》以及各种社会科学书籍、文艺书籍等摆得很多。原来是上海书店在学校里所设的书摊。当然,这是别的大学里没有的。

### 我们的课堂大大小小都有

把两幢石库门房子楼上的墙壁打通,即为楼上讲堂。客厅里、厢房里摆上桌凳,就是小课堂,我们上日文课、德文课就在这里。

这些课堂设备虽然简陋,以后我们了解到它的利用率是极高的。白天大学用,晚上夜校用,附近工厂的工友、商店店员和街道妇女常到这里来上课、开会。青年团和济难会的会议,也常在此召开。每个晚上电灯总是雪亮,上课的上课,开会的开会,显得很闹热,常常到10点钟以后才熄灯。

师寿坊门前有一片大荒地，高低不平。同学们有时从校外搞到一只皮球，凑起几个人踢两脚。球踢破了，只好不踢。我们没有足球队，也不收运动费。

## 教学内容和教学方法

上大原有三个系，即社会科学系、中国文学系和英文文学系。后来把英文文学系与中国文学系合并为一个系。

社会科学系的课程有：社会科学、社会进化史、马克思主义、哲学、政治经济学等，此外还要选修一门到两门外文。

社会科学这门课的讲义，原来是用安体诚先生编的社会科学讲义。当施存统先生（即施复亮）主讲时，他自编了一套讲义，内容有社会科学史、从第一国际到第三国际等等。

哲学主要是讲辩证法唯物论，由萧朴生先生主讲。

马克思主义是按照《马克思及其生平著作和学说》一书讲解，此书以后作序出版，改名为《马克思传》。

政治经济学的课本是用德国博洽德著的《通俗资本论》译本。

这两门功课都是由李季主讲（李于大革命失败后，参加托陈取消派），这两本书也就是他编译的，由上海书店印刷发行，当时系里的同学差不多人手一册。

社会进化史是用蔡和森著的《社会进化史》为课本，由李俊主讲。

文学系的课程有：中国文学史、文学概论等，其他记不起了。

外文有四种，即俄文、英文、德文、日文。

英文课本是《进化与革命》，又名《达尔文主义与马克思主义》，还有英文文法和修辞学等。

俄文原是由蒋光赤教的，发了几次初期讲义，他走后，请了一位俄国中年妇女来教。

上正课之外，每月总有一两次自由讲座，内容都是报告政治形势和解答一些对时局的疑问。杨贤江、施存统、高语罕等都讲过。讲的时候听众

极多,各系的学生都有,校外的人也有,常常满座。杨贤江先生是《学生杂志》编辑,常写社论。杨贤江先生曾在商务印书馆主编《学生杂志》。他消息灵通,碰到他演讲时,听众尤多。楼上的大教室容纳的人多了,常常听到楼板喳喳作响,大家担心楼面就要塌下来。

除必修课外,选课很自由,你对别的课如果有兴趣的话,自己去听好了,从来没有人干涉或限制。至于外文,你同时读几门都可以。

上课时,同学们最爱听萧朴生先生主讲的哲学课。他上第一课就给我印象很深。上课之前,他已经和同学们有说有笑地谈了一阵子,一打铃,他首先在黑板上写了(1)阶级与非阶级,(2)唯物与唯心,(3)功利与非功利这三个题目。题目提得新鲜,字也写得劲秀。一开讲,每个同学都很认真地做笔记。

他讲完一个题目,即归纳成几个重点再重复讲一遍,并问同学们懂不懂;请同学们提问题。记得有一位女同学先发问,接着又有几个同学提问题,他就从容不迫地一一解答。

像他这样的教学方法,我还是第一次遇到,感到十分新鲜。而他的这种认真负责的精神,又使我深为敬佩。想起在别的大学上课时,教授们点名、讲课,讲完后,皮包一夹就跑的情况,完全不同。

萧先生讲课的内容十分丰富而又通俗生动,解释每个概念,他都用日常生活中的事例来说明,使人易懂易记。

讲完三个题目后,又复述今天讲授内容的基本精神,最后指出还要看哪些参考书,并要我们在下次上课前一天把要讲的问题先提出来。从此,我才知道他讲授内容所以能如此生动、中肯,是由于他能针对着同学们所提问题两相结合起来的缘故。

马克思主义和政治经济学两门课,很多同学喜欢听,但主讲者是刚从德国留学回来的,没有实际工作经验,而和同学们的思想情况联系不好,听起来就不亲切。

担任别的课程的老师,也不是照书本死讲,都还能按照同学们的水平和要求来讲授,否则同学们就不欢迎。

记得李俊讲社会进化史时,第一课听的人很多,第二次上课人就逐渐少了,因为他讲课是按章按节,像给中学生上课那样,讲得干巴巴。同学们向他多次提了意见,但是他"依然故我"。有一天,不知哪位同学写了一张纸条贴在黑板上:"请××先生自动辞职。"那位先生来了,一看纸条就不声不响地走了,从此不来上课。

我们上课的时间少,而在课外看参考书的时间多。当时在上大,自觉认真读书,提出问题,讨论问题,成为一种风气。我在1926年下半年,读了李达著的《新社会学》、蔡和森著的《社会进化史》、漆树芬著的《帝国主义铁蹄下的中国》、熊得山著的《科学社会主义》、安体诚著的《社会科学十讲》。《马克思传》和《通俗资本论》也读了,还有许多小册子。

此外,同学们都非常踊跃地买《向导》《新青年》等期刊来读,买合订本的也不少。

同学们按照各年级自己组织学习会,由自己班级的同学主持。开会时大家随便提问题随便谈,问生字、问名词概念、问老师讲课中的疑问也好,只要提出来,就交大家讨论、研究并作解答。有时谈谈报上看来的政治消息,有时介绍期刊中某篇文章的内容。总之,有啥谈啥,会议开得非常活跃。有时,老师也出席指导,学习会上的重要内容,整理出来,拿到墙报上去发表。

我们的老师,不摆教授的架子,大多数和颜悦色,肯真诚待人,对我们的学习、工作和生活很关怀。下课以后,和大家坐在板凳上,促膝谈心,有时还到我们宿舍里来看看。

老师们的薪金,听说是很少的,每一点钟课,只拿一两块钱的报酬,有的还是尽义务的。他们的生活也很艰苦,有的和穷学生一样,一年到头只穿几套旧衣服。萧朴生先生得了肺病,进横浜桥北的福民医院,身上只带挂号费和买药费,诊断后决定住院,可是拿不出住院费,只好东借西筹。同学们闻讯后,曾派代表到医院去慰问过他。

## 同学们的工作和生活

同学们来自全国各地,广东、四川人最多,东北、西北和山东的也不少,有的是来自南洋群岛的华侨,也有几位朝鲜同学。本市的中学教员,失业、失学的青年和工厂的职员也有。有不少穷学生入学后就到报社、书

店、青年会、中学、小学、国民党市党部（当时还是国共合作时期）去兼做工作，他们的职业是由上大学生会服务部设法介绍的，也有的是自己找到的。

在我们住的宿舍楼梯下，有一位姓王的同学，课余时间在《申报》做校对工作。他白天上课，晚上去工作，每天收入四角钱，仅足糊口。每晚11点钟跑去（因为无钱坐电车），天亮前才能回来。他交不起学费，请一位教师作保。有一次病了，向我借钱时，我才知道他的境况。

学生会服务部经常动员经济比较宽裕的同学，捐助一些旧衣服、旧鞋袜去帮助困难的同学，和我同宿舍的刘同学，他所穿的一套旧学生装就是人家捐助的。交不出学费，经老师或同学作保，就可以拖欠，这种情况在旁的大学中是绝无仅有的。

同学们生活艰苦朴素，一个前楼同住七八个人，有的吃包饭，五六元一个月。有的凑起三四人，买打气炉子自己烧来吃，每月四元就可以勉强过去。

课堂里时有穿工装蓝布褂的人来听课，据说是高年级同学到工厂区去参加革命工作，到了上课时间来不及换衣服，就匆匆而来。同学中时髦青年是很少的，有少数人慕上大之名而来，到校后看到我们的生活情况，就中途告退。

上大同学在入学前都是想学点革命知识和救国的道理而来，大多数人都有一定的政治觉悟。除了上课学习革命理论之外，都关心政治形势的发展，而对当时北伐军的进展，几乎每天都有谈论，读报纸、读《向导》、读《新青年》更是普遍现象。

一般同学，特别是高年级的同学，知道吸收知识的方法不仅靠在课堂上和书本上用功，而且还得从革命实践中去加强锻炼，要边干边学、边学边干，才能学到真本领。同学们大多数是努力学习、积极工作的，一天到晚，总是很忙。老同学的房门上，钉一块硬的图纸板，周围写上地点，按上一个箭头，指出自己所去的地方，这样就让急于要找他的人很快找到，有的还钉上许多小纸头在旁边，给找他的人写留言。

平时大家都不随便串门子，对时间很珍惜，如接头谈问题，也是采取直截了当的办法，不聊闲天。

高年级同学多数在校外担任工作,有的参加上海市学联、全国学联,有的参加济难会工作。至于到各工厂区去组织平民夜校、工人夜校进行革命宣传教育的人就更多了。他们工作忙时,就不能经常按课程表上的规定来上课,但当他们回校时,仍坚持补课,认真学习。

办夜校,除了在学校附近和宝山路一带举办外,还有许多同学到浦东、沪东、沪西一带去办。有的利用现成的中小学课堂,有的到工厂附近租房子来办。

张西孟同学当过工人夜校教员,据他说,对工人们上课之先,重要的是消除隔阂,建立良好的关系。可以先提启发的问题,让他们先随便谈谈。例如问:世上什么人最苦?什么人最多?什么人最有本事?为什么还要受剥削、受压迫?应该怎样起来反抗压迫?等等。这样谈了,就能打破彼此之间的隔阂,逐步达到教育的目的。

通过办工人夜校,上大学生和工人之间建立了良好的关系,当上海工人三次武装起义之后,同学们和各个产业工会的联系更加强了。记得那时候市总工会工人纠察队的总指挥部设在宝山路商务印书馆工人俱乐部(即东方图书馆楼下),我们曾进去参观,当谈到我们是上大学生时,工人同志都表示热烈欢迎。

## 接受革命的锻炼

进上大以后,我们进行过反对帝国主义文化侵略和宗教迷信工作,记得当时我们把这一活动叫作非基督教运动。每个星期天上午做礼拜和晚上基督徒查经活动时,我们的工作组就出动到教堂门口作简短演讲。如果马路上不能演讲时,就参加做礼拜,装作学唱赞美诗并和教友交朋友,一次生,两次、三次后熟了,就和他们讨论问题,宣传反对帝国主义文化侵略的道理。

当北伐军进抵武汉时,上海还在北洋军阀的反动统治之下,他们曾对群众作过造谣诬蔑的反动宣传,什么"共产公妻"之类,各个电影院银幕上也放映反动口号。校里决定要对反动宣传予以反击,我们几个人被派到华德路的万国电影院去进行警告。我们几个人在电影刚完,观众正在

动身出场时,一面散发传单,一面将包好的锅底黑灰打到银幕上去。

记得1926年冬天放寒假时,学生会曾统一布置寒假活动要点,规定回乡后要宣传国民革命的胜利形势,组织农村文娱活动,破除封建迷信,联络并组织小学教师,介绍阅读进步书报等等。

上海工人第三次武装起义时,上大组织了学生军,配合工人纠察队作战。

"四一二"反革命政变的当天下午,中共上大支委立即召开紧急会议,动员全校学生奔赴工人纠察队总指挥部,参加群众大会,提出严重抗议。上大同学和工人纠察队员的鲜血一起流在宝山路上,因此国民党反动派恨之入骨。

过去,我们自己没有固定校舍,直到1927年春天才建成了自己的校舍。

新校舍建筑在江湾镇西面的农村中,这年开学时,通到校里的大路尚未筑好,正值春雨连绵,路上泥泞。但同学们一听到开学消息,就冒雨进校。因为校舍有限,进去四五百人就挤满了。晚到的外地同学,只能分散住到水电路或江湾镇的民房里。

"四一二"反革命政变之后,帝国主义和国民党反动派都说:"上大是赤色大本营,是煽动工潮、破坏社会秩序的指挥机关。"蒋介石特指令当时的淞沪警备司令杨虎和陈群进行"查办"。

记得在1927年的4月份,有一天下午1时,我们正在三楼开学习讨论会,突然望见从江湾镇开来一支穿灰布军装的队伍,以急行军的姿态向上大奔来。学校领导人立即发出紧急通知,全校师生赶快离校,我们一队首先向后门麦田里奔跑,分散到乡间去躲避。我们想知道个究竟,不久再绕道到江湾镇上去侦察,看到蒋匪军仍源源不绝向上大的路上前进。他们全副武装,分作三个梯队前进,想突然包围,冲进学校来收拾我们,可是我们已经大部分撤走了。只有极少数同学午睡未醒,和几位工友被他们抓到了,关在一个小房间里,不许走动。同时下令搜查,把校部办公室、庶务科、学生宿舍翻得极乱。士兵们查不出什么危险品,顺手将同学的钟、表、衣物、被服、书籍、热水瓶等等,一包包用步枪权充扁担,扛到江湾镇上的当铺去典当换钱。

上大被封后,我们都失学了。过了个把月,我们再到江湾去打听,上海大学被改为"国立劳动大学",在江湾车站上钉上一块很大的黑招牌。

我在上大接受革命教育的时间虽然短暂,但在这里却是我一生接受革命锻炼的起点。

羊牧之
# 回忆上海大学

> 这是王家贵、蔡锡瑶等于1980年10月在常州访问羊牧之的记录整理稿,经羊牧之本人审阅。原载王家贵、蔡锡瑶编著《上海大学(1922—1927)》(上海社会科学院出版社1986年版,第96—99页)。
>
> 羊牧之(1901—1999),江苏常州人。1925年9月进入上海大学学习。新中国成立后,历任常州市人大代表,政协委员、常委、专职副秘书长等职。

我于1925年五卅运动以后进上海大学社会学系,彭述之是系主任,1926年暑假前离开上大到中共中央宣传部工作。当时中央宣传部是彭述之负责。

五卅运动时,有段时间我在上海总工会工作,后来准备去黄埔军校,秋白却要我进上海大学。经他的介绍我进了上海大学学习,半工半读,在图书馆工作。半工半读的目的是解决吃饭问题。

我在上海大学读书时,秋白已不在学校任教了。他在1924年黄仁事件后,遭帝国主义通缉,被迫转入地下,从此过地下隐蔽的生活,但他还是经常到上海大学来做报告。他的报告深入浅出,内容丰富,讲得很动人。他做报告,不仅本校学生来听,校外也来许多人,教室每次都坐得满满的。

因我与秋白、张太雷都是同乡,我常到秋白家去玩,有一次见到杨之华,她一身纺织女工打扮,准备到杨树浦去做女工工作。杨之华在女工中开展工作是很出色的,深得女工的信任和尊敬,这是由于她深入女工,关心女工的生活、婚姻、孩子、住房等问题,做许多细致的工作,才能与工人打成一片。只讲空话,工人不会相信。

杨之华对秋白的工作帮助很大,秋白离开了上海大学,但对学校情况非常了解,主要是通过杨之华,当时她还在上大学习。当然上大学生也与秋白、之华有来往。又如五卅时期,秋白编《热血日报》时,郑超麟、彭述之也参加了工作,但主要是秋白,他从写稿、编辑、校对都一个人干,常常通宵达旦。杨之华白天在外面跑,各方联系,了解情况,收集稿子,晚上向秋白汇报、交稿子。

关于瞿景白:我在上大读书时,他已离校,在杨树浦搞工人运动。由于他的鼻子有点塌,是一个明显的特征,经常被捕坐牢。每次景白谈到五卅运动都非常兴奋。他说五卅时被捕关在英租界巡捕房里,捕房的牢房是东西两排,我们在牢房里高唱革命歌曲:"打倒列强,除军阀",这一排唱完,那一排再唱,日夜不息,闹得捕房毫无办法。景白离开上大后,常到学校和我住在一起,每每至深夜来敲门,可见生活不安定。当时秋白住闸北六三花园北面,离校很近,我常到秋白家,也碰到过景白。后来景白也去了莫斯科。在苏联,独伊还在幼儿园,景白有次去看她,还给她买了苹果,自这次以后就未见过面,说是失踪了。景白童年生活很苦,住在瞿氏宗祠,母亲死后一度在常州局前街小学读书,以后去乡下贸庄读书。他姐姐轶群去杭州四伯父家,把他和另一个弟弟坚白一起带去,秋白从莫斯科回来,在上海大学工作时,去杭州带回景白,送他到上海大学读书。

关于于右任校长:挂在师寿坊弄堂口的"上海大学"四字,就是于右任写的。我在上海大学读书时,未见过于校长,听说他不管事,但学校经费他是负责筹备的。学生很尊敬他,他在学生中很有威望。抗战胜利后我曾到南京找他谋事,一次去他办公地点,守卫的不让我进去,我说明我是于院长的学生,来找他谋事的。守卫说,找于院长谋事的人很多。正说着于右任和其他几个人出来,我迎上去说明来意,于校长让我写个条,表示愿意帮助解决。我去找于校长只要求介绍个地方教书,不谋其他工作。

以后我有地方教书了,也就没有再去找他。总的说,于校长为人和善,待学生很好。

关于上海大学的党团生活以及党中央对上海大学的态度:我是在上海大学入党的,介绍人可能是高尔柏。有一次晚上在教室开会,高尔柏从口袋里拿出一块红手帕,往墙上一贴,代表党旗,我们几个人就举手宣誓了。高尔柏为什么会发展我入党?我想可能秋白做了工作。学校中共产党员和青年团员是在一起过组织生活的,每学期次数不多,而且总是在晚上,因当时上海由军阀孙传芳统治,共产党和青年团都处于秘密状态。我在中央宣传部工作时,似乎未听说中央对上大工作有过专门研究,有什么特别的看法。但是上大的许多教师先后在党中央工作,有什么事情很可能他们就直接带下去。又由于上海大学的学生是非常活跃的,而在党中央工作的秋白、张太雷等也都不过是二十多岁的青年人,也是搞学生运动的,这样很自然就会重视上海大学学生这支力量。当时整个革命运动,无论五四还是五卅,学生都是起了很大作用。上海大学党团员又多,贯彻中央精神自然很快,中央也就会重视上大这支力量。以上是我个人的看法。

关于工人夜校问题:办工人夜校是给工人和青年灌输革命的理论和新思想,排除旧意识。我记得高语罕有一次给工人上课说,现在没有真命天子,要说有也是有的,在哪里呢?到天蟾舞台去看。意思是说只有戏台上有皇帝,有真命天子,现实生活中是没有的。我也在工人夜校当过教员,上大很多学生都去夜校上过课,当过夜校教员。五卅运动以后的工人夜校,仍是以总工会为主开办的。我记得经费、房子都是总工会解决的。

关于上海大学在革命斗争中的作用问题:当时社会上说上海大学的学生是闹事的,别校开除的学生,上海大学收进来了。其实当时闹事是搞革命活动,所以上海大学学生比别的学校学生更活跃、勇敢,革命性更强。分配出去散发传单时,到里弄里塞在信箱里,上街故意到小店买东西,放在柜台上;演讲时站在箱桶上;游行时,不管孙传芳马队阻拦,上海大学的队伍总是走在前面,打着一杆白布横幅,写着"上海大学"。在校内也放着一杆红色横幅,写着"欢迎出狱同学",因为上大经常有学生被捕,出狱时打出红色横幅,大家鼓掌欢迎。虽然学生经常被捕,但是大家不在乎,什么都不怕,死也不怕,总有那么一股劲。在师寿坊时,上大附中就在后面,校长侯绍裘,他领导的中学生,每次运动都积极参加,非常活跃勇敢。

陈独秀五卅运动时期在上海:有一次我见他穿一身旧西装,上街东看看西望望,街上的工人纠察队把他当作日本人,双手往后一绑,对他很凶。他说,你们不要打我,带我到总工会去。工人纠察队把他带到总工会,刘少奇、李立三他们见了,都说"老头子来了",这样才把他松绑。他也只能笑。当时都称陈独秀为"老头子"。

关于上海大学补发文凭事:大约是1935年至1936年时,林钧担任景平中学的校长,丁丁、许德良、羊牧之、韩觉民(当时在浦东中学做校长)我们几个人负责上海大学学生毕业登记、补发文凭的工作,当时还印了一个小本子,我们四个发起人在小本子后面署了名。搞这一登记的目的,主要是为了一个学历,拿一个文凭,好找饭碗。许多人没有在上海大学学习过,因此名册上的人有真有假。

阳翰笙
# 回忆上海大学

> 原载《新文学史料》1984年第2期。
>
> 阳翰笙(1902—1993)，原名欧阳本义，字继修，四川高县人。1924年进入上海大学社会学系学习。1925年加入中国共产党。新中国成立后，历任中华全国电影工作者协会主席，政务院文教委员会副秘书长，总理办公室副主任，文化部电影指导委员会委员，全国文联副主席、秘书长、党组书记、常务副主席，中国科学院哲学社会科学学部常委会委员，中国人民对外文化协会副会长、党组书记，全国政协常委等职。

1924年夏天，我到上海大学去插班，插班时不考数理化，考我的题目是"对时局的看法"，是从政治上来考我。我考的是社会学系，当时虽然懂得一点马列主义，但毕竟是很肤浅的，半懂不懂的。像我们那时仅有的一点革命思想，一般青年当时还没有。我考进"上大"当了插班生。这时的"上大"在西摩路的一处公馆里，我们社会学系在时应里的弄堂里。现在谈谈"上大"的简史和情况。

"上大"是1922年秋，正是国共两党酝酿合作的过程中建立的。这个大学开始是办在宋园。为什么叫宋园？因为宋教仁是同盟会会员，他被袁世凯暗杀了，宋案当时很有名，震动了中外。国民党人为了纪念他，修了宋园,并筑了他的铜像。"上大"校长是于右任,国民党的元老,副校长是邵力子,教务长是邓中夏。下边成立三个系,最大的系,学生最多的,就是社会学系,瞿秋白任系主任。还有中文系,另一个就是英文系,系主任是周越然,他的英语当时在国内是很有名的,他当时在商务印书馆《英文周刊》任职。这三个系的教授有:

**社会学系——**

瞿秋白,系主任兼教授,讲社会学,内容是讲马列主义哲学,讲历史唯物主义和辩证唯物主义。

蔡和森,主要讲社会发展史,他以恩格斯的《家庭、私有制和国家的起源》一书做题材编讲义,把社会历史分期讲得很清楚,讲原始社会、奴隶社会、封建社会、资本主义社会和社会主义社会、共产主义社会,还顺便介绍我们读摩尔根的《古代社会》一书。

张太雷,讲英文本列宁的《帝国主义论》。

安体诚,教马列主义经济学,后来他调走了,由李季来教这门课,他以《通俗资本论》(后来译成中文)为基础来讲马列主义经济学。

施存统,讲社会问题,工人、农民、妇女、青年等问题,从马列主义观点来讲。

恽代英,讲帝国主义侵略中国史。

邓中夏,讲工人运动。

任弼石,讲俄文,并经常报告青年运动,因为他在团中央任组织部部长。

萧楚女,讲国际问题,兼做时事报告。

蒋光慈,讲俄文,俄国文学和苏联文学。

这些教授是当时有名的马克思主义者,是党中央或团中央的一些负责人。

**中文系——**

主任陈望道,讲修辞学(记得不准确)。

沈雁冰,讲中国文学史。

蒋光慈，讲苏联文学。

还有董亦湘，教中国文学史，中国诗歌小说之类。

听说田汉还在这里教过一个短时期的学，后来他去搞戏剧运动了，他讲的是戏剧方面的课，我去"上大"时，他还没有去。

英文系教授有周越然、唐鸣时，其他我就不大记得了。

"上大"除大学部外，还有个附中，附中主任是很有名的教育家侯绍裘，是个党员。

事务主任钟伯庸，教务主任沈志远，训育主任高尔柏。

"上大"的校址前后有三个地方，首先在宋园，后来从宋园搬到西摩路，是在英租界，在静安寺路上的戈登路和小沙渡路均可以直接到达苏州河。五卅运动以后，英国巡捕把"上大"封了，限期让师生员工一律离开这个校舍，翻箱倒柜，搞得乱七八糟，后来"上大"迁至闸北的青云路，租了一个弄堂，整个弄堂作为一个大学，三个系都在里面。那个弄堂很大，但很破旧，都是木板房。有人称上海大学是公园大学、公馆大学、弄堂大学。

我到"上大"时，许多同学都是团员，像李硕勋、何秉彝和有些四川同乡、同学。两三个月以后，他们就介绍我入团。青年团是我在四川时就追求的，是在成都时就有的理想，因为他们听说我们在成都时曾自发组织社会主义青年团，觉悟比较高，所以很快就入了团。在社会学系，从马列主义哲学、政治经济学、社会发展史，一直到工人运动、青年运动、帝国主义侵略中国史等等，都是以马列主义为中心进行系统的教育。因此我到了"上大"才知道，以前读过一些马列主义的书，看来都是一知半解、似懂非懂的，实际上就是不懂。到了"上大"，觉得一切都非常新鲜，许多理论和道理是闻所未闻的，所以就拼命地学习、研究。但当时碰到的几个方面的问题很恼火，第一个是瞿秋白讲的社会学里面，唯物论、唯心论；唯物史观、唯心史观；历史唯物主义、辩证唯物主义；量变质变、对立统一等等，搞得一脑袋的名词，虽然讲解了，但不是一下子就能弄清楚，要看很多参考书才能懂得，要理解这门学问不简单，用了许多功，看了许多书，才算初步懂了一点。在政治经济学方面也很恼火，因为我们以前喜欢读国文、历史一类，讲到政治经济学，许多内容又不懂了，什么工钱、劳动与资本、价值价格与利润、剩余价值、空想社会主义、科学社会主义等等，不容易理解，要花很大气力，看很多书。蒋光慈是教文艺的，他讲的是文艺的阶级观、阶级性，讲苏联文学和俄国文学，讲革命与文艺、文艺领域中的阶级斗争等，秋白有时也讲这些问题。

那个时候，"上大"的师生关系，不是讲师道尊严，师生是同志和朋友。我们住在时应里的过街楼上，秋白、存统、蒋光慈都常到我们的住处来，他们一来，我们就把他们围住，提出各种问题，探讨问题，热烈地辩论问题，有时觉得他们的讲法不能理解，就跟他们辩论，争来争去，气氛十分热烈。秋白、光慈喜欢喝点酒，在附近有个小店，卖高粱酒、花生米、豆腐干、牛肉干之类，有时他们去买，有时我们去买，一面喝一面谈问题。杨之华也常来，这时她与秋白恋爱了。有时喝着酒就唱起歌来，唱《国标歌》，唱《少年先锋队歌》，《国际歌》好像是秋白译的，他常教我们唱，师生关系非常和谐亲切。在理论方面我们进步很快，就是因为不仅在课堂上讲，还在下面争辩。

我们不单学习理论，还参加工人运动的教育工作。邓中夏领导工人办起了补习学校，开始时工人补习学校有几种，1924年成立了工人俱乐部以后，大概有三种形式，一种叫工人补习班，主要是识字的，提高文化，因为有许多文盲；二是工人补习学校，参加的人是有点小学文化了，主要是教他们一些问题，在这个基础上办起了沪西工人俱乐部，主要是邓中夏、刘华、李立三、杨之华在里面主持工作。"上大"的党团组织动员党团员参加这项工作，差不多党团员都去教书了，因此不止一个班。俱乐部主要是指挥运动的，女工中最有威望的是杨之华，男工中最有威望的是刘华，比杨之华的威信还高，因为他一直经常在工人中间。杨之华会说上海话，工人听得懂，也有经验，工人的痛苦她知道，还可以用工人的语言来说话，所以工人非常拥护她。另一个叫吴先清的女同志帮助她，她聪明、泼辣。我们满口四川话，就比较困难一些，不过我们教男工的时候多。我自己碰到的问题以后再说。

刘华进"上大"这一段要介绍一下，刘华在五卅运动前是上海纺织工人的领袖，五卅运动后是上海22万工人的领袖，上海总工会的委员长可能是李立三。刘华是四川人，据我知道他的家乡在宜宾，家里很贫苦，

父母双亡,无依无靠。十六七岁时,实在无法生活了,他就在军阀部队里当兵,混碗饭吃,当了一年兵,为军阀当炮灰他不干,就逃掉了。宜宾有轮船可以到重庆,到上海,刘华大概有个亲戚是海员,他就让他想法把自己带到上海去,有一个办法叫"赶黄鱼",就是把人藏在甲板下面,让老板看不见就到了上海,辗转找熟人,他还认识几个字,就到中华书局印刷厂当学徒,一年半以后,他用功常看报、杂志,喜欢探听社会活动的消息。有人告诉他,说有个上海大学,是革命的学校,你最好能进去。他说:"我是个小学生,怎么能进大学?"他们说:"那里不同,听说那里有共产党。"他一听说有共产党,就说:"那我得去找一找。"他就写了一封信给邵力子,介绍他来龙去脉,很想来上学,不知可以不可以,邵把信转给邓中夏,邓很高兴,回了一封信。"你的信收到了,×日你来,我跟你谈一谈。"刘华非常兴奋,来会邓。邓问他:"你做工人不很好吗?"他说:"现在当学徒学不到什么东西,我想学点革命的道理,又没地方学习,听说你们学校是讲革命道理的学校,所以我想来学习。可是,我腰无半文,不晓得我能不能进你们的学校。"邓说:"欢迎你来,你只要想学革命道理,你来就是了。你就到我们大学来听课。"他说:"我怎么能到大学来听课,我是个小学生还没毕业,不能到大学,你们这里有中学吗?"说:"有。"说:"那我到中学来读书吧。你们有什么讲演我来听听。但我很困难,第一没有学费。"邓笑了:"你免了。""还有个问题更没法解决,我没伙食费,我当徒工还有饭吃,来上学没饭吃了,学校不能借给我的饭吗?"邓说:"这倒是个问题,这样吧,你来吧,我们给你想办法吧。"刘华想:"哪有不交学费又不交食费,高兴到大学听课就听课,高兴读中学就读中学,这不行吧。"邓说:"只要你有志气学习革命道理,行,你来,你的伙食费我们想办法。"后来学校看他是个工人,补贴了他的伙食费。而且还说,你需要零用钱,买点牙膏牙刷之类,就告诉我们,我们也可以想办法。我们这里是互助的,师生之间相互帮助,你作为一个特殊的学生,不收你的学费、膳费、书籍费等,什么都不收,必要时还可以帮助你。刘华高兴得不得了。一般人认为刘华是"上大"学生,实际上念的是附中,都是共产党办的。他从附中进"上大"不久,就调到沪西去工作了。

当时团内分配我到沪西去帮助刘华工作,我是1924年秋进去的。在这之前,在邓中夏的领导下,刘华他们已在那里办了工人补习班、工人补习学校(有的人叫工人学校)。一般都是晚上去的多,补习学校有一定文化水平,主要讲些革命道理,识字班教识字,像扫盲一样,从识字中教革命道理。在我去的时候,沪西工人俱乐部已经成立了,主要是听报告听讲演,工运干部直接和工人交谈,俱乐部主要是教育工人培养工人。邓中夏、刘华等经常去。"上大"学生与工人一起谈天,特别是杨之华杨大姐起了很大作用。当时我们去的时候不止我一个人,是一批人。我教的是工人补习学校,与他们聊,并讲些革命道理,开始学生听不懂我的四川话,又有点教条,什么帝国主义呀、资本主义呀,不是工人的语言,他们不懂。有时我问他们什么地方不懂,他们说:啥叫帝国主义、资本主义,啥叫最后阶段、必然灭亡,都不懂。我想这样不行,回来以后总结教训。杨之华说:"这不是给大学讲课,是给工人讲课,大学那一套怎么行?"刘华说:"我过去也碰过壁,你们要注意几条,讲大道理时要说明具体情况,不然他们不懂。比如讲帝国主义,从东洋人如何欺侮中国人讲起,他们就懂了。另外,所有的大道理最好能用上海话说,要深入浅出。三是要耐心,不要发脾气,要和气,不懂就反复讲,不能急躁。要使他们感到你是他们的朋友,好像亲人一样,这样他们才接近你,有了问题才跟你说。"杨之华说:"我的经验是决不能像大学讲课那样,专门名词最好少用一点,什么最后阶段、必然灭亡啦,讲了也不懂,只是自讨没趣。最好是从他们自身的情况谈起,讲切身利益,比如说,讲东洋人怎样对待他们,你从他们自身讲起,他们就感到讲的是自己的事。这样就把理论和实际结合了。讲工人的生活,一步一步地就感到亲切,容易理解。"教了一个多月,碰了许多钉子,摸索了一些经验,我们想了一个办法,先让学生讲,说东洋人怎样虐待你,怎样打你们,骂你们,日本养的特务,监视、欺负甚至侮辱工人。还有拿摩温(女的居多)怎样帮助日本人。工人们讲起东洋人、特务、打手、拿摩温等进厂时搜工人的身,出厂时也搜身,进厂怕带传单,出厂怕偷棉纱,在搜身的过程中,有的坏蛋动手动脚、侮辱女工。工人吃饭时间受限制,只能带个饭盒子,冲点开水就吃,一天工作十二小时不能休息,甚至大小便都要受限制,还动不动就打骂工人。工钱童工每天一毛五分钱,刚刚够起码的生活,女工一天两毛,一个月六块钱。男工多些,一般也不超

过十元,这样要养活一家数口是很困难的,剥削得相当严重。再问他们,为什么这样苦还要做工,不干不行吗?他们又诉说他们的苦:我们都是在农村受了灾,家破人亡,没办法才跑到上海来求亲访友,才进了这个厂当学徒的。有的童工十一二岁就在厂里劳动,找口饭吃,忍气吞声,受苦受难也没办法,无家可归。有的说,我不到十块钱还要养活父母,简直是过牛马不如的生活,但找到碗饭吃,就算好的了。资本家常常骂我们说:"是我们来养活你们,我们开工厂就是为了养活你们,让你们有碗饭吃,我们不开工厂,你们连饭都没得吃。"当时我们向工人讲解,讲资本的剥削,啥人养活啥人,每天我们纺多少纱,织多少布,他拿去赚多少钱,是我们养活他们,他们剥削我们的血汗,这样才讲到剩余价值,才能懂。有的女工在讲的过程中就等于诉苦,号啕大哭。讲他们怎样受兵灾、水灾、旱灾的害,怎样逃亡,在路上千辛万苦,在上海进工厂后受多大的气,说起有些亲人的死亡,就痛哭。这样就慢慢诱导他们讲阶级的团结,说明我们要跟资本家斗,只有团结才行,工会是团结工人的组织,我们一定要争取成立工会。这样讲就懂了,有些人眼泪揩干了,革命情绪高涨起来。我在那里搞了好几个月,一直到1925年2月罢工胜利以后我才离开。我们和工人的感情很深,交了一些工人朋友,顾正红等我们在俱乐部都认识,后来女工也不怕我们了,把我们当成先生或朋友看待。

这两个学期(头一年秋到第二年二三月),白天听理论,晚上在工人中实践。理论联系实际,知识分子与工农相结合,我尝到了这个甜头。不仅是我们教育工人,工人也教育了我们,这就把我们讲堂上的理论具体化了,受到很大教益,不像以前光讲书本的教条,而是有血有肉的,亲见亲闻。秋白、和森讲的理论和这些实际结合起来了。尤其是邓中夏,善于总结,回来做报告也讲具体情况,邓说知识分子和工农结合的作用很大,实际上那时已提出这个问题了。后面我还要讲,还有文件可以证明。

这期间曾发生一件事情,就是和国民党右派的斗争。以戴季陶为首的右派反对孙中山的三大政策。"上大"有个人叫谢持,是同盟会的元老,自认为是孙中山的信仰者,他是"上大"的筹备人之一,有影响,在四川人中也很有影响。"上大"社会学系中四川人很多,有好几十人。其中有十来个右派相信谢,常和我们捣乱。左派有什么活动,他们就想些无聊的办法来破坏，有时在外边吵吵闹闹，或故意打架。当时上海右派的势力很大，他们联系了一些人，常来捣乱。1924年10月10日，上海召开各团体联合起来的国民大会，揭露帝国主义侵略中国的罪行，会议领导权被右派把持，但也有我们的代表，有个广场，有个五六尺高的台子，好像戏台，可以开会，他们把持会议权力，我们就动员许多团体去参加这个会，准备和他们进行斗争，如果他们提出一些落后的反动的主张时，我们就表示我们的意见，我们的代表，如学生总会的代表就可以讲话，或别的团体国民促进会等等，反正是跟我们有关系的代表就可以上台说话，去反驳他们，原来是初步打算，不想，当我们学生总会的代表郭寿华在讲演时，说明我们要打倒帝国主义，打倒封建军阀，而且说明要打倒一切帝国主义，打倒一切反动军阀，讲这个道理时，主席制止他讲话，"上大"的一个学生黄仁就跳上台质问主席，可是，对方也布置了人不让郭讲话，台下边打起来，他们有的是大批流氓，群众质问时他们就动手打，一打会场就乱了，黄仁质问主席，后台就拥出一二十个刺花流氓，把黄仁从台上倒扔了下来，黄仁脑震荡破裂，当时就昏死过去了。我刚进"上大"三四个月时就发生了这事，当时刺激很大。我们就把黄送到宝隆医院医治，医院离"上大"近，很多同学很伤心，我们看黄仁没救了，都很悲愤。早晨黄仁还是活蹦乱跳的人，一会儿就被他们活活地打死了，真叫人落泪！郭寿华也住进了医院。我写的《1921年以来的学生运动的概况》中有一段，就是关于民族精神之觉醒的第二段"从反对一切军阀到黄仁之死"，用几百字记录了这件事。这件事对"上大"的震动很大。我当时因为有别的事没有参加这个大会，但在宝隆医院我还守着黄仁，看到那惨状，心里实在难过，这一血的教训，给我们很深的教育。

现在讲讲沪西工人运动的情况。

由于党的领导，经过半年的教育工作，工人觉悟有很大提高。1925年2月2日在沪西靶场，日本领班把一个童工打得半死，引起工人的愤恨，起来质问领班，双方冲突起来，对骂得很厉害。靶场工人首先起来罢工，经过党的活动（派刘华、何秉彝、杨之华和我在工人中活动），在邓中夏的领导下，几个工厂陆续罢工，支持靶场工人的斗争。

在苏州河对岸有个潭子湾广场，广场上搭了几间茅屋，这是工人运

动领导人集会的地方。2月9日,在潭子湾广场开了上万人的大会。在此期间,在刘华的领导下提出,资本家这样欺侮工人,我们应该组织工会,进行坚决的斗争。在这之前,有的工厂已经成立了工会。这次会上提出要求:不准随便打骂工人,不准无故开除工人,不准侮辱工人;要增加工资;要承认工会有代表工人的权力;资本家应该向工人赔礼道歉。会上宣布成立纱厂工会,希望大家听工会的话,齐心协力团结起来,只有这样,才能取得胜利。会场上,工人们很兴奋,因为有了自己的组织。会后,刘华同工人领袖们在茅屋办公。上海有许多团体,比如学联、商界联合会、国民会议促进会、救济会等等,组织了后援会援助他们,募捐、派代表来慰问,潭子湾很热闹。日本资本家知道罢工一天损失很大,看局势如果不答应工人的条件,也实在没办法,损失越来越大。据估计,这次罢工二十几天,日本资本家损失将近一百万。他们看到工人很齐心,又有十几个社团的支持,报社也支持,没办法,他们就答应了这些条件,而且东洋人在厂里向工人鞠躬道歉。这是从来没有的,工人们兴奋得不得了。3月1日那天,开了规模很大的罢工胜利的庆祝大会,这下子工人的革命热情更高了,而且不仅在沪西,还在杨树浦等地方开展了工人运动。

在罢工中,我们经常去帮助刘华工作。拜访工人家属,说明罢工的意义,写标语和传单等等,"上大"上百名男女学生都参加了这一工作,我也参加了。有一部分人去搞联络、募捐等工作,搞得热火朝天。这次罢工是在党团组织的领导下进行的,具体领导人主要是邓中夏、刘华、杨之华,起骨干作用的是"上大"学生和各厂工人领袖。"上大"学生日夜奔忙,十分辛苦。

3月1日以后,我病了。这时有两个同学李硕勋、刘照黎要到杭州去,他们想趁这个机会赶快自修把功课补一下,要不然就追不上去了。当时"上大"的课程抓得很紧,白天照样上课,你去参加工人运动,回来就得自己补功课。他们劝我一道去,我和团组织商量,他们同意我去。我们三人在3月初到了杭州,每人凑了十来元,共二三十元,买了当时所有的重要的马列的书和文学方面的书,买了两个大藤箱带到了杭州。在葛岭山庄租了三间房住下来自修补习功课。我们三人分了工,我负责买菜,因为我不会做饭。每天我很早就起床,下来买大饼、油条、豆浆和小菜、肉等,买回来以后就没事了,只等着吃。我读书的时间比较多,山上有个初阳台,每天我带上书包、笔记本去那里看书,疲劳了就下来,绕过岳王坟、苏堤再转回来,吃了饭稍休息再去。我们学习进度很快,两三个月时间,把主要的书都读了,写了近十万字的笔记。

5月20日左右,何秉彝给我一封信,说现在书不要读了,斗争很激烈,工作人员不够,许多同学都去参加斗争,各方面都需要人,你们还是快回来吧。这时我们的书也读得差不多了,准备6月初回来。五卅惨案发生,我们6月1日就赶回上海。这时何秉彝牺牲了,我们很悲愤。

6月2日,上海罢市,完全成了一座死城,以前繁华热闹的景象全没有了,这是因为党中央和上海地委领导的工商学界联合的罢工。决定"三罢"即罢工、罢市、罢课。办了许多刊物,准备成立工商学联合会来领导"三罢"斗争。6月1、2、3日继续有人牺牲。我被派到学总会工作,同时筹备全国学生联合总会代表大会。当时斗争很尖锐,英帝国主义完全是有计划、有组织、有预谋地屠杀工人、学生甚至市民。

我们离开上海这一段时间,沪西发生了很大的事件,就是顾正红被枪杀的事件。二月罢工以后,纱厂工人纷纷成立工会,声势浩大。日本资本家感到压力很大,他们集会商议,决定不承认工会,并且想了许多办法勾结英、法租界和军警镇压工人、学生。在内外棉十二厂开除了几十个工人,资方气焰又高涨起来。在刘华、李立三的领导下,十二厂工人开始罢工。因为棉花价高,纱价低,日本资本家就扬言,你们罢工我们不怕,我们要关厂。十二厂工人罢工后,有的厂工人要上工,如七厂,资本家已关掉了夜班,工人要上工,他们要关厂,双方冲突得很厉害。顾正红带领工人冲进厂里质问他们为何不让上工,一个副总大班和顾冲突起来,顾非常气愤地与他们斗争,大班开枪射击顾正红,连开四枪,顾正红受重伤倒在地上,第二天就牺牲了。这使各工厂震动很大,很快工会下令罢工,将近一万人参加。"上大"同学积极参加斗争。上海有三十多个社团支援工人,发表宣言文告、募捐等。

5月24日在潭子湾举行顾正红烈士追悼大会。会上提出"惩办凶手、承认工会"的口号,斗争继续下去。党决定在5月30日到租界示威宣传,"上大"同学组织了好几百人,组成宣传队,连夜搞传单标语等,其他

各社团、各校学生、各厂工人,能动员的都动员到南京路上示威。交大等几十个学校都动员起来了。当天有好几万人到租界里去,到老巡捕房,在这之前,这里已经关了许多学生和工人。当时何秉彝冲在最前面,巡捕头逼他后退,开枪把何等几个人打倒,接连开了几排枪,当时有13人被打死、几十人受伤,群情激昂,这就是有名的五卅惨案。血染南京路。

当天晚上,党中央和上海地委决定号召实行"三罢"——罢工、罢课、罢市,成立工商学联合会领导罢工斗争。工人学生都很积极,各马路商界联合会态度较好,总商会以虞洽卿为首,与帝国主义勾结,不愿意罢市,但又不愿说出来,后来才勉强答应。6月1日,"三罢"实现了,成立了工商学联合会。总商会挂个名,虞不常来,经常派别的人来晃一晃就走。

我从杭州回来后被分配到学总会工作。还有个学联会,也派了许多干部去,同济、交大有许多学生参加。

全上海工人罢工人数有22万多,力量雄厚,海员工会、码头工会的力量都很大。全国各地都支援上海的斗争。英、日帝国主义在汉口开枪打死中国工人,广州发生沙基惨案,这场运动成为全国的伟大运动。我代表全国学总参加了工商学联合会,在西门租了一幢房子办公。我帮助萧楚女办会刊,他主办。是周刊还是三日刊,已不大记得了。我还当记者,当时编辑、记者不分。在学总会我负责宣传工作,筹备第七届全国学生代表大会的工作,很紧张。

6月4日,"上大"被封了。英捕房的巡捕打手、海军陆战队抢占了"上大",他们举着枪驱逐学生,让师生们立即出校。书籍、刊物撕的撕、毁的毁,被褥等被抛在地上。在那种威胁下,师生只好退出来,尽管当时喊口号、对骂,但都没有用处。"上大"在西门借了个学校,临时设了个"办事处"。不久,学校被抢劫一空,几百名学生被驱逐出去,大家一无所有,困难重重,连饭都吃不上,得到了上海各校的支援。后来再搬到闸北青云路一个弄堂里。何被枪杀后收殓尸体的事还要做,还有其他12位烈士的后事也需要料理。"五卅"到6月10日,英、日两帝国主义在上海九次屠杀中国人民,当场被打死60多人,还有因重伤死亡的70多人,轻伤的不计其数。显然,这是英、日帝国主义有组织有计划地阴谋镇压中国人民。五卅运动成为全国反帝斗争的高潮。

何牺牲时身负四伤,惨不忍睹。特别是我们,感到更为悲痛。我们是他写信叫回来的,和他住在一个房间。他是四川人,勇敢、坚决、热情、用功,充满在他的生命中。每次谈话,他都激昂慷慨。何生于1902年,有个弟弟、两个姐姐、两个妹妹。何的弟弟和堂兄从四川到上海来搬运他尸体时,非常悲痛,后来他们积极参加革命活动,弟弟死在监狱,堂兄也在革命中牺牲了。一家三烈士。"上大"同学都很怀念他,激起了大家对帝国主义的刻骨仇恨。何死后还有不幸,我军解放成都前夕,国民党把他葬在郊外的坟都炸掉了。现在还保存着他的一封信。他原是大同大学理工科学生,后来才转到"上大"社会学系,工作一贯积极,无论是工人补习班、俱乐部都很起劲。这时,他曾写封信给父母,说明他为何要参加革命,为何不学理工科改学社会学。由此可看出他坚定的立场和革命的意志。这封信保留在青年出版社出版的《革命烈士书信集》中,他的家属曾把此信给我抄来。他在当时青年中实在是不可多得的,是先进青年的代表。这封信很值得保留和传播。听说在老闸捕房前敌人用枪口对准他,逼他后退。但他很坚决,说不把被捕学生交出来,决不后退。他非常勇敢,死得非常可惜。

这时,"上大"学生在艰苦奋斗。1924年以来,不但在校内活动,还在校外活动,学生分布很广:有的在"全国学总会",筹备全国学生七次代表大会;有的被派往国民会议促进会,这是较大的团体;有的在上海学联、总工会。邓、刘、杨以及"上大"几十个人都是搞工人运动的,同时搞宣传教育工作,还帮助罢工斗争,进行组织、联络、后援等。上海工商学联合会的很多干部都是"上大"的学生。上海还有个救济会,支援工人、学生,也是"上大"的学生在负责。非基督教会(反对帝国主义文化侵略的组织)也是"上大"的。国民党改组后进行国共合作,上海国民党市党部起了很大作用,也有"上大"的学生在其中。国民通讯社、国民日报等政治性很强的组织,也都有"上大"的学生。当时的几十种报纸,也有"上大"学生在活动。几乎是全体总动员参加到社会各方面去,特别是工、学、文化团体中。教职员也积极参加了,如沈雁冰就是教职员联合会的中心人物,陈望道、邵力子等都出去了。连附中的学生也出去了。这个运动起来以后,影响到全上海、全中国,掀起了轰轰烈烈的反帝高潮。有些事

要讲一下:

一件是,工商学联合会的斗争和被封,我们的工作人员被捕。7月中旬,全国学生第七届代表大会召开。工商学联合会提出十七条要求,认为只有这样才能解决五卅问题。当然,这是党领导的。总商会首先表示不同意,私自组织五卅事件委员会,和工商学联唱对台戏,把十七条擅自改为十三条。主要的是把原来一条永远撤退驻沪之英日海陆军、取消领事裁判权等,改为优待工人,承认工人有组织工会、罢工的自由,删去了前两条。上海几十万工人激烈反对。你有什么权利代表我们工会?工会召集紧急会议,坚决反抗,提出不实现十七条决不罢休。总商会宣布6月26日开市,退出"三罢"。各马路商界联合会也跟着动摇了,开市了。上海学生支持工人,不过形势有点孤立了。7月23日,他们就封闭了工商学联合会。现在我还记得,十七条中有这样九条:(1)被捕的中国人,一律送回;(2)惩办凶手;(3)赔偿损失,日公司公开道歉,保证以后不再发生类似事件;(4)中国人在租界有言论集会、出版的绝对自由;(5)订立保护工人的法律,不再虐待工人,工人有组织工会和罢工的自由;(6)撤销增加马桶捐等案;(7)收回租界的越界筑路权;(8)取消领事裁判权;(9)永远撤退驻沪的英日海陆军等。这些都非常重要。

我和李硕勋等十几人被派到全国学生第七届代表大会筹备组工作,筹备全国学代会,我做宣传工作。后来又派我和刘稻薪到工商学联合会工作。7月中旬全国学代会开会,开得很热烈。一个宣言,八个决议,在青年运动历史资料中都保存着。这几个决议案是:

改进学生本身利益问题决议案;

学生组织问题决议案;

反对帝国主义运动决议案;

学生军组织问题决议案(这是最重要的);

反对基督教运动决议案;

关于帝国主义屠杀同胞事件决议案;

援助工人、农民运动决议案;

贫民教育实施问题决议案;

妇女问题决议案。

这些主要是恽代英、任弼时、萧楚女等同志领导的。

上海西门延庆里3号是学总会通讯处,在那里租了好几间房子,公开活动。每天或隔日晚上他们(指恽代英等)就到这里来,处理代表大会的许多问题。我参加了决议案和宣言的起草工作,他们集中力量抓这项工作,经常参加讨论,这些是很有历史意义的。

还有两件事值得谈一谈,一是学生武装问题,一是学生要与工农相结合的问题,这些也很有意义。这是五十五年以前的事情,这个思想是不简单的,写在"援助工人、农民决议案"中,指出学生的先锋作用和桥梁作用,但必须与工农结合才能取得胜利。后来毛主席也在延安提出了这个问题。还有一个兵的问题,有个决议案是组织学生军,重视军事工作,提出全国中等以上学校要组织学生军,以革命手段做好打倒帝国主义的准备。这些思想是由来已久的,不是后来才提出的。毛泽东同志总结了这些斗争经验,提得更明确了。

工商学联的十七条也是反复讨论的,这个联合会有个党组,立三同志负责,并代表总工会来参加,学生方面有我和刘稻薪,学联是梅龚彬,各马路工商会联合会有张静庐(表现比较好),一个卖字画的商人陈协春是个强烈的爱国主义者,邬志豪是个纯粹的商人,但爱国主义热情很高。办公地点在西门,挂起牌子公开办公。出版会刊在另一个地方,萧楚女坐镇。十七条酝酿了好久,代表了工、商、学和中小商人的利益的彻底反帝纲领,与总商会讨论过,他们也同意,总商会是改良主义的,实际是投靠帝国主义、封建军阀的。他们在外边造谣说,十三条和十七条没有原则区别,实际上却根本不同。一个是改良的、妥协的、投降的;另一个是革命的、彻底反帝国主义的。他们提出和英租界谈判,总工会反对,说他们不能代表工人,斗争很激烈。各马路商界联合会也跟着动摇,罢市久了,没有生意做,也受影响,跟着总商会跑。工人比较孤立了,只有学生援助,而学生的力量是有限的,又赶上暑假,有的学生回家了。工人很坚决,后来也不得不采取退一步的政策。总工会表示,这绝不是停止斗争,对帝国主义,我们要坚决斗争到底。正在这时,总商会、帝国主义、封建军阀就来进攻,封闭了工商学联合会。7月23日,奉系军阀邢仕廉封闭了联合会,同时封闭了海员工会、洋务工会。7月21、22日我们就得到消息,党组李立三主持

了一次会,学联、学总、工会在一起开会,讨论对策:我们赤手空拳,只能据理力争,表示反抗。堂堂的联合会总要有负责人站出来交涉,李立三不能出来,工人领袖也不能出来,总商会的人已经跑掉了,剩下的就只有学生代表站出来干。一种认为:我们何必被他抓住,大家跑掉算了,又觉得这个办法不好,堂堂正正地领导几百万人斗争的组织怎么能没人出来呢?奉系军阀是日本的走狗,直系是英国走狗,他们在全国到处杀人,被他们抓走了还不枪毙,何必要去硬碰?讨论的结果,决定还是要有人出来支撑。我是赞成留人的,即使有牺牲也要坚持,否则走掉怎么行呢?我愿意出面交涉,即使杀了也无所谓,我们已经死了六十几人,怕什么!我们是正义的,大家说很好。第二天我和刘稻薪留在这里,是联合会的代表。23日,邢派了一些兵来,还有一个参谋。问"这是工商学联合会吗?""那有牌子你看不见吗?""谁是负责人?""我们这里负责人很多,不过今天他们都有工作出去了,就剩我们在这里。""你是负责人吗?""我是,我是学总会的代表。"刘说也是,有什么话对我们讲吧。那个参谋说:"兄弟代表这个……啊……邢司令到你们这里来有些话要对你们讲。""好,请你讲讲。""现在国际形势这么紧张,上海罢工、罢课、罢市,闹得秩序不好,你们联合会是负责领导'三罢'的,现在商人也不愿罢市了,你们这个会也没有存在的必要了。""为什么没有存在的必要?他们打死我们六十多人,重伤七十多人,这个案子并没有结束。""这个,政府自然要负责。"我们说不能停止活动,我们提出的十七条并没有回答我们。他说:"总商会提出的十三条,英方、日方都正在考虑,政府也派了代表来。""这不行。"他又说:"我告诉大家,'五四'时我也是个学生,兄弟出风头也如诸君一样,你们爱国难道我们不爱国?东洋人、英国人杀了我们中国人,你们痛心,难道我们不痛心?复杂啊,慢慢来。总之我奉命来封闭工商学联合会,没有多少话好讲。你们是不是代表?""是。""是代表,很好,请你们到我们司令部去坐一坐,谈一谈,你们有什么文件统统交出来。"他们翻箱倒柜,士兵把我俩押上卡车带走了。我有个想法,觉得不能退让,估计敌人不敢枪毙我们。可是进去就把我们禁闭起来了,我们一共待了七天,他们一句话都没问,邢没见过面。党中央和团中央都估计形势比较严重,他们可能采取镇压手段,中央要大力营救,也要有适当的方式,用示威等方法不一定合适,要尽量让学生和商人出面。他们又去与总商会协商,希望他们不要袖手旁观,见死不救。他们也想挽回一点声望,也帮助说点话。一百多个团体要求释放我们,写保释书、信,或直接派人去找邢,各地电报雪片般飞来,这样他就不敢放肆了,28日把我们放出来,说:"好,好,你们回去,没有事了。"在这之前,海员工会四千多人包围警备司令部,要求启封爱国团体,营救工人和学生。要立即启封,否则,外国船一律不给开出去,也不开进来,还说要和码头工人联合起来,不卸货。邢怕得罪外国人,所以几天后把海员工会、洋务工会都启封了。组织上把我调回"上大",另外派代表到联合会去工作。近一百天的罢工基本结束后,我回学校了,担任支部书记,参加整顿学校、恢复学校的工作。

"上大"是个特别支部(特支),直属地委,也有团的组织。我1925年转党。前后任支部书记的有韩觉民(代替邓中夏做教务长)、郭柏和(也是四川人,是烈士)、高尔柏和我。

我们迁到青云里以后,变成弄堂大学。房子虽然破旧,但"上大"的名气很大,因而转学来的很多,有的是从北大、清华转来的。增加的人越来越多,就连饭馆、小吃、摊贩也多到青云路来了。这时党的工作很活跃,地委有许多报告会,甚至是党内的,都借用"上大"校舍开,因为"上大"是党的据点,名气很大,党团员多,保护也较容易。党的干部会也常在教室里开,有些群众组织的会议也在这里召开。"上大"成了革命活动的中心。右派也常到这里来捣乱,惹是生非。

经过这场斗争,"上大"损失很大。图书资料要恢复,学生宿舍要安排,教授要调整。秋白调到中央去工作了,李季当了社会学系主任;安体诚调到黄埔军校做宣传部部长;蔡和森也调走了。下半年,代英、楚女都调到黄埔当教官去了。中文、英文系的变动不大。

五卅运动后,大批青年加入党团组织,对党员的教育工作也很紧张。同时调出、送出许多干部,送往总工会和所属工会,还有充实各区的党员干部。郭柏和调到沪西去做区委书记,带去一些同学。其他如学总、学联、国民促进会等都调去一些干部,还送了一些人去苏联。

10月底,地委调我去做闸北区委书记,做了两个月。四五个同志在那里办公,任务很重,海员工会、商务支部,还有大学、工人中的许多工作。

记得有一次参加商务的支部会时还见到了叶圣陶同志。1月份我就被调到广东工作去了。

再讲讲刘华。刘华从1924年起一直在沪西区做工人工作，在支部的领导下，除了上课以外，他都在那里工作。他是中学部的学生，但经常到大学来听课，听帝国主义侵华史、国际问题、时事报告等等。1925年2月罢工时，他就很少回校，特别忙，他吃没好好地吃，睡也没好好地睡，他身体很瘦弱，很多人劝他休息，他不愿意，他们强迫他，他也不休息。后来送到医院去治疗，恢复之后他就急于去工作。过了一段时间，有一天在等电车时被敌人发现了，英捕房的巡捕发现的，把他抓起来（他已改了名字），他们看他不大像，就把他送到北洋军阀孙传芳那里，因为他比以前胖了，所以看起来仍然不像。

后来决定营救刘华，发动群众，组织几十万人示威，要求立即释放刘华，当时工人力量很大，万一搞大罢工就不得了，因此孙传芳还没下决心杀刘华时，上海的大资本家们请孙传芳吃饭，日本领事、英国副领事对封建军阀孙传芳讲上海的治安问题，孙问："上海治安不好，有没有什么问题？"余某说："上海治安要维持下去，就要惩办一些人。"孙问哪些人，他们说，刘华在群众中一呼百应，影响很大，扰乱治安他是头儿。孙说："你们别担心，抓到我这儿就好办了。"不久，刘华被秘密枪毙，这是好久以后才知道的。

五卅运动给帝国主义，特别是英日帝国主义沉重打击，全国革命的反帝高潮掀起来，人民受到很大锻炼，几百万工人、学生卷入斗争，推动了北伐。

"上大"的斗争继续下去，1927年的三次武装起义，"上大"起了很大作用，有许多学生参加，成为领导骨干。如郭伯和领导闸北区，进攻警察局，夺取了胜利，并缴了枪。何洛也是"上大"学生，参加了三次武装起义，带领工人纠察队与军阀战斗，取得了胜利。"四一二"蒋介石叛变时，他们先后被捕，牺牲在蒋介石的屠刀之下，非常可惜。郭和我是中学同学，少年有为，他到"上大"比我早，很快入了团、入了党，做支部书记，后任区委书记，又调往闸北。他被蒋介石抓去以后，受了许多刑，意志非常坚决，牺牲得很英勇。他牺牲后，连尸体都找不到了。他是"上大"领导骨干,三次起义的领导骨干,在周总理领导下进行工作。还有一个四川的有为青年何洛,他是1925年来"上大"的。他有豪气,战斗精神很强,很勇敢,是冲锋陷阵的,受了许多酷刑,终于被蒋介石枪毙。蒋介石不仅屠杀"上大"的革命学生,而且下令封闭学校。在西摩路被赶出以后,上海组织募捐委员会支援学校,后又派了许多学生去广东募捐,捐了好几万元,在江湾修了"上大"校址,就是后来的劳动大学。

"上大"对革命的贡献的确很大,有人问我:"上大"比北大贡献还大吧?我说不能这样比,"上大"培养了许多革命干部,甚至有些是党中央的领导人,比如博古是英文系的,杨尚昆是社会系的,那位替"四人帮"做顾问的康生也是"上大"的呢!现在剩下的不多了,特别是革命阵营中剩下的不多了,因为牺牲了很多。黄仁、何秉彝、刘华、郭伯和、何洛都是学生,教授牺牲的也很多,学生牺牲几十人,这在党的历史上是很光辉的,值得纪念的,在这里我们缅怀他们。余泽鸿在二万五千里长征中,在石达开走过的川滇边那个地方,坚持游击战争一两年,最后弹尽粮绝,牺牲了。我与他很要好。李硕勋后来参加了南昌起义,牺牲在琼崖,这些都是四川人。他们牺牲都五十年左右了,想起来非常沉痛。还有许多和我接触不多的同学,牺牲的也很多,对革命贡献很大。"上大"是党办的大学,党一直在领导这所大学。当时党的组织不公开,有的活动是半公开的,右派知道一些情况,但知道得不多。社会学系成立党小组,学校成立党支部,有书记几人、干事一人。"上大"是我党干部储藏所,党员六七十,团员上百。那时是从团转党,预备期很短,因为革命需要,一般很快就负责领导工作了。

关于"上大"的情况,我就讲上述这些,其中如有不准确的地方,请同志们改正。

(1980年春于北京)

阳翰笙
# 谈二十年代的上海大学

原载《社会》1984年第3期。

上海大学是第一次国共合作时期我党培养干部的第一所革命学校。全校以社会学系为主，学生最多。我是第一期，杨尚昆同志比我们年轻，可能是第三期。

上海大学的校长于右任是国民党的左派，不做实际工作，是挂名的。副校长邵力子当时是中共党员，也是国民党员，是跨党的。教务长是邓中夏。学校有三个系，最大最有名望的是社会学系，瞿秋白是系主任，教员有蔡和森、张太雷、恽代英、任弼时等。当时中央主要负责人都在上海大学上课，他们亲自培养我们。我那时是社会学系的学生，我现在搞文学艺术，实际上我那时是学社会科学的。我写的社会科学的书，是根据我在上海大学的读书笔记为基础编著的。

瞿秋白讲社会学就是讲马克思主义的辩证唯物主义和历史唯物主义的哲学；蔡和森讲的社会发展史就是讲恩格斯的《家庭、私有制和国家的起源》，这本书当时叫《家族、国家及私有财产的起源》；恽代英讲国际政治与国内政治；张太雷讲列宁写的《帝国主义论》(英文版)。除任弼时教的俄文是工具课外，其他人都是讲马列主义经典著作。邓中夏讲工人运动，就是讲工人阶级与资产阶级斗争的历史，讲十月革命和巴黎公社的情况，讲各国革命运动和中国工人运动史。以上课程对我们的启发很大，他们的学术水平都是第一流的,而且又是党中央的领导人,各方面的水平都很高。以上这些老师,后来大多数都被国民党反动派杀害了,所以现在想起来都很难过。

社会学系还有一些特点,校外党的干部和积极分子在上海大学做旁听生的很多,一有报告会,他们都来听讲,教室里常常坐得满满的。

中文系的主任是陈望道,当时也是共产党员,他讲的课是俄国革命文学。只有英文系的系主任周越然,是商务印书馆的英文部主任。英文系也出了很多人才,如秦邦宪(博古)就是英文系的学生,后来到苏联去留学。上海大学的社会学系主要是学马列主义经典著作,其他系也都受马列主义的影响,所以当时上海大学的社会学系是最活跃的,人数也最多。

副校长邵力子是很忙的,他当时一个任务就是随时到法庭去出庭,他不仅是国民党的中央委员,而且在上海很有名望,如果上海大学的学生和教职员被捕,他就去法庭和人家辩论,不许敌人拷打折磨他们,他去打官司把这些人保出来,做了许多营救工作。《民国日报》是他负责的。毛主席在上海住在环龙路44号,这是国民党中央执行部,毛主席当过国民党的中央委员,与国民党左派在一起,在上海管过一个时期的《民国日报》。

邓中夏不仅在课堂上讲马列主义,而且还带着我们学生到工人中去开展工人运动。从小沙渡、潭子湾到苏州河对岸有日本内外棉纱厂,也有中国资本家的棉纱厂,苏州河两岸都是工厂区。我们就在邓中夏领导下和刘华同志一起搞工人运动,我们帮助办工人夜校,上海大学的学生轮流到工人夜校去教书。

关于刘华,他是四川人,是上海大学附中的学生,他很谦虚,说自己程度不够,不愿进大学,但实际上他在大学听课,他除听课外,就在邓中夏领导下搞工人运动。有名的烈士顾正红,就是刘华领导1925年二月罢工中发展的党员,刘华也是上海大学学生,是"五卅"运动后牺牲的烈士之一。

我们这些学生在罢工时期帮助工人写传单、写标语、写口号,并且还教工人自己写。我们与工人结合得比较早。我们这个班开展工人运动最突出的是杨之华大姐,五卅运动时期曾做过全国总工会的女工部部长,是工人运动中妇女的领袖,她后来是瞿秋白的爱人。

总之,学校一方面在课堂上讲马列主义,从理论上武装我们,另一方

面又引导我们理论与实际相结合,到群众中去开展工人运动、学生运动,在实践中锻炼我们。

当时上海开展了许多运动和成立了许多组织,党都把上海大学的学生调去担任这些组织的骨干和领导。如五卅运动时期,任弼时是团中央的负责人,负责青年运动,他让上海大学学生会推派李硕勋、何成湘和我为代表去参加全国学联的工作,所以全国学联主要是上海大学的学生占领导地位。党通过全国学联领导全国学生运动,实质上也是全国的青年运动。上海学联也是上海大学的学生占领导地位,高尔柏、梅殿龙都是上海大学的学生,又是上海学联的主要负责人。

五卅时期,上海二十万工人起来了,各行业都成立了工会,需要干部,这时党就从上海大学调学生去工作,去当干部。在上海革命工作需要干部时,上海地委就从上海大学调人,包括教师和学生,因为上海大学的学生有文化水平,有理论水平,又有实际工作经验,所以在当时上海革命斗争中非常活跃,重要的革命组织都有上海大学的学生。那时我是上海大学的党支部书记,干了几个月就调我到闸北区委任书记了。在闸北区委干了几个月,党又调我去广东。

上海大学的学生是无所谓毕业不毕业的,我在那里学了约两年,是学习时间最长的,有的同志学习时间很短,由于党的工作需要就调走了。

当时上海大学的学生,党是向两方面输送的:一方面就在上海范围内工作,一方面调到全国各地去工作,去各省、市负责一些工作,还有一部分送到苏联去继续培养。如秦邦宪、张琴秋就是从上海大学去苏联中山大学学习的。王明也在上海大学听过课,他的老婆孟庆澍是上海大学学生,王明常在上海大学跑来跑去。总之,哪里需要干部就从上海大学调学生,所以上海大学成为当时我们党的干部"储蓄部"。

五卅运动中,上海大学为什么能起这么大的作用,是因为上海大学的干部多,在工人运动、学生运动包括工商学联合会都有上海大学学生参加工作。五卅运动时几乎全校师生员工都参加了,5月30日示威游行那天,我的同班同学何秉彝(四川人)冲在最前面,在老闸捕房就是旧上海的先施公司那里,英帝国主义巡捕开枪打死了十多人,许多人受伤。这次斗争第一个倒下去的就是上海大学学生何秉彝,后来我们同学一面跟帝国主义分子斗,一面就把尸体运走。

5月30日游行示威,是抗议日本帝国主义打死工人共产党员顾正红,这天游行示威时英帝国主义开枪打死上海大学学生何秉彝等以后,反对日本帝国主义的运动就变成主要反对英帝国主义。

在五卅运动中,工商学联合会出了一份日报《工商学会时报》,萧楚女做总编辑,我做他的助手,另外还有几个同志帮他的忙。当时工商学各界消息很多,这份报很活跃。

国民党的元老派中,于右任是左派;谢持是右派,是西山会议派,这个人对上海大学不放手,他干涉上海大学问题。上海大学在校内就是何世桢,何的背后就是谢持。他们起了很坏的作用。1924年到1925年是谢持起坏作用,以后是何世桢。谢持是国民党元老,有一定的势力,他们在学校中拉学生,特别我们四川人在上海大学学习的很多,被他们拉去了男女学生一二十人。这些家伙在我们开会时,冲我们的会场,拿石头把玻璃砸烂,喊反动口号,叫嚷"打倒共产党"。当我们追出来要与他们打时,他们又跑掉了。这些人实际上是一些破坏分子,我们在学校里经常与他们打架。

后来,在"四一二"蒋介石叛变后,何世桢接管了上海大学。

上海大学的国民党右派,是以何、谢为首,下面也有人,上海大学学生有一部分是被他们拉去的,特别是华侨。但是华侨学生中也有很多好的,也有共产党员。斗争是很尖锐的。

1921年10月10日上海各公团在天后宫开"双十国庆节"十三周年庆祝大会,大会的筹备工作被国民党右派所篡夺。上海大学的国民党右派何世桢、陈德徵(附中主任)参加主席团,他们受帝国主义走狗安福系军阀的指使,企图在大会上作拥护卢永祥反对齐燮元的宣传。他们怕全国学联及各革命团体出席演讲,揭穿他们的阴谋,因此,事先组织了大批化装暗探、刺花流氓到场埋伏。当上海大学学生散发革命传单,全国学联代表郭寿华演讲时,主席台上的右派不许演讲,流氓上台打郭寿华,这时郭伯和(四川人,和我也是中学同学)与黄仁见流氓行凶,上台责问主席团,郭寿华和黄仁被流氓从七尺高的台上踢下来,结果二人受重伤,后来黄仁伤重抢救无效牺牲了。这是上海大学学生死于反帝反军阀斗争的第

一位烈士。

上海大学学生中四川学生多的原因,是因为当时四川军阀混战很厉害,农村经济濒于破产,知识青年简直没有出路。到军阀中去当政客,多数人不愿意。青年人有一个革命的要求,由于受了五四运动的影响,都想寻求革命的道路,大家都往上海跑,一看上海大学是革命的学校,所以其他学校都不进,都愿进上海大学。而且上海大学也很容易进去,先问你的家庭出身、经历、干过什么,越穷越苦的学生越要收,读过中学、毕业和没有毕业的都要,有时也考一下国文、历史或写两篇文章。我是1924年暑假后进上海大学的,当时是邓中夏考我的。关于历史,我对近百年史很熟,语文也不错,我写了一篇论文,他们很欣赏,因为我在北京时,陈毅同志就介绍我读了《共产党宣言》,还读了一些其他马列的书。那时我和其他青年一样,有革命的热情,也有革命的思想,所以让我进了插班,是上海大学社会学系的第一班。我们进上海大学后,又把该校的情况介绍到家乡,告诉他们要革命就到我们这里来。四川人到上海要考学校,我们就劝他们进上海大学,不要进帝国主义办的教会学校,所以四川人进上海大学的很多。

这个学校的校址,据我所知有三个:第一个是宋园,即国民党的元老宋教仁被刺牺牲后,在上海建立一个公园纪念他的地方。第二是英租界西摩路的一个公馆。五卅运动学校被英帝国主义赶出英租界后,就迁到闸北区青云路。五卅运动后,帝国主义看到上海大学有这么大的力量,革命影响这么大,在五卅运动中上海大学又起这么大的作用,就把上海大学赶出租界。那次我们被赶得很惨,桌椅板凳书籍都丢在马路上,说滚蛋,滚出租界。学校当局负责人与他们交涉,都不行,还是要马上走。那次主要是东西打得稀烂,没有抓人。我们被赶出租界后,又搬到闸北区一个弄堂里去读书。当时萧楚女有两句话形容我们这个弄堂大学,说"晨听马桶音乐,午观苍蝇跳舞",由此可想而知,是个什么弄堂了。其实哪里知道,上海大学的特点就在这里,这里有上千的学生,这是革命学生运动的中心。

阳翰笙
# 张太雷在上海大学

> 选自阳翰笙《忆我的良师益友张太雷同志》(载《回忆张太雷》,人民出版社1984年版,第44—47页)。题目为编者所加。

我最早见到张太雷同志,是1924年在上海大学。

20年代初,我受五四新思潮的影响,在成都参加学生运动。后来在恽代英同志启发教育下,进一步认识到只有党、只有社会主义才能救中国。为追求真理,1923年秋天,我到北京投考大学,但没赶上考期。次年夏天,有同学从上海来信介绍上海大学的情况,并热情鼓励我:"要革命,你就到上海大学来!"我兴奋极了,马上束装南下,插班考上上海大学社会学系二年级。

上海大学是第一次国共合作时期中国共产党培养干部的学校。当时学校分三个系,即社会学系、中文系和英文系。我们社会学系的系主任是瞿秋白同志。党对这个系非常重视,派蔡和森、恽代英、任弼时、安体诚、施存统、李季等人在这个系担任教授。我第一次见到太雷同志,就是在这里。

太雷同志是中共最早的党员之一。他在国共联合战线建立后,于1923年8月参加孙逸仙博士代表团去苏联考察,后留在苏联工作过一段时间。1924年夏天,他回到上海,在团中央任负责工作,并任上海《民国日报》主笔和社论委员。他在上海大学担任的是英文课。

我们听说太雷同志要来给我们讲授英文,都很兴奋。太雷同志的名

字我们早就听说过,我们又常常读到他发表在《向导》上的文章。这些文章短小精悍、文笔流畅、理论性、逻辑性强,与现实斗争结合十分紧密,有很大的煽动性。我们又听说太雷同志英文特别好,猜想他一定会介绍英国文学或者别的如散文、诗歌方面的东西,像狄根斯的小说或雪莱的诗。万万没有想到,教务处通知,让大家准备的教材是列宁的《论帝国主义》(即《帝国主义是资本主义的最高阶段》)。这对我来说,真是喜出望外。我那时虽然是大学生,已经入了团,但对帝国主义的本质从理论上认识不深。我们知道太雷同志对马列主义造诣很深,所以他来讲授列宁的名著我是特别高兴的。

我第一次见到太雷同志是在课堂上。他那时才26岁,长得很清秀,彬彬儒雅,戴一副近视眼镜,很有学者风度。他英文说得流利准确,讲课文时总是先用英文讲一遍,再用中文加以解释,把英文难懂的地方向我们认真解释清楚,给学生的印象很深。太雷同志讲课时慢条斯理,从容不迫,毫无剑拔弩张的样子。他讲课说理透彻,观点分明,富有说服力。他从理论上分析帝国主义的实质,阐明帝国主义必然灭亡的命运,特别是举出当时声势赫赫但外强中干的英帝国主义为例,分析其基本矛盾和不可避免的前途。

太雷同志名义上讲的是英文课,但课文本身花的时间并不多,因为我们的英文都有一定基础。他讲完课文后,结合我国的现实斗争,谈当前的阶级斗争,谈政治上、组织上的重要问题。他向我们指出帝国主义特别是英帝国主义的反动本质,分析它们如何利用中国的封建军阀瓜分中国的情形。他说:帝国主义侵略中国常常通过军阀政客,转弯抹角地进行。特别是直系军阀和奉系军阀,更不能轻视,因为它们背后有英、日两大帝国主义,它们有几十万军队。对于国民党右派,帝国主义也是在打主意的。革命力量究竟如何呢? 有了广东这块根据地当然很好,国共合作实现后,解决了陈炯明,消灭了杨、刘,取得很大的胜利。但从全国的力量来看,革命力量比敌人要弱,仍处于劣势。所以要大力发展群众的革命力量,在工农运动、学生、知识分子和国民党左派中都要发展这种力量。

太雷同志对国共合作统一战线(当时叫联合阵线)有卓越的贡献。他在讲课中反复强调,为了反帝反军阀,联合战线非建立不可。我们当时对国民党的印象不好,认为他们多是一些官僚政客,特别是不愿意当"跨党"的党员。太雷同志指出,和国民党必须联合,无产阶级与资产阶级、小资产阶级的联合阵线必须建立。他要求上海大学的学生,要积极支持国民党的工作,如为《民国日报》写稿、当记者,还有许多以国民党名义办的机关如国民通讯社等,我们不去干就给右派占领了。当然,我们加入国民党,一定要保持政治上、组织上的独立性。不要给一些官僚政客腐蚀了、同化了。一定要保持无产阶级的党性,组织上是共产党员,政治上是共产党的政治。太雷同志对孙中山先生很崇敬,认为中山先生是一位伟大的革命家,我们应当与他合作,帮助他做国民党的工作。太雷同志强调指出:应当大力支持、发展国民党左派的力量,这是当前最主要的任务。左派越多越好。左派的标志就是三大政策,要帮助左派提高斗争水平,占领阵地。太雷同志这些真知灼见的主张,给我们以深刻的教育。

太雷同志每星期给我们讲两次到三次课,每次讲两个钟头。他非常善辩,喜欢与同学讨论问题,师生间建立了争论的好风气。我们不理解的问题就提出来,请他回答。他总是用启发式的教育方法,与大家展开讨论。有时有的同学认为他的说法不对,就与他争辩。他总是和颜悦色,从不急躁和生气。有时别人讲了错误的意见,他只是笑一笑,循循善诱地指出学生看法上的错误,叫人心服口服。

太雷同志和我们相处得十分融洽。他在讲台上是我们的良师,下课后又是我们的朋友和亲密无间的同志。太雷同志工作很忙,但总是抽时间到学生中来,与大家交谈,和我们坐在一条板凳上促膝谈心,有时还到同学们的宿舍里去看望大家,我们都乐于和他接近。

# 杨尚昆
## 从上海到莫斯科

> 选自杨尚昆著《杨尚昆回忆录》第二章"从上海到莫斯科"中的"初经风雨"(中央文献出版社2001年版,第17—22页)。
>
> 杨尚昆(1907—1998),四川潼南(今属重庆)人。1926年加入中国共产党。同年5月进入上海大学学习。新中国成立后,历任中共中央副秘书长、中央办公厅主任、中央军委秘书长、中共广东省委第二书记、中共广州市委第一书记,中共中央军委常委兼秘书长、中共中央军委常务副主席兼秘书长、中华人民共和国中央军委副主席、中共中央军委第一副主席、中华人民共和国主席。杨尚昆还是中共第八届、十一至十三届中央委员,中共第十二、十三届中央政治局委员,第五届全国人大常委会副委员长兼秘书长。

1926年5月下旬,我和邹进贤等到达上海。

上海,高楼摩天,黄浦江上米字旗、星条旗和太阳旗在军舰上迎风乱舞,帝国主义者称是"冒险家的乐园",内地人管它叫"十里洋场"。我们身着夏布长衫,满口浓重的川调,在这里显得很"土"。

和上海大学的党组织接上关系后,我们就住进闸北青云路师寿坊的学生宿舍,和四川籍同学左书雅、刘希吾住在一起,左和刘是党员,后来都被选派去莫斯科中山大学学习。上海大学是孙中山先生创办的一所

"培养建国人材"的学校,校长是国民党元老、老同盟会员于右任,实际管理学校的多是著名的共产党人。教务长兼社会系主任是瞿秋白,总务长(又称校务长)是从事工人运动的邓中夏。中国文学系主任是翻译《共产党宣言》的陈望道。教员中有许多共产党员、国民党左派和学术界名流。它和广州的黄埔军官学校一起被称为"武有黄埔,文有上大"。在五卅反帝爱国运动中,上大的师生和租界的武装巡捕英勇搏斗,更提高了学校的声誉。

我到上海时,上大的入学考试期已经过了,只能作为试读生,但党的关系却就编入上大特别支部的小组,参加一些社会活动,党小组长是康生(赵容)。这时,正逢五卅运动一周年纪念,上大的学生酝酿着罢课和组织纪念活动。校内气氛紧张,没法上课。我在社会的大课堂里,却接受了两堂"政治课"。

第一堂是租界巡捕的警棍。

5月30日那天,上海各界以罢工和召开群众大会纪念革命的节日,我到南市华界去参加群众游行。这一天,租界当局戒备森严,特别是老西门一带,拦着一道铁丝网,把租界和华界隔开,其间堆着沙包。参加游行的人分散穿过租界,准备到华界的豫园去参加集体行动。谁知靠近老西门时,工部局的巡捕和军阀政府的警察,抢起警棍,劈头盖脑地打来。我措手不及,脑门上挨了一棍,鼓起了一个大包。人群被打散了。第二天,报上刊登,上海有7万工人罢工,并联合各界群众及学生举行五卅纪念大会。

第二堂课是军阀孙传芳的木笼。

在师寿坊的宿舍里,我得知有许多从四川来的进步青年:重庆女二师的廖苏华(竺君)、李伯钊,廖的哥哥廖划平是莫斯科东方大学的留学生,在全国总工会工作;在全国学联的有中法中学的郑鼎勋,他是交大的学生,全国学联主席;余泽鸿,后来长征时四渡赤水,在川黔边的古蔺牺牲了;还有后来改名阳翰笙的欧阳继修。10月5日,我随邹进贤到国民通讯社看望他的老乡。国民通讯社在闸北上海火车站附近,是广州政府办的。这时,北伐大军快打到武汉了,控制东南五省的军阀孙传芳加紧镇压革命党人。我们刚走进国民通讯社的门,突然来了一群警察查封通讯

社,在场的人全被押上囚车,解到龙华附近的淞沪警察厅。一路上,邹进贤教我准备好口供。后来才知道,这一天全国学联同时被查封。第二天,国民党上海市党部也被查封了。

到警察厅后,搜过身,问了姓名,就被关进旧式拘留所的木笼里。它三面是墙,一面是木栅栏,里面不见天日,泥土地上坐着一伙蓬头垢面的人,汗味、屎尿臭熏得令人作呕。对面的木笼里关的是女犯,阴暗中,我辨认出六妹的同学李伯钊,她才十五六岁,是重庆女二师学生运动的骨干,时常到我家来找六妹。因为有看守在,我们没有打招呼,只是隔着木栅交换了一个眼色。一两天后,过堂了。狱警问我究竟是什么人,从哪里来的。原来,他们从国民通讯社的花名册上找不到我们的名字。我们回答:我们刚从重庆来到上海,到通讯社来找老乡,本来就不是他们的人,你们搞啥子名堂嘛?这才花了30块大洋,让我们交保释放。出来后,我把李伯钊被捕的消息告诉在上海大学的廖苏华。她说:李伯钊是在浦东的工人区担任平民夜校的教员,共青团组织正在通过济难会营救她哩!

我曾经阅读过《共产主义ABC》这本书,到上海后的这两堂政治课,是我通过亲身经历了解了帝国主义和封建军阀统治的ABC。

大约是8月间,吴玉章同志来到上海。他通知我到法租界一家医院里去见他。吴老病了吗?我如约到了医院,只见他西装革履,打扮成一个富有绅士的模样。他见了我,笑着说:"我没有病,住在医院里是为了躲开孙传芳的密探。"他要我替他买一张到广州去的船票,指定要法国邮轮的头等舱。他在上海逗留的时间很短,除我以外,没有接触别的人。这一切安排,都是出于安全的目的。因为他当时在国民党内担任中央执行委员,国民党二中全会时任秘书长,是军阀的眼中钉。后来,我在延安时,读了吴老的自传,才知道他此行是为了联络国民党的左派,和蒋介石的独裁行为作斗争。不久,北伐军攻下武汉后,国民党召开执监委联席会,提出了"党权高于一切"和"党内民主"的口号,就是反对蒋介石搞独裁的。这时,我恍然大悟,自己是在上海再一次为吴老完成了"秘密交通"的任务!

上海大学,党的组织生活很严格。每逢星期六都要开一次党小组会,由组长讲形势,每个党员都要汇报自己在这个星期读了什么书,有什么缺点、检查小资产阶级习气、是不是无产阶级化了、在斗争中是否勇敢等。那个时候倒是受了点训练,要保守秘密,要绝对服从党的组织。随着北伐军所向披靡的进军,我们散发传单的任务日渐增加,内容是传送捷报,号召群众迎接北伐军等。原先的方法是每人每次20张,到闹市区向行人散发,或者提着浆糊桶,一张张地贴。后来改进了,或是放在商店的柜台上,敲两下就走开,或是先刷好浆糊,往墙上一粘,扭转身就走。

北伐军向九江、南昌进军时,上海工人准备发动武装起义。党组织指派我去参加训练工人自卫队的工作,地点在南市的一个仓库里,因为仓库里平时没有人。我的任务是向工人自卫队讲武装起义的意义和目的。另一位从黄埔军校学习回来的同志讲武器使用和战术动作。我们虽然互不相识,但都为着同一个目标奋斗。训练工作从10月中开始。24日,指挥部下达动员令。这次起义没有成功,原因是时机早了一点,组织准备不充分,国民党方面的负责人钮永建原定拉出1 000多人,结果只到了百把人,大家说他是"卖空买空";资产阶级的负责人害怕工人起来,又临阵退缩;工人自卫队的组织和训练也不够好,原计划有1 000多人,结果到了300多人,而且武器不到位,到手的还有一部分不能用。陈独秀因此说,这次是"军事投机"。上海区委书记罗亦农说:这是暴动的第一幕,因为我们幼稚而没有成功;最大的教训是过高估计了资产阶级的力量,他们终究不能做革命的主力军;下一次暴动,一定要建立在工人阶级自己力量的基础上。

在上海工人准备第二次武装起义的前夕,党组织通知我到莫斯科中山大学去学习。这时,广东政府也在有计划地选派学员。不久前,出狱后的李伯钊到上海大学来向廖苏华告别,我见了她,关切地问她是怎么出来的?她说,你们出狱后,中秋节那天,看守人员通知我说我表兄来探监。她被押出去会见时,只见来人提着一盒月饼,张口就说:表妹,你受苦了,"家里人"都很着急,正在设法救你出去。伯钊在上海没有表兄,但她意识到这是组织上派来和她联络的同志。过了几天,她也被开释了。团委书记贺昌告诉她:"组织上花了两百块大洋,才打通了警察厅的关节,把你保出来的。"贺昌还通知她说,共青团组织已决定送她去莫斯科学习。一天晚上,廖苏华和我们雇了一辆车,把李伯钊送到黄浦江畔的小舢板上,

驳运到去苏联的邮轮。她比我走得早,是上海的共青团组织提名选送的。我是中共重庆地委提名,经广东政府同意选派的。和我同一批共十多人,由四川提名的还有左书雅、刘锡吾等。

  我们坐的是苏联的货轮,但挂的已记不清是丹麦的还是荷兰的旗子。上船的人,男的住在货舱里,女的住在驾驶舱旁的一个舱里,不许在甲板上走动。到了公海,他们说没有关系了,挂上苏联国旗,大家也可以交谈了。船在日本长崎加了煤和水,但大家没有上岸。以后到海参崴,国际交通局派人接我们到五一俱乐部,住了几天,又改乘西伯利亚铁路的列车,冒着严寒,奔赴遥远的莫斯科。那列火车没有餐车。每人发一个木箱,里面有黄油、罐头、面包等。说是够吃到莫斯科的。一路都在下雪,雪一大火车就停下不走。那一箱东西,在路上冻硬了,只能用开水泡了吃。

杨之华
# 熔炉

> 选自杨之华著《回忆秋白》第一章"熔炉"（人民出版社1984年版，第1—14页）。
>
> 杨之华（1901—1973），浙江萧山人。1924年1月进入上海大学社会学系学习。新中国成立后，担任全国妇联副主席、中华全国总工会女工部部长。1962年在中共八届十中全会上当选为中央监察委员会委员、候补常委。

我和秋白是在上海大学认识的。那是将近40年前的事情了。

我原是浙江女子师范学校的学生，当时想做一个教员，对社会略尽自己的一份责任。五四运动的革命风暴，使我睁开了眼睛，第一次接触了政治，从国内外反动派压制和诬蔑学生爱国运动的事实中认识了敌人的面目；同时受到传播社会主义思想的上海进步刊物——《星期评论》的影响，我的思想起了变化，再也不愿死读书、读死书了。那时听说星期评论社要组织一批青年去苏联学习，我就满怀热望到了上海，但结果没去成，就留在该社工作。1921年春，该社被封闭后，我回到萧山家乡，与浙江第一师范的进步青年宣中华等办农村小学，做农民工作。1921年底，农民李成虎组织了减租的斗争，但没有成功，李成虎被捕后死于狱中。在这次斗争中，一批教师受到了教育，我和宣中华参加了中国社会主义青年团。

我的思想有了进步,就一心想摆脱家庭的束缚,参加革命。后来,听说上海有一所上海大学,是共产党培养革命干部的学校。这个消息像一线曙光,给我带来了希望,我决定去投考上海大学,于是又到了上海。

1923年寒假中的一天,我愉快地走进了闸北青云路庆云里。来投考的男女青年,已经把这座破旧的里弄房子挤得满满的了。我挤进人丛,找了一个空位子坐下来。坐在我身旁的,是一位和蔼可亲的姑娘,后来知道她就是张琴秋同志。从大家兴奋的谈话中,我知道投考的学生来自全国各地。他们当时抱着各种不同的志愿,但是后来很多人都成为我们亲密的同志和战友。

上海大学是在当时国共合作的局面下,由中国共产党和国民党联合创办的。校长是于右任,实际负责人是邓中夏和秋白,秋白任教务长。学校分三个系:社会学系主任由秋白兼任;中文学系主任是无党派民主人士陈望道;英文学系主任是国民党右派分子何世桢;三个系主任代表着三种不同的政治倾向。而学生们的思想和成分就更复杂了,有共产党员、社会主义青年团员,有国民党员(左、中、右三派都有),有国家主义派,有无政府主义者,也有不问政治的人。这个学校简直是当时社会的一个缩影,政治上和思想上的斗争很尖锐。校内共产党和拥护共产党的力量不断增长。上海大学就成为我们党的一个革命据点,成为一座锻炼革命青年的熔炉。

我在社会学系学习。这个系的学生占全校学生的半数以上,起初有五十多人,后来增加到四百多人。他们大部分家境贫寒,政治上倾向革命。

我很喜欢这个新环境,特别是那些可敬的良师和亲密的同志。他们在我心中留下了不可磨灭的印象。邓中夏同志是学校的总务长,经常在办公室里认真地工作着。他的头发很黑,眉毛又浓又长,眉心很宽,当他抬头看人的时候,两眼炯炯有光。他和同学们很亲近,常常给我们讲李卜克内西、卢森堡等共产党人的革命故事。名义上,学校的校长是于右任,代理校长是邵力子,但在实际上,一切校务都由中夏同志具体掌管。张太雷同志愉快活泼,教我们的政治课。蔡和森同志严肃庄重,讲授恩格斯的《家庭、私有制和国家的起源》。恽代英同志和萧楚女同志是出色的宣传鼓动家,分析问题一针见血,讲起话来诙谐幽默,常常引起同学们的哄堂大笑。这些教师的年纪和同学们差不多,甚至比有的学生还年轻些,但他们讲课时知识渊博,在政治斗争中机智勇敢,所以他们在学生中威信很高,成为同学们学习的光辉榜样。

我和秋白的初次见面,是在1924年1月间。那时,秋白讲授的课程是社会科学概论和社会哲学。老同学们告诉我,大家都很喜欢听秋白讲课。老同学向我形容秋白讲课时的情景说:"在青云路上海大学旧校址上课时,人都挤满了。房子陈旧,人多了,楼房振动,似乎要倒塌下来,但是人们还是静静地听,一直到下课为止。"

当我听秋白讲课时,学校因学生增加,原校舍不够用,就从闸北搬到了西摩路(今陕西北路)敦厚里。秋白讲课的地方是一个最大的课堂,但我一到那里,就觉得这个课堂太狭小了,窗外和门口都站满了热情的听众,其中除了社会学系的同学,还有中文学系、英文学系的学生,有时上海其他大学的党团员和积极分子也来听课。课堂里的气氛很活跃,同学们亲切地谈着话,愉快地笑着,直到秋白从人丛中挤进来,安详地走上讲台,大家才肃静下来。那天,他进来的时候,穿着一件西装大衣,拿着一顶帽子。他的头发向后梳,额角宽平,鼻梁上架着一副近视眼镜,跟他的脸庞很相称。他站在讲台上,亲切地微笑着,打开皮包,取出讲义和笔记本,开始讲课了。他的神态从容,讲话的声音不高,但站在课堂外边的同学也能够听到。

秋白讲课的习惯,是在上课之前,先把讲义发给我们,让我们预习,到讲课时,不是照着讲义念,而是在讲义的基础上补充了很多活材料。由于同学们的水平参差不齐,为了使大家都能听得懂,他引用了丰富的中外古今的故事,深入浅出地分析问题,把马克思列宁主义的理论和当前的革命斗争密切结合起来。

当时在上海大学也有国家主义派分子的活动,他们欺骗了一些青年。不少进步同学虽然知道国家主义是反动的,但说不出所以然来,对那些受骗的同学进行教育时就缺乏说服力。因此,同学们向秋白提出了很多问题,要求解答。秋白就在讲课时,或者在党团员积极分子会议上,根据马克思列宁主义的原理,针对国家主义派的言行,详细地剖析了国家主义的

反动性和虚伪性，阐明了国家的起源及其作为阶级统治的工具的实质，列举事实揭露那些国家主义的"醒狮"派（他们出版的刊物名为《醒狮》）头头，只是一小撮受国内外反动派豢养的狮子狗，他们狂吠"外抗强权，内除国贼"，是企图以此蛊惑人心，利用青年单纯的爱国热情，而玩弄"外抗苏联，内除共党"的勾当。

同学们听了秋白的分析批判，认清了国家主义派的丑恶面目。不少受他们欺骗的人逐渐觉醒了过来，许多进步同学则有了与国家主义派作斗争的思想武器。

由于秋白的讲课能够帮助同学提高阶级觉悟和理论水平，解决思想问题和各种疑问，所以同学们喜欢听，认真地记笔记，有的同学因为参加社会工作而缺了课，总要借别人的笔记补抄。

秋白最初给我的印象是沉静、严肃，平时很少讲话，似乎不大容易接近。但不久，通过一次工作上的接触，使我改变了这种印象。

在上海大学，我和其他进步同学一样，在紧张学习的同时，还担负了很多社会工作。当时正是国共合作时期，我被分配到国民党中央上海执行部妇女部工作，机关设在上海环龙路四十四号。在那里，我认识了向警予同志，经常和她在一起工作。有一天，社会主义青年团上海大学支部转告我上级的通知，说孙中山先生的苏联顾问鲍罗廷和他的夫人要了解一些上海妇女运动的情况，因为向警予同志有事离开了上海，就指定我去谈谈。我生怕自己讲不好，怀着忐忑不安的心情，到鲍罗廷家里去了。

在鲍罗廷家中，出乎意外地，我看到了秋白，原来他是专为我们做翻译来的。一见到他，我觉得有了依靠，心情就平静下来了。秋白用俄语同鲍罗廷夫妇交谈着，把他们提出的问题翻译给我听，并且指点我说："你先把这些问题记下来，想一想再慢慢说。"由于受秋白的鼓励，而且要我谈的情况我也比较熟悉，当时谈话的气氛又十分亲切友好，我的拘束就逐渐消失了，愈说愈起劲。秋白满意地微笑着，仔细听我说话，然后翻译给鲍罗廷夫妇听。最后，秋白又把鲍罗廷夫人介绍的苏联妇女的生活情况，翻译给我听，唯恐我理解不了，还给我详细地解释，使我初步了解到苏联妇女的幸福生活，得到了很多启发和鼓励。

那时候，懂俄文的人不多，秋白还给其他一些同志当翻译。而秋白当

杨之华　熔炉

时的工作是很忙的,除了在上海大学教课以外,主要是参加党中央的领导工作,并具体负责党中央宣传部的工作,主编党中央机关刊物《新青年》(季刊)、《前锋》和参加《向导》的编辑工作,经常为这些党刊写文章。因此,他给同志们当翻译这项工作,同他担任的其他工作比较起来,似乎是一件"小事"。但秋白从来不轻视这个工作,每次都是很认真、很热情地去做,就同这次给我当翻译那样。

秋白为什么不管大事"小事",都这样热情认真地去做呢?他在当时写给一个上海大学的学生的信中说:"我现在时时觉着为自己做事总不如为大家做事的好过。19世纪的俄国青年往往说要'为平民服务',我现在觉得——真正的良心的觉得,不仅是理论上的推想,这是真正的'生命'。"

通过工作中的接触,我感到秋白很真诚,很愿意帮助别人,对待同志谦虚而热情。他的热情,不是浮在表面,而是蕴藏在内心,只有当人们同他一起工作时,才能感到这种深沉的热情。但秋白也有热情奔放的时候。记得在1924年5月5日马克思诞辰那天,在上海大学的纪念会上,秋白热情洋溢地作了介绍马克思的报告。报告结束后,他同任弼时同志一起纵声高唱《国际歌》,那种气势磅礴的革命激情,深深地感动了台下的同学们。

在学校里,秋白是一位有威信的导师,也是党组织的负责人之一。追求进步的同学们,都愿意和他接近,把自己的希望、苦闷、困难和问题告诉他,希望得到他的帮助。他也经常主动地找同学谈话,了解他们的思想、学习、工作以至生活情况,帮助解决问题。当时社会学系的绝大多数同学都参加了组织和发动工人、学生、妇女、青年进行斗争的群众工作,碰到什么运动,他们不分白天黑夜地忙着,很少能顾到书本。在这种情况下,有些同学认为工作这样紧张,应该把学习放下来;而另一些同学和个别教师则认为学生的任务就是读书,不应该参加社会工作而荒废学业。这样,就对学习和参加社会工作的关系问题发生了争论。在一次讨论会上,秋白详细地解释了为什么革命学校的教学方针和革命青年对待学习的态度,都应该贯彻理论联系实际的原则。他说,书是要读的,但不能死读书,因为书不是为了代替你思想而写的,而是帮助你思想而写的,学习革命理

论是为了指导革命的实践;一边学习,一边参加实际工作,有助于领会革命理论、改造思想和取得实际经验。

经过这次讨论,大家提高了认识,能够正确地对待学习和工作了。我们注意钻研书本上的和实际工作中的问题,自己解决不了的,就去请教秋白和别的革命教师。他们总是很乐意地帮助我们,有时还指导我们看有关的书。这样,大家的进步就比较快。

当时学生之间彼此有一些偏见:社会学系的看不起文学系,特别是英文学系的同学,说他们是贵族、少爷、书呆子;而后者则反唇相讥,说前者是"挂名学生""空头革命家"。秋白和别的同志发现这个问题后又对我们进行了教育。秋白对社会学系的同学说:你们应该首先打破成见,不要自以为进步而看不起人家,而应该主动去团结人家。革命靠少数人是不行的,应该带动广大群众去干。文学系也有要求进步的同学,你们应该积极帮助他们,培养发展党团员。秋白还教育我们不要轻视文学,指出文学有无产阶级的文学,有资产阶级的文学。无产阶级的文学对革命是有推动作用的,要我们去听听文学课。秋白又对文学系的同学说:在阶级社会里,文学是有阶级性的,学文学的人应该有革命的立场,不能脱离政治。经过秋白和别的革命教师的教育,各系同学之间的门户之见逐步消除了,彼此在一起进行座谈或联欢,文学系的同学参加社会工作的也多起来了,在他们中间也发展了不少党团员。

我在上海大学这座革命熔炉中,在党组织和秋白、向警予等同志的亲切教导下,经过一个时期的锻炼后,日益迫切地要求自己成为一名共产党员。有一天,我鼓起勇气向学校党支部和向警予同志提出了入党要求。不久,秋白对我说:"你要求入党的申请书,支部和我都看过了。因为我最近很忙,组织上要向警予同志与你面谈,但我也想找时间同你谈谈。"

我听了他的话,又高兴、又担心地说:"我对马列主义的理论不大懂,你讲的课我有时候还听不懂,实际工作的经验也很少,我觉得自己还不够党员的条件。"

秋白诚恳地说:"你是CY,已经是靠近党的积极分子,只要努力学习马克思列宁主义,并且把学习理论和实际工作结合起来,就一定能够更快地进步。学习马克思列宁主义,只有在实际的阶级斗争中才能领会,你读书听课有不懂的地方,可以随时问我和其他同志。向警予同志很关心你,她跟我谈过你的情况。"最后,秋白约我在一个星期日到向警予同志家里去,谈我的入党问题。

向警予同志是一位很有学问、很有能力的革命活动家,是一个立场坚定、埋头苦干、以身作则的优秀的党的领导干部。她的口才很好,在训练班性质的妇女积极分子会议上,她所做的形势报告和关于妇女解放运动的演说,给人们留下了深刻的印象。她的文章也写得很好,我们都很爱读。警予同志不是上海大学的教师,也不是学生,她当时担任党中央妇女部书记,但她经常到上海大学女生宿舍里来同我们谈心,谈形势,谈学习,谈思想,谈工作。她很关心我,从各方面帮助我。我从内心里佩服她、尊敬她,勉励自己学习她的榜样,也要做一个献身于共产主义事业的共产党员。

我日夜盼望的那个星期日终于来到了。清晨,我坐上电车,来到法租界蒲石路。这是一个春光明媚的晴天,我轻快地走向目的地。警予同志的家,我去过不止一次了,但这一次与往常不同,心情格外兴奋和激动。我到了那里,很高兴地看到她和蔡和森同志都在家里。和森同志因为患气管炎,正靠在床上看书。警予同志坐在一旁,一见我,就亲切地站起来打招呼。

我告诉她:"秋白同志约我来谈我的入党问题。"她爽朗地笑着说:"早该这样做了。"额上飞舞着一对秀丽的眉毛,从薄薄的嘴唇里露出洁白整齐的牙齿。

不一会儿,秋白也来了。他很关心地询问了和森同志的病况,在一旁坐了下来。警予同志要我谈谈上海丝厂罢工的情况,我便告诉他们说:有一次,我到几个参加罢工的女工家里去,她们把我带到"公会"办公室去了。那个地方很讲究,大门外挂着"上海丝厂同业公会"的醒目招牌,会客室里的长桌上,铺着白桌布,摆着很漂亮的茶壶茶碗。见到这种排场,我就疑惑起来,我们的工会怎么会如此阔气呢?这时,一个胖胖的约莫40岁左右的女人,怪模怪样地走了进来。她穿着一身绸衣服,与面前的工人姐妹的褴褛模样恰恰成为鲜明的对照。女工见了她,都小心翼翼地站了起来,称呼她"穆会长"。原来,这个"会长"叫穆子英,是上海滩

上的女流氓,是资本家雇佣的工贼。这个"公会",根本不是工人自己的组织。我向秋白、警予同志讲完这件事后,表示了自己的看法,我觉得当前首要的问题是工人应该有自己的组织。

秋白认真地听完我的叙述后说:"你们的工作应该从底下做起,钻到工人群众里面去,启发他们的阶级觉悟,在群众斗争中揭露工贼的面目,使工人群众不相信他们,而相信党,相信自己的力量。"

警予同志接着说:"目前我们在女工中还缺少工作基础,女工的觉悟还比较低,我们只好先用社会上惯用的结拜姐妹、交朋友的方式进行工作,然后逐步建立工会组织。"

靠在床上的和森同志也热情地参加了我们的谈话。他介绍了西欧社会民主党欺骗工人群众和利用工贼来破坏工人阶级斗争的情况,指出在工作中要站稳工人阶级的立场,不要上工贼的当。

接着,话题转到我的入党问题上来。我表示希望得到他们的指导和帮助。警予同志笑了,发亮的眼睛亲切地望着我。秋白点燃了一支香烟,深深地吸了几口,诚挚地说:"我和警予同志都愿意听你谈谈入党的动机。"他回过头来,关怀地对和森同志说:"你身体不好,还是多休息。"和森同志就从床上下来,他那高高的个子显得很瘦弱。他沉重地呼吸着,走到房门外面,躺到躺椅上看报。

我叙述了个人的经历和生活上的遭遇,谈到党和团对我的培养教育,以及我对党的认识和为党献身的决心。

秋白听完我的叙述,严肃地说:"你从封建家庭里跑出来是有勇气的,但是,革命是长期的尖锐的阶级斗争,你一定会遇到更多的困难。作为一个共产党员,必须在阶级斗争的风浪中经得起种种考验。"接着,他分析了我的思想认识,阐明了党的性质和组织原则。最后,他满怀热情地说,"是的,你要求加入共产党是完全正确的。我愿意介绍你入党。"

听到秋白这几句话,警予同志忽然活泼地跳起来,激动地拥抱着我,鼓励我努力锻炼,更勇敢地投入到革命斗争中去。

几天以后,有秋白、警予、施存统等同志参加的上海大学党支部大会上,通过了接收我入党的决定。从此以后,我就在党的直接领导下,作为这个伟大的集体中的一员,和同志们一起参加了各项革命工作。

上海大学的党支部,是在秋白和邓中夏、恽代英、张太雷、任弼时同志的直接领导下进行工作的。支部的同志都是当时开展群众运动的骨干,在全国学生总会、上海市学联、妇女团体和工人组织中担负着领导工作,他们在日益高涨的革命浪潮中埋头苦干,英勇奋斗,在日益尖锐的阶级斗争中锻炼自己,改造自己。

1924年9月间,秋白从广州回到上海后,给我们做了几次报告,详细分析了革命斗争的形势,指出革命运动的发展引起了国民党内部的分化,揭露国民党右派加紧进行着反对共产党,反对孙中山先生的革命主张,分裂革命统一战线等等反革命活动,并阐明了当前党的方针和政策。

果然,国民党右派于1924年"双十节"在上海制造了杀害黄仁同志的血案。那时,江浙军阀正在混战,党为了开展国民会议运动,决定于"双十节"召开一个群众大会,名叫"国民大会"。国民党右派却利用这个大会为军阀卢永祥作伥,勾结帝国主义和军阀,收买地痞流氓打击革命力量。

"双十节"的前几天,上海大学党支部召开会议,全国学生总会的负责同志汇报了筹备国民大会的情况和国民党右派的阴谋活动。秋白听完汇报后,指示负责筹备国民大会的同志要密切注意国民党右派的活动,随时揭穿他们的阴谋,团结群众与之进行针锋相对的斗争,并给准备参加大会的同志们布置了具体任务。会议开到深夜才结束。

1924年10月10日,秋高气爽,万里无云。中午,我和几个同学坐了电车,向国民大会会场——北河南路天后宫赶去。我们走进拥挤的会场。看见我们的人正在会场里散发传单,也看见不少地痞流氓在尖声怪调地叫嚷着惹是生非,但在我们的纠察队员和群众的制止下,这批家伙暂时还不敢过分放肆。

大会开始了。担任主席的国民党右派喻育之在台上摇头晃脑地说:"今日国民大会,本良心之主张,不为党派所利用……"胡说了一通。接着钻出来一个不伦不类的家伙,张口鼓吹军阀卢永祥是"拥护正义的""应该帮助卢永祥作战……"。这些鬼话引起了群众的愤怒,会场上发出了反击他们的口号声、责问声。国民党右派就指使地痞流氓借端打人,我们的纠察队员上前阻止,也遭到他们的殴打。

　　这时,全国学生总会主任郭寿华同志跳上讲台,义正词严地要求大会主席维持会场秩序,制止暴徒行凶,并大声对群众说:"今天的国民大会,就是要打倒一切军阀和帝国主义,……"会场上立刻爆发出热烈的掌声和欢呼声。喻育之恼羞成怒,从座位上跳起来,唾沫飞溅,反诬群众"扰乱会场",横蛮无理地禁止郭寿华讲话。另一个国民党右派分子童理璋乘机指挥暴徒上台殴打郭寿华。上海大学学生、共产党员黄仁同志等几个纠察队员挺身上前制止时,黄仁同志被暴徒推落台下,又遭到台下暴徒的拳打脚踢,身受重伤。警察受国民党右派的指使,不捕行凶的暴徒,却将被打的十多人抓起来关到附近一间房子里。群众被激怒了,和我们一起打破门窗,把遭到毒打的人们抢救了出来。我跑到黄仁同志身边,见他已神智不清,奄奄一息了,心里又气又急,马上找来车子,和几个同学把他送到宝隆医院去救治。

　　入夜,我执行党支部的指示,到宝隆医院去看望黄仁同志。医生告诉我他的生命已无法挽救了。我怀着满腔悲愤,默默地坐在他床边,决定留下来看护他。

　　午夜,除了护士偶尔走过病房发出轻微的脚步声以外,四周一片沉寂。小小的病房里,只有我和黄仁同志两个人。他平静地躺着,一动也不动,呼吸十分微弱,我不断地替他轻轻擦去从鼻孔和嘴角流出的鲜血,眼看着他的生命越来越危险,自己却无能为力,不禁悲愤交集。正在这时,秋白突然来到了,他急切地轻声问我黄仁同志的情况,我把医生的话告诉了他。

　　他俯下身去,摸摸黄仁同志的额角,小心地揭开被子,察看受伤的身体,轻轻地呼唤着黄仁同志的名字。然而黄仁同志闭着双眼,已经不能答应了。

　　秋白缓缓地站直身子,双手插在大衣口袋里,默默地注视着黄仁同志,沉思着。过了一会儿,他转过身来,对我沉重地说:"不要气,只要记!"随后,他告诉我,他还要去开会研究反击国民党右派的对策,安排黄仁同志的后事,就离开了病房。

　　黎明时分,黄仁同志停止了呼吸。他是一个坚定勇敢的共产党员,在上海大学积极地参加了各种实际斗争。谁知道国民党右派竟如此明目张胆地同帝国主义和军阀勾结起来,疯狂地杀害革命党人,夺去了黄仁同志年轻的生命。

党决定由秋白组织行动委员会,领导群众展开斗争,声讨和反击国民党右派的反动罪行。敌人的血腥手段并没有吓倒群众,相反地,激起了广大群众的义愤。各界群众纷纷举行集会,很多中间群众也投入了斗争的行列。上海大学一些原来"不问政治"的同学,也参加了黄仁烈士的追悼会,和我们一起痛斥反动派的卑鄙罪行。

广泛的群众斗争,吓坏了国内外反动派,他们仇恨群众运动的领导者,仇恨这个斗争的堡垒——上海大学,就搜查了上海大学和慕尔鸣路(今茂名路)彬兴里306号秋白的住所。但没有找到秋白,包探扑了空,就把他保存的《新青年》《向导》等书刊和他第一次在苏俄时省下买定量供应的食糖的钱买来的许多俄文书籍搜索一空,付之一炬。

秋白从此转入地下活动。他秘密居住在先施公司职员孙瑞贤同志的家里,地点在北四川路底兴业里一号。秋白住在三层楼的阁楼上,继续领导行动委员会及其他工作。组织上指定少数同志负责同秋白进行联系,我是其中之一。那天,我走进阁楼时,他正伏在桌上起草文件。我把他的住所和上海大学被搜查,他的书籍被焚的事告诉了他。他放下手中的笔,站起身来,在窄小的阁楼里踱了一会儿,然后停下来,像是对我,又像是自言自语地说:"书可以被烧掉,但是,革命的理想是烧不掉的!"

敌人的通缉、搜捕、迫害,对共产党人来说,算得了什么呢?秋白照常在上海坚持斗争。他虽然不再公开地到上海大学给我们讲课,但仍然经常在党团员积极分子会议上作政治报告,有时还来参加我们的支部会,传达贯彻党中央的决定,解答我们提出的各种问题,指导我们进行革命活动。

在共同的革命斗争中,我对秋白更加了解了。1924年11月7日,我和秋白结了婚。不久,由于秋白被敌人通缉,我就离开了上海大学这座使我受到很多锻炼的革命熔炉,去做工人群众工作和党的其他工作。

姚天羽
# 培养革命干部的洪炉
——上海大学

> 原载《党史资料丛刊（第二辑）》（上海人民出版社1980年版）。
>
> 姚天羽（生卒年不详），江苏吴县（今属苏州）人，1924年进入上海大学社会学系学习。

上海大学是党早期培养革命干部的一座洪炉。在我国过去的革命运动中，这个学校的师生，配合城市工人的反帝、反封建斗争，表现了非凡的革命热情，在革命斗争中，有些同学献出了他们宝贵的生命。

上海大学成立于1922年10月间。最初设在闸北西宝兴路青云路一条叫"青云里"的里弄里，校舍只有十几幢石库门房子，既老又破，设备也很简陋，学科方面设有国学科、英文科，以及图音、图工组。学生约百来人。

到了1923年4月间，共产党人邓中夏同志当了这个学校的总务长，主持校务，学校的面貌才有所改变。也就是说，从这时候起，上海大学被注入了革命的血液。

邓中夏同志进上海大学工作时名字叫邓安石。他进上海大学是在"二七"京汉路大罢工失败以后。党为了培养革命的新生力量，为今后领导革命运动准备更为有利的条件，便有在党的诞生地——上海开办一所革命干部学校的意图。中夏同志负着这个使命从北方来到上海。中夏同志那时还只是一个27岁的人。方正的头上，披着一头乌黑的长发，两只有神的眼睛，射出锐利的光芒。他是一位革命活动家，在办学方面，也同样表现了惊人的魄力与毅力。

他改变了学制，刷新了教师的阵容，当时许多著名的学者和思想家都被聘请来担任各系的教职。特别是社会学系的开办，使同学们感到了极大的兴趣。马克思、恩格斯、列宁的学说，什么"社会主义""共产主义"咧，什么"资本主义""帝国主义"咧，什么"阶级斗争""无产阶级专政"咧，什么"剩余价值""资本积累"咧……一系列的新东西、新道理，充满在这一学系的讲义和教师的讲授中。同志们管它叫做"新的革命理论"，学习情绪异常高涨。

主持这一学系的是瞿秋白同志。他年纪比中夏同志小两岁，乌黑的头发向后梳着，额角又宽又平，鼻梁上架着一副和他面庞相配的深度近视眼镜。他不但是一位马克思主义的革命家，也是有名的学者。秋白同志刚进上海大学任教时，就满腔热情地写了一篇题为《现代中国所当有的上海大学》的文章，登在那时的《民国日报》副刊《觉悟》上。在这篇文章里，他主张上海大学应该具有时代性、革命性，以担负时代所赋予的使命和革命的责任。并附了一个教育计划和课程项目。中夏同志和秋白同志当时都是党中央委员会委员。秋白同志对上海大学的要求，也是党所以要接办这个学校的主要原因。

秋白同志在这一学系里，除了当主任外，还讲授"现代社会学"和"社会哲学"两门课。他的教育态度和那时上海的所谓大学教授不同。那些人在讲课时一味卖弄他们的一些"学问"，却不管学生们听得懂否；秋白同志则要照顾听课同学的不同程度和接受能力，极力讲得又通俗又明白。他在讲课中，每每把古今中外的许多事实引证起来，深入浅出地发挥着；把理论和当前实际斗争密切结合起来，反复地分析、解释着。同学们听来都能心领神会，都很高兴听他的课。当时，听课的不只是本系的同学，还有中文系、英文系和美术系的同学，甚至别的学校爱好社会科学的同学也来校参加旁听。教室是全校比较大的一间，只要是秋白讲课的日子，总是挤得满满的。

上海大学经过了中夏同志的苦心经营和教师们的热忱教学，没有多

少时候,校务出现了蒸蒸日上之势。有志于革命事业的青年,纷纷来到这个学校就学。其中,有从我国边远地区云南、贵州和号称"天府之国"的四川来的;有从"南洋"、日本、"安南"、"高丽"等地归国求学的。就是在上海,也有许多青年是从校舍巍峨、设备完美的南洋大学、沪江大学以及东亚同文书院等校转学过来的。

学生大大增加了,学校的校务发展了,原有的闸北青云路校舍越来越显得过于狭窄,已不相适应了。于是,在1924年2月间迁移到当时公共租界西摩路(现在叫陕西北路)的新校舍。那是一座三层楼的红瓦洋房,里面有一大块空地,适于做运动场,比之过去的校舍宽敞得多了。同时还租了对面时应里的许多幢房子,作为中学部的教室。

学校迁移新校舍后,学制也有了改变,分设"大学部""专门部"和"中学部"。"大学部"设"文艺院""社会科学院"和"自然科学院"。"专门部"设"英数科"和"新闻科"。"中学部"设"初中班"和"高中班"。"文艺院"除了"中国文学系"和"英国文学系"外,还有"俄文系""德文系""法文系""绘画系"和"音乐系"。"社会科学院"除了"社会科学系"外,还有"经济系""政治系""法律系""史学系""哲学系""教育学系"和"商业系"。"自然科学院"设"数学系""物理系""化学系""生物学系"。"美术系"一度改科,后又取消。1924年暑假后,招生就照新学制办理。这是中夏同志为了要把上大办成一个学制完备的革命学府,特意这样做的。

在新校舍里又办了一个平民夜校,学生都是学校附近的工人和他们的子弟。平民夜校纯属义务性质,不收学费,连课本和文具都是由学校供给的。办平民夜校的目的在于给一般资本家压榨下无力求学的劳动人民和他们的子弟一个读书识字的机会,借此向他们灌输革命知识,提高他们的政治认识和阶级觉悟。由于担任义务教育的同学们的热情工作,这个夜校办得很有成绩。

同时,校里还办了一个"书报流通处",由党团员和积极分子经营,专事推销当时革命的、进步的书籍、报刊。由于它销售革命的、进步的书刊,因此,后来上海大学曾遭到帝国主义的上海公共租界工部局的大搜查。"会审公廨"并票传上海大学负责人讯问。案由是"出售《向导》周报,内含仇洋词句，犯刑律第一百二十七条；又不将主笔姓名刊明报端，犯报律第八条"。这一案件，上海大学曾委托律师出庭辩护，结果这一案件由于所谓"主体错误"，没有成立。但从这一事情上，可以看出帝国主义是怎样害怕中国人民的革命思想和进步言论。

上海大学同学一面学习，一面也经常参加上海工厂工人反抗中外资本家压迫的罢工运动。1924年下半年，党领导的上海丝厂工人的罢工和南洋兄弟烟草公司工厂工人的罢工斗争，上海大学曾有许多同学去参加。1925年2月初，上海日本纱厂工人大罢工。上海大学党支部接上海地委的通知，由邓中夏同志率领了校内党团员学生刘剑华、郭伯和、杨之华等前往参加，向日本资本家进行了英勇的斗争，大家都得到了锻炼，学到了书本上、讲义中所学不到的宝贵知识，提高了阶级觉悟。

秋白同志不仅在课堂上向同学们灌输革命思想，并且利用机会，向同学们进行共产主义教育。1923年10月10日，学校里举行建校后第一次的"双十节"庆祝大会。秋白同志利用这一机会引吭高歌了他自己翻译的那首著名的无产阶级歌曲——《国际歌》。雄壮的歌声，震荡着同学们的耳膜。直到大会结束以后，这个歌声仿佛还在同学们的耳边缭绕着。这首雄伟的无产阶级战歌第一次传进这个学校，给予同学们的教育很大。

这一学校里的教师，除了秋白以外，受到同学们欢迎的好教师还有充满革命乐观主义精神的张太雷同志、做事严谨的蔡和森同志、生活朴素的恽代英和萧楚女同志等。在非党教师中，其他系里则有陈望道、沈雁冰（茅盾）、郑振铎、田汉、丰子恺等。

当时，同学们的学术研究活动是很活跃的。研究社会科学的有"社会科学研究会""社会问题研究会"等；研究文艺的有"春风文学会""青凤文学会""湖波文艺研究会"等；其他尚有研究外国文学和美术的组织，学校都给予了热情的指导。这些活动，是采取了办演讲会、讨论会、辩论会、观摩会等方式来进行的。开演讲会时，或请校内教师担任讲演，或请校外学术界、思想界知名人士担任讲演。研究文艺的，还出过刊物，如"春风文学会"就曾出过《春风文学》月刊。

在学术研究组织中的"社会问题研究会"是社会学系同学组织起来的，成立于1923年9月7日。这一天，社会学系的同学都很踊跃地参加了

成立大会，其他各系同学也有很多人自动地参加，情况很热烈。李大钊同志曾到会作了讲演。大钊同志那时还不过是一个三十多岁的人，却已留了胡子，又浓又黑地盖满了整个上唇，身上衣着也很朴素，穿了一件蓝布大褂，戴了眼镜。大钊同志的到会，使同学们很兴奋。他那次讲的是"社会主义释疑"。他在这个讲题下，把那时社会上的人们对社会主义的各种怀疑作了透彻的解释，并指出了社会主义的光明前途。那次演讲，使同学们得到了很大的启发，从而对研究社会问题发生了浓厚的兴趣。

"特别讲座"的举办也是使同学们感到极大兴趣的事。这是一种专门性的学术思想的讲演形式。当"特别讲座"举办时，首先被聘请到校担任讲学的是李大钊同志。具体的讲学时间是1923年11月29日。由于同学们上一次在"社会问题研究会"成立大会上已听过了大钊同志的演讲，得到了很大的教益；这番大钊同志来校讲学，同学们自然不愿放过。讲学那天，大家都兴高采烈地参加了听讲。大钊同志的讲题是"研究历史的任务"。他反复地阐述了历史是有生命的、活动的，不是死的、固定的东西，指出了过去人们处理历史的错误，并提出两点作为研究历史的任务：一是整理事实，寻找它的正确证据；二是理解事实，寻出它的进步的真理。这次，大钊同志足足讲了两个小时才告结束。同学们从大钊同志这次讲学中，获得了新的知识、新的启发。

当时，给大家印象最深的是刘剑华（就是刘华）。他是四川人。他本是上海中华书局印刷厂的一个学徒工，为了追求革命真理，才离开工厂，进上海大学中学部半工半读。在罢工斗争中，邓中夏同志说他表现得很勇敢，而且善于做宣传工作，因而得到工人们的爱戴。瞿秋白同志也说他不愧为工人阶级的优秀分子。后来，他成了上海工人运动领导者之一。由于他一贯为工人阶级的利益奋斗，遭到帝国主义和反动派的仇恨，终于被上海大买办、大资产阶级代表虞洽卿假手反动军阀孙传芳，于1925年12月17日秘密地杀害了。

1924年4月间，保定女子师范学校的校长和教员等，打了要求改革不合理教育制度的女同学，发生了风潮。消息传到上海以后，上海许多女校默默无声，独有上海大学的女同学通过女同学会召开大会，发出通电和对各界的通告，编印特刊，大声疾呼，终于推动了上海各女校的同学，也引起了社会关心妇女问题、女子教育问题,一致起来给保定女师同学以声援。后来,保定女师的风潮终于获得了解决。

同年夏季,通过上海学联,由上海发起,联合上海各大学——复旦大学、东吴大学等开办了一个"暑期讲学会"。讲学项目分自然科学、社会科学两大部分。讲师都是请的各大学著名教授担任,上海大学教授担任讲师的较多。邓中夏、瞿秋白同志除给讲学会以全力支持外,秋白同志还担任了讲师,他担任的是《社会科学概论》的讲学,分章讲完。参加听讲的各校同学很多,盛况空前。"暑期讲学会"不单是各校利用暑假来学习知识,更重要的是借此团结许多革命青年,为中国革命事业增加生力军。

同年10月10日,上海各界假座北河南路天后宫举行"国庆"纪念国民大会,纪念辛亥革命13周年。上海大学同学因为事前得到邀请,推派了黄仁、郭伯和、何秉彝等六人为代表参加。

那时,正值江浙战争期间,江苏军阀齐燮元和浙江军阀卢永祥在帝国主义支持下大闹火并。上海大学代表中有人发表了反帝反军阀的演说,黄仁在旁拍掌赞成。主席团中那个肥头胖耳、西装革履、打扮得像绅士模样的国民党右派喻育之竟恶形恶状地吆喝着,禁止黄仁鼓掌,说他"扰乱会场";上海大学其他准备接着演说的代表也被阻挠,不让发言。就在这时,台下忽然站出几条短装刺花的彪形大汉,一声呼啸,跳上了主席台,伸出粗掌向黄仁等人身上动手毒打。主席团中的童理璋,这个满脸烟容、长袍短套的马路政客、国民党右派还提高了喉咙,狂喊着"齐燮元的奸细",来诬蔑反军阀的同学。接着,就动手将黄仁等从七尺高台推下硬石地面,黄仁跌伤了腰部,鼻腔流血,呕吐交作,昏迷不省人事。

这一血案,是租界当局勾结国民党右派、收买流氓地痞搞出来的,上海大学同学事前不知他们安排了这个圈套。他们收买流氓打伤了人不算,还要假警察之手,把参加大会的代表捉起来,并阴谋用恐怖手段逮捕共产党员,主要是瞿秋白同志。

黄仁被殴负伤,学校把他送医院急救,并派人驻院看护他。秋白同志在反动派要逮捕他的风声异常紧急的情况下,也到医院去看了黄仁。但由于黄仁伤在要害,终于不治身故。善后事宜完全由秋白同志负责处理的。

黄仁牺牲后,上海大学同学除通电痛斥帝国主义和国民党右派的反动阴谋外,又召开了追悼大会。同学们从痛悼黄仁的牺牲中,进一步认清了帝国主义和它的走狗——国民党右派的凶恶面目,使上海大学同学受了一场生动的阶级教育。

1925年五卅运动中,上海大学是积极参加的一个学校。在运动中,上海大学同学表现了无比英勇的气概。

上海大学同学何念慈(即何秉彝),共青团员,年23岁,四川彭县人。他带领了大队同学向南京路老闸捕房交涉释放被捕同学,捕房置之不理。他便在队伍前面,高举手里旗帜,高喊着:"打倒帝国主义""打倒帝国主义"的口号。大家都跟着呼喊。帝国主义巡捕向他开枪,他应声摇摇晃晃地倒在地面上,当他被抬到医院里后的次日,终于因伤势过重献出了年轻的生命。

还有一位同学瞿景白,他是瞿秋白同志的小弟弟,年才20岁,是个共产党员。在五卅斗争中,他领头叫喊口号,鼓励同学们前进:"同学们,前进呵!""同学们,勇敢些,前进呵!"像一只勇猛的海燕,飞翔在同学们中间。帝国主义巡捕把他逮捕了。

后来,在法庭受审时,瞿景白脸不变色,作了义正词严的答辩。他那坚决有力的言词,使帝国主义者和他的走狗们感到惊惧不已。

上海大学的存在,前后四年多,最后给国民党反动派于1927年"四一二"发动反革命叛变时封掉了。上海大学不少革命同学牺牲在敌人屠刀之下。中夏同志在这个学校里工作只有两年光景,1925年五卅运动前他因为另有任务而离开了学校。但是,他在这块园地里深深地播下了革命的种子。我这个回忆,是中夏同志在学校工作期间的一些事。而对上海大学来说,最值得回忆的,也只是这一段时期。

(1960年)

# 姚天羽
# 回忆上海大学

> 这是1962年1月22日对姚天羽的访谈记录整理稿,原件藏上海市档案馆,档号:D10-1-53。题目为编者所加。

一、上大在1924年间,曾搞过非基督教运动,由李春蕃主持,这人解放后改名为柯柏年,任驻罗马尼亚大使,现在国务院国际出版社工作。

二、上大派出到苏联、到黄埔军校的有:

卜士畸(达里),上大俄文教授被派往苏留学。

王逸常、徐石麟、徐梦秋、袁恕之等被派往黄埔学习,清党后,不知去向。他们多是黄埔第一期生。我在广州时曾看见过王逸常,他曾代理国民革命军总司令部政治部主任,清党一来,他跑了。

三、我曾写过一篇上大简史交报上发表,已排印成大样,不知什么原因,没有发表,稿底存我处,大样在许德良家里收着,可由他借来看。我在五卅后离沪赴广州,许知道的事比我多。

四、有几个人你们可以去访问:

1. 孔另境——在上大时叫孔令俊,中文系学生,沈雁冰的内弟,现在建国路口(瑞金二路)272号出版文献资料的机关工作。

2. 刘佩规——在卢湾区延安中路产科医院工作。

3. 宋桂煌——在绍兴路前面一条路上永嘉路25弄八号上海文艺出

版社。

4. 程永言——他的住址革命历史纪念馆的陈同志知道,程是管制分子。

5. 曹雪松——在武进中学工作。

刘华是附中三年级生。①

张士韵已去世。上海大学成立于1922年10月23日,它的前身是东南高等专科师范学校,上大是由这个学校改组的,为了要了解这个学校改组的原因且介绍一下它的情况。

这个学校的开班时间大约是在1921年下半年,正是直奉军阀在帝国主义支持下猛烈的进行火拼,它是和南方大学、文治大学、上海音乐专科学校等同时开办的。那时社会上办学像一阵风似的,也正像上海历史上曾有过的办交易所一样的光景,办学各怀着各自的目的,有的的确是为了培育英才,有的却是借办教育的美名从事敛财的肮脏勾当。

东南高等专科师范学校是王理堂(公燮)、汤石庵、陈勋武等办的,他们假借了胡适、陈独秀的名义和把提倡新文化作为幌子来办这个学校的,实际上却是贩卖古文旧诗词和旧书画之类的货色。这个学校的内容不用说是腐败的,乌烟瘴气的,他们办学的目的也是为的要在青年学生头上捞挖金钱,他们竟然演出了挟款潜逃的丑剧,他们的这种行为激发了学生们极大的愤怒和不满,学生们组织了校委委员会来同学校创办人进行斗争。

后来学生们把那时正现居上海的国民党元老政客于右任请来当校长,在于右任的主持下,改组了学校,就在这时把校名改为上海大学。

学校改组——上大成立之后仍在原址——闸北青云路青云里开课,那是一个比较冷静的地段,校舍是几幢破面的石库门房,设备也很简陋。学校的改组除了更换了学校的招牌,在原有的国学课和图音图工组之外增设了英文课和中学部,并没有多大改变。

1923年的春天学校又进行了再次的改组,经过了这一番的改组之后,学校面貌才焕然一新,从而使上大成为培养革命人才的学府。

学校的改组是在邓中夏同志的参加办学之下进行的。

---

① 原注:姚天羽耳背,且刚刚拔牙,讲话很吃力,这次访问讲得很少。

# 张崇文
## 回忆上海大学

> 这是王家贵、蔡锡瑶等于1984年12月在北京访问张崇文的记录整理稿,经张崇文本人审阅。原载王家贵、蔡锡瑶编著《上海大学(1922—1927)》(上海社会科学院出版社1986年版,第118—119页)。
>
> 张崇文(1906—1995),浙江临海人。1926年1月进入上海大学社会学系学习,同年10月加入中国共产党。新中国成立后,历任华东军政大学政治部副主任,第三高级步兵学校副政治委员,总高级步兵学校政治部副主任,国防科学委员会副秘书长,铁道兵政治部副主任、政治部顾问等职。1955年被授予少将军衔。

1925年五卅运动爆发,上海大学的同学到杭州报告五卅惨案经过,报告人对帝国主义的血泪控诉,点燃了法政学校同学的反帝怒火,成立了五卅后援会,黄玠然担任主席,我被选为工作人员。

五卅运动后,法政学校因校长凌士钧解聘了进步教师安体诚、于树德、郑允恭,并禁止学生参加一切社会活动,而掀起了驱赶校长的学潮。但由于我们年轻单纯,学潮失败了,被校方开除。此时,上海大学欢迎我们去读书,于是,我与黄玠然、周泽等于1926年1月进了上大社会学系。

校址在闸北青云路师寿坊三条,学校没有校门,没有礼堂,也没有运动场。校舍是一幢幢两层楼的石库门民用住房。两幢楼房的墙壁打通,就是楼上大课堂,所谓"大",也就是能容三四十人。楼下的客堂、厢房,摆上几张课桌,就是小课堂。

上大的生活是清苦的,但大家精神十分愉快。因为来这里求学的,都是倾向革命的穷学生,其中不少跟我们一样,是由于参加爱国运动被开除出校的。共同的经历,共同的追求,使大家心气相通,感情融洽。学习的条件很差,但大家学习的劲头十足。我们社会学系的课程,记得有社会科学概论、通俗资本论、马克思传、哲学等。这一些新鲜的课程内容,强烈地吸引着我,使我如饥似渴地学习。再加上我早就爱读《向导》《中国青年》等革命刊物,这里都有,更使我欣喜若狂。

但是,上大是反对读死书和死读书的。学校十分强调参加社会革命活动,结合实际来学习。老同学大多兼有平民夜校、工人学校义务教员的职务,我们新来的,暂时没有兼职,但重大的革命宣传活动都必须参加。记得刚入校不久,3月18日段祺瑞执政府在北京枪杀请愿学生,造成流血惨案。消息传来,上大的同学立即全体出动,深入厂区、街市发传单,作讲演,组织抗议声援。随后,五卅惨案周年纪念,我又跟同学一道,参加了声势浩大的宣传活动。

我在上大入党后不久,为了响应北伐,推翻孙传芳的统治,党决定在上海举行武装起义。当时,党中央通过总工会已经组织训练了两千人的工人纠察队,其中130人配发了武器。我们上海大学党支部接受的任务是组织宣传队,起义时开赴闸北地区,散发传单,宣传演讲。10月24日,天刚拂晓,我们按指示赶到了预定地点,但是,左等右等,没有消息。原来16日宣布独立倒戈反对孙传芳的浙江省长夏超,出师不利,在嘉兴被孙传芳击败,而上海起义的工人没有得到消息,孤军进击,遭到了反动军队的镇压,第一次武装起义就这样失败了。

1926年冬,北伐大军下武汉取南昌,节节胜利,革命形势迅猛发展。为了适应新的形势,发展党的力量,上海大学党支部根据上级党的指示,提前放寒假,发动全体党员,分赴各地开展党的发展工作。我被派往我的老家临海建立党支部和发展党员。后来上大学生戴邦定也到临海,我们在临海建立了特委,并遵照党的统一战线的指示,我们还担任国民党临海县党部的工作。借成立木匠、水泥、裁缝、理发等行业工会的机会,发展共产党员,建立共产党支部。从此离开上海大学,走向了社会。

张开元
# 回忆上海大学

> 摘选自浩人《张开元与〈上海大学志〉》(政协淮阴市委员会文史资料委员会编《别梦依稀——淮阴文史资料（第八辑）》,1989年10月,第166—174页)。题目为编者所加。
>
> 张开元(1896—1986),江苏泗阳人。1924年考入上海大学美术专科。1949年去台湾。1984年将《张开元画集》手稿及其他画作分别寄赠泗阳县图书馆、王集中学、王集文化站。

## 本校之缘起

中国国民党孙总理于民国十一年(1922)在广州蒙难后,即留住沪上与本党先进于右任先生等筹议,欲于东南创办唯一革命最高学府为革命之基础,为本党新生命。其时适上海闸北青岛路东南高等专科师范学校学生承五四之余波,谋思想之解放,因受校长之横加干涉,遂致发生逐长风潮。结讼三月,始告平息。该校学生请命于总理及于右任、柏烈武、叶楚伧、邵力子诸先生,改组该校。总理除对学生代表奖勉有加外,任命于右任先生为校长,将该校易名为上海大学。于先生遂于是年10月23日偕邵力子先生到校视事。讫此,上海大学之名遂现于宇内,而革命之风云亦弥漫于东南矣。

## 教育宗旨

本校经评议会决定,以养成三民主义的建国人才,促进文化事业为宗旨。

## 立案之经过

本校立案始于民国十二年(1923)春由校长向中央(广州)呈请经总理批准并每月补助经费两千元。

## 校董会之经过

于校长到校后对于校内一切锐意整顿,日夕在校筹创进行,并组织校董会,请总理为董事长,张溥泉、章太炎、简照南、王一亭、张静江、孙哲生诸先生为校董。由校务长兼该校董会秘书。

## 行政委员会之组织

本校自于校长到校后即由校长、教职员组织评议会,为本校议事最高机关。十二年(1923),评议会因本校规模粗具,学生众多,暂行校则不足以适应需要,遂重新颁布正式章程,改评议会为行政委员会,由校长兼委员长,各系主任为当然委员。另由全体教职员选任四人为委员,任期一年。该会设秘书一人,由学务长兼任。

## 学务处组织

学务处以学务长、各系部主任、学职员、书记等组成之。凡关于全校学务上重要事项,除由行政委员会决议交办外,由学务长召集学务会议决定并执行之。

## 校务处组织

校务处以校务长、文书、学务事务会计、图书各室主任及各室事务员、书记等组成之,并另设一校医室。校务长综理本处一切事务。关于各室联系之事项由校务长召集校务会议决定之。

## 所设院系

前东南高等专科师范学校设有文科、教育、美术三科。文科分国学与英文两组,每组分甲、乙两班;教育科亦分甲、乙两班;美术科分图音、图工两组,并设有普通科。自改组后即由校董会决议,规定设文艺院、社会科学院及自然科学院,并设专门部。文艺院分设中国文学、英国文学、俄国文学、德国文学、法国文学;美术系亦分设教学、物理学、化学、植物学四系;专门部则设英、教、商等补习科。先改原有国学组为中国文学系,英文组为英国文学系,教育科为社会学系,美术科为美术系(美术系以设备困难遂停止招收新生),并成立英、教、商等补习科。普通科则改为附属中学,分高中、初中两组,后以大学部社会学系各级学生异常拥挤,乃分甲乙两班教授。十三年(1924)复又添设政治学系、经济学系、法律学系、商业学系、教育学系五班。因谋适应教授上之便利及本党之需要,遂又将以上各班合并入社会科学院社会科学系,故社会学系学生独多也。

## 附属中学

前东南高等专科师范普通科,依校董会之议决,改为附属中学。分高中、初中两部,设主任一人主持之。高中分文科、教育科、理科,各设三班,初中亦设三班,其内部组织分:(一)教务课,(二)训育课,(三)事务课。各课各设主任一人主持课务,统属中学部主任管辖。惟中学部事务上仍受大学部校务处之指挥。

## 特设讲座

本校除由于校长、叶学务长楚伧、邵教授力子以私人情感特约海内外各教授及专家来校担任课程外,并特设讲座,每周讲授二次。先后担任本校讲座者计有廖仲恺、章太炎、柏烈武、马君武、李大钊、汪精卫、胡展堂、张溥泉、居觉生、吴稚辉、戴季陶、孙哲生、胡适、陈独秀、吴昌硕、邬海滨、杨杏佛、郭泰祺、瞿秋白诸先生。

## 对革命之贡献

一、本校秉承总理意旨暨由党国诸先进之维护,得以成立。当于校长首次偕邵力子先生到校视事,在热烈欢迎之大会中即以实现三民主义,完成国民革命,建立三民主义之中华民国之重任,训勉全体同学,言词谆切。其时各同学一致肃立,无不表示愿为党国奋斗牺牲,革命空气充溢全场。此盖不啻本党在上海市第一次之革命文化誓师典礼与东南革命文化火药库之奠基典礼焉!厥后,本党先进来校讲演,又无不以读书不忘革命之深意,鼓勉同学。平时师生之间,课内课外,朝夕月旦,陶镕薰铸,无罔不以三民主义及国民革命之精义宏旨为依归,浸沉融化,渍而愈深。故精神形式均与寻常学府迥然有别。如在军阀及帝国主义者仇视之下,犹始终悬挂本党党徽,从未一用五色国旗。即此一端,亦足以见本校主旨之鲜明。于校长到校之初,本党即派周颂西先生来校主办校中党务,将来入党之同学,由叶楚伧、邵力子两先生介绍入党。从此全校同学除孜孜研读而外,并一致实际参加革命工作。举要言之,如组织上海市民大会、公民大会、全体学生联合会、各业工会、各省各县旅沪同乡会、上海学生会,劳工总会以及参加上海市其它民众运动团体或民众集会,深入里层唤起民众,日与军阀、帝国主义者争持奋斗并大规模发动护法国会议员南迁,以维护国家之正气。当时上海市民每次大会对于外交发表主张或声讨军阀政客等行动,到会人数动辄数万到数十万;联署之团体,又动辄在数百以上。民气勃发,前所未有。究其间负领导之责者,厥惟我上大之员工。"五卅

惨案"轰动全国,为我民族运动史上最光荣之一页。当日我校员生因领导全市民众与帝国主义者搏斗而致死伤者近百人,被拘捕者达五百七十余人之多。英美陆战队旋后以武力包围西摩路本校校舍,强行封闭,勒令解散。然我校员生并不以此而气馁,反再接再厉,从事更壮烈之反帝斗争。一时革命高潮汹涌澎湃,浸而影响东南,影响全国,遂造成极度浓厚之革命空气。此我校对于民众运动之贡献也。

二、当时上海所有宣传主义、鼓吹革命之刊物,除党办之民国日报外,则有本校三民主义研究会、孙文主义学会、平民教育委员会、春风文学社、湖波文艺研究会、孤星社、探美画会、英文研究会等,所出之刊物,凡数十种,要皆专门阐扬主义,唤起革命之作风。而风行全国,销路特广者,厥为青天白日刊、革命导报、文学周刊、卿云周刊、孤星周刊、探美周刊等。其他由本校员生投稿于各杂志报章,而宣扬革命主义之作,尤难胜数。此本校对宣传工作之贡献也。

三、十三年(1924),本党改组以后,上海下级党部则以本校同学为骨干,上海市执行委员会及区党部区分部多系本校员生参加,负责主持。本校同学除在沪工作外,每于假期回乡,仍负联络地方民众、组织团体、宣传主义、介绍革命同志入党之责。至开学之日,各同学均须有工作报告送呈校长。故我同学所到之地,即革命势力滋生伸张之区。其间因工作而尝铁窗风味甚至被难者,比比皆是。此我校对党务工作之贡献也。

四、总理蒙难后,本党之军事势力仅及广州一隅,亟须利用外国军事以助革命之推行。本校员生乃进行军事上之联络与组织工作。江浙战起,有孙、段、张三角联盟之议。本校员生除向各省有关系之部队活动外,在苏浙则助卢(永祥)、何(丰林)成立别动队、义勇队、游击队。事败,同学被齐燮元通缉者,颇不乏人。在西北则分一部分人员向西北各军宣传活动,以促成国民革命军第一、二、三军,因而得以颠覆贿选政府,并恭迎总理北上。从此南北军事遂有呼应,革命势力益加膨胀。又黄埔军校第一期在沪招生,即系本校教职员为之主持,且假本校为考试地点。本校学生因而投笔从戎转入该校者为数甚多。计第一期至第六期,无届无之,尤以一至四期为独多。本党在粤讨杨刘,打东江诸役,我校转入黄埔之同学,无不勇往直前,克尽忠忱。北伐军兴,本校员生除分头联络内地军民准备响应外,还投入军队工作者亦复不少。至由粤追随蒋总司令北伐之同学,几遍布各团、营中。故时人对上大与黄埔曾有革命之左右手之称。适北伐军将达沪滨,留校学生曾三次领导民众与军阀作殊死战,摧毁铁路铁轨,使吴淞来援逆军全军倾覆,缴夺枪械近二万支,造成革命军队尚未抵沪而沪市已为革命势力所控制之局面。而本校同学牺牲于是役者,亦不知凡几(以学校随即停办未及清查)。此我校对革命军事之贡献也。

以上所举,仅就本校未停办前之荦荦大者而言。至于由本校出国留学之同学,数尽百人,其在国外对本党之贡献,犹所未计。总之本校为革命之最高学府,同学来校就学之初,即具以身许国之愿,重以总理暨校长之殷殷垂诲,以及党国诸先进之苦心训导,故每与军阀及帝国主义搏斗,无不前仆后继,百折不挠。凡与党国有利之工作,悉不避艰险,舍身以赴。为党国奋斗而捐躯者,先后不下三百人,全国各地几无处不染有我同学之鲜血,亦几无处不埋有我同学之忠骸。此种慷慨牺牲,成仁取义之精神,及今思之,犹有余烈。皆总理伟大革命精神与夫三民主义之感召也!

张琴秋
# 关于上海大学的回忆

> 原载张腾霄主编《中国共产党干部教育研究资料丛书（第二辑）》（中国人民大学出版社1989年版，第361页）。
>
> 张琴秋（1904—1968），浙江桐乡人。1923年底进入上海大学学习。1924年11月加入中国共产党。新中国成立后，任纺织工业部党组副书记、副部长。

我是1924年上半年到上海大学学习的。上大学习时间为两年，但工作需要时可以随时调出，工作完了也可以随时进去。除了学习外，还参加一些社会活动，如宣传、贴标语、游行示威等。记得1925年五卅前，各地都开群众大会。那时凡发生工运或学运，都有上大学生去参加或领导，这样一来，上大便红起来了，五卅以后曾被封闭，后来搬家了。

上大有我们的党团组织，很活跃，每周开一次小组会，主要是讨论宣传教育工作。上大也有国民党组织，但大部分都是共产党员跨党的，所以国民党组织的会开得很少，大都是共产党组织开会讨论，问题解决了，国民党组织的会就很少召开了。我所在的党小组有七八个党员，当时杨之华同我们接近一些，还有一个叫李炳祥的（已故），也同我们很接近。

1924年下半年，我去杨树浦平凉路、滔明路之间办了一所贫民学校（也叫贫民夜校）。当时是以国民党的名义办的，我在那里当校长，学生是男女工人,对外称夜校,功课与一般学校也差不多。我们办这种学校的目的,是为了发展党团员,扩大我们的力量,进行革命宣传,扩大党的政治影响;同时也帮助工人群众提高文化。这个学校的经费是国民党上海市党部拿出来的,上课主要是利用晚上的时间,白天我们就到工人家里谈谈,了解一些情况。当时我们确实在夜校学生中发展了党员,如朱阿毛、施小妹等。经常到校的学生有二三百人,其中党员就有三四十个,团员就更多了。这个学校主要是我在那里负责,只有少数人来兼课,搞了一年多,1925年我出国以后,谁在那里负责就不清楚了。这个学校是受文委会领导的。当时各个工厂区都办了一些类似的工人学校,名称可能各不相同。

# 张庆孚
## 我的革命生涯

> 原载中共中央党史研究室编《中共党史资料（第四十辑）》（中共党史出版社1992年版，第72—89页）。
>
> 张庆孚（1901—1968），江苏江阴人。1923年前后进入上海大学英国文学系学习。1925加入中国共产党。新中国成立后，历任中央人民政府林垦部办公室主任、林垦部党组副书记、国家林业部副部长等职。

1916年我考进了江苏省立第三师范学校，在这个学校里我有机会阅读了社会发展史和文史一类的书籍。当时旧中国正遭受各帝国主义列强的侵略，国内军阀混战，人民生活在水深火热之中，我开始为国家的兴亡感到忧虑。1921年，我从省立第三师范学校毕业，后来考上了上海大学英文系。上海大学是由东南高师改组的，在该校使我有很多机会看到进步书籍及马列主义书籍。《向导》和《新青年》等进步刊物对我启发很大。1923年，我与安剑平（安若定）、张晓柳等成立了"孤星社"，创办了《孤星报》，我们宣传革命的思想，发表对时局的见解，展开讨论。当时，刘华、韩步先、秦邦宪等都参加了这个组织。1925年我回到了故乡江阴县与钱靖泉（振标）、周水平（刚直）、茅学勤、孙逊群、朱士能等在江阴创办了《星光报》，大家推选我任社长。《星光报》积极配合革命形势的发展，宣传革命思想。不久我回到上海,《星光报》在其他同志的努力下继续办下去。农民运动蓬蓬勃勃,江阴一带组织了农民协会,《星光报》也积极鼓动农民起来抗租,革命的浪潮猛烈地冲击着地主、豪绅的统治。当时江阴的36个地主、豪绅联名到军阀孙传芳处告状,周水平同志首先遭到杀害,这就是当时轰动江阴的"周案"。1927年江阴等几县农民举行了武装暴动,在这个基础上建立了红军。

旧中国的黑暗、军阀的横行、帝国主义列强在中国的领土上为非作歹,使我非常愤恨。1925年上海发生的"五卅"惨案,这血淋淋的事实使我进一步地认识到,只有在无产阶级的政党中国共产党的领导下,坚决开展反帝反封建的斗争,中国革命才能胜利。我积极要求入党,1925年经恽代英同志介绍,我光荣地加入了中国共产党。入党后,我担任了上海平民学校校长。这是一所用革命思想培养职工的业余学校,在学校里我也参加授课,讲授马列主义理论。

1926年7月我在上海大学英文系毕业。这时,恽代英同志根据党的指示去广州担任了黄埔军官学校政治总教官,同年8月我经恽代英同志的介绍,也来到了黄埔军校。当时教育长是方鼎英、张春甫,政治部主任是熊雄,入伍生部政治部主任是贾伯涛,入伍生部政治部秘书是阳翰笙(原名欧阳继修)。到校后我被分到第六期入伍生部第一团四营担任政治教官。该营驻在虎门,党内联系人是宋时轮,每周他向我汇报该营左派发展情况。当时一团团长郭大雄,营长陈明仁,都是坚决反共的,他们仇视革命,常在团里和营里挑起纠纷,使两党之间的矛盾越演越烈。在一次纪念孙中山的大会上,我充分揭发了陈明仁违反孙中山联俄、联共、扶助农工三大政策的行为,这样,我与陈明仁的矛盾完全表面化了,难以继续在一个营共事。上级知道后,于11月将我调到了一团三营任政治教官。三营驻地深圳,离香港仅20多里。这里条件很好,营长邓子超是共产党员,这个营的共产党员最多,工作很好开展,但也因此成为国民党特务密切注意的对象。

# 张治中
## 选课于上海大学

> 原载张治中著《张治中回忆录》（文史资料出版社1985年版，第52—53页）。
>
> 张治中（1890—1969），原名本尧，字文白，安徽巢县（今巢湖市）人。1923年进入上海大学学习。新中国成立后，任西北军政委员会副主席、全国人大常委会副委员长、国防委员会副主席、民革中央副主席等职。

从宣汉脱险后，回到家里，休养了两三个月，接到伍肖岩从上海来信，约我同到福建去，我就离开了家，经上海转福建。那时候，许崇智、黄大伟都在福建带兵，而且彼此摩擦。到了福建，伍并没有被发表为原定的师长。我在福州住了一些时候，又回到上海。

回到上海做什么呢？决心读书。就到上海大学报名，选修一些课程，主要是学俄文。教这门课程的就是有名的共产党人瞿秋白。我曾找瞿秋白谈了一次话。一方面，又在文生氏高等英语学校补习英文。我为什么同时学俄文、英文？这是因为我的兴趣已经转变了。以前想到德国去留学，所以尽力学德文；现在对苏联的兴趣比较高，也想环游欧美，所以改学俄文，补习英文。这时，我真是很忙，一天到晚，看书，查字典，坐电车，上课。可是惭愧得很，英文还读得很好，上海有几家外国电影院，全是英文字幕,没有中文的说明,我看英文字幕,懂到十之七八,但是学俄文,却越学越觉困难,我仍是不畏困难地去学。是为了想到俄国去。我为什么想到俄国去呢?这就要谈到我当时的思想情况了。

最初,我是受了《饮冰室文集》的影响,以后读到许多新的出版物,给我以较大影响的是《新青年》《新潮》《向导》这一类的杂志,觉得这些东西很合我的胃口。"五四"前后风起云涌的"新文化运动""民主与科学运动",对于我的思想起了决定性作用。虽然在南湖、保定的求学时期,偏重读科学与军事方面的书刊,个人英雄思想非常浓厚,但出校以后,我的思想渐渐起了一种变化,就是"左倾",就是前进。在第一次出川后,我的思想就很激进了。在北京时,有一位朋友特意介绍我到上海去见陈独秀,曾和他谈了一次话。那时的"上大"是染着"红色"的,校长是于右任。有一次,"上大"开纪念苏联十月革命的会,我听到于右任的讲演,瞿秋白的讲演,都是推崇社会主义苏联的话,更使我心向往之。

我在"上大"并没有读到毕业,可是以后到了南京,"上大"的同学组织同学会,推我做监察长,我曾一再辞谢。教育部还补发了一纸大学毕业文凭,真是有点"却之不恭,受之有愧"了。

那个时期的生活情景也有趣得很。我和我的夫人带一个孩子(一真),赁居法租界的一个楼面,每月房租是十六元。把这一间小房子用布幔隔成两间:一间卧室,一间书房兼客厅。夫人弄饭,洗衣;我读书,翻字典。连学费、电车费都在内,大概一个月要花五十元左右。这样拮据地又过了一段赋闲的生活。

# 赵希松
# 回忆上海大学

> 这是1962年2月11日在上海访问赵希松的记录整理稿。原件藏上海市档案馆,档号:D10-1-55。题目为编者所加。
>
> 赵希松(生卒年不详),1925年6月夏季进入上海大学学习。

我和顾作霖、沈仲于等都是在南京东南中学读书,五卅惨案消息传来后,我们发动工人、学生罢工、罢课响应,不久被学校里开除了,于是一同到上大读书,前后算起来只读了一年。初进上大首先埋头读书,到1926年夏季,团委派我到杨树浦路去开辟工人工作,在那里主要是办工人夜校和组织俱乐部。

先由团委介绍上海纱厂、申新纱厂的工人和我们联系。从个别联系了解工人生活状况,知道工人苦处,生活艰难、读不起书、不认字,于是提出读书识字懂道理的好处,经过厂里的团员和青工中的活动分子发起组织夜校,由三两个人到十几个人,最多发展到三五十人。上课时没有课本,只有上面发下些小册子和自己所了解到的工人状况联系起来讲,讲工人为什么这样苦,资本家为什么这样享福,怎样团结起来斗争,打倒资本家、打倒军阀、打倒帝国主义、工人自己做主人、要取消不平等条约、反对21条件、三八制等等。通过上课、谈话,特别是厂里工人斗争去发现积极分子,把他们团结在我们团的周围,或者用拜十弟兄、十姊妹等方法把他们组织起来,经常用上级发下来的宣传资料向工人宣传,他们叫我们为老师,进行工作比较容易,不过要一点一滴做起,威信建立起来了,工作就好办。办了好几处夜校,以后就办俱乐部,工人喜欢到俱乐部来读书。我是青年团员,只做青工的工作,也只领导他们办夜校和办俱乐部,党和工会的工作有专人负责。

到1926年下半年,我被调往杭州工作,在杨树浦进行工运只有几个月。以后军阀知道我们用这个方法活动,他们用种种方法来限制。

沈仲宇在工人中活动一直到领导三次武装暴动。他知道东西很多,可写信去问他。

郑超麟
# 关于上海大学的回忆

> 节选自郑超麟著《郑超麟回忆录(1919—1931)》第五章"五卅前后"(东方出版社1996年版)。题目为编者所加。
>
> 郑超麟(1901—1998),福建漳平人。1925年春到上海大学任教。新中国成立后,曾任上海市政协委员。

在上海,最初引起我注意的,是国民党中共产派(或称左派)和右派的斗争。环龙路44号党部机关有左右两派斗争。我未到上海前,右派人物在那里殴打了邵力子,他们本以为邵力子是国民党老同志,至此才知道他也加入了共产党。《民国日报》两个主笔,叶楚伧是右派,邵力子是左派,这两个人本是老朋友,但受了本派指挥,互相斗争;编辑中,张太雷、沈泽民是左派,陈德徵等是右派。上海大学,校长于右任挂虚名,他本人同情左派;总务主任邓中夏(即仲懈),社会学系主任瞿秋白,教授施存统、张太雷、恽代英、彭述之、蒋光赤等是左派;中国文学系主任陈望道同情左派,但英文学系主任何世桢则是右派。各机关斗争,左派都占上风,因为右派是些旧人物,本身还没有团结,没有一个中心领导机关,重要的,又没有群众。他们气愤极了,只好用殴打手段。我未到上海前,他们已经打了邵力子;我到上海十几日,他们就打死上海大学学生黄仁。这日是"双十节",上海天后宫开纪念会,主席是喻育之,秘书或其他职务是童理璋,都是国民党右派。台下,上海大学学生提出一个什么意见,童理璋喊打,于是有手臂刺花的大汉多人打伤了十几个上大学生,当日伤重死了一个四川人黄仁。中央主席团恰巧在我的工作桌子上开会,陈独秀尚未来。一个人怒气冲天跑了来,报告天后宫打架事情。这人是施存统。

黄仁案发,左派反攻,《民国日报》赶走了叶楚伧,上海大学赶走了何世桢。何世桢把英文学系学生带走,另办持志大学,但以瞿秋白也离开上海大学为条件。瞿秋白离开了,不久邓中夏也离开了。总务主任换了韩觉民,共产党员;英文学系主任换了周越然,中立分子;社会学系主任换了施存统。上海大学学生说,瞿秋白去职,也是存统在背后捣鬼的,因为存统想做主任。我那时虽然编入上海大学支部,但不知这捣鬼详情。环龙路机关的斗争也是左派胜利的,但我也不知道详情。

工人运动中也有斗争,但那不是在国民党名义之下进行的。共产党拿自己旗帜做工人运动。上海本有"工团联合会",是个空机关。我们本想占取这个机关,但不能够,于是专在工厂群众做工作。负责的是李隆郅和项德隆,一个湖南人和一个湖北人,一个管沪西,一个管沪东。南洋烟草公司罢工,虽然失败,我们却争取了群众。以后工作就逐渐开展,几乎超过我们自己的能力了。从此,另一派的工人运动家就失去了与我们竞争的能力。

黄仁案发生,斗争激烈之后,为了防备危险,《向导》编辑部便迁出慕尔鸣路房子,到民厚南里(哈同路)来。这是张伯简找的房子,房租很贵,两个统楼每月四十元。二房东是两代寡妇,住在蔡和森夫妇楼下;我和彭述之住在另一间统楼,楼下是其他的房客;龙嫂替我们烧饭,毛泽东回湖南去,把她留下来给向警予。张伯简也搬到民厚南里来,但在前面隔二条弄堂一个亭子间内。当时,民厚里很有名,叫黄包车时,无需说什么路,只说民厚里,大多可以拉到。新出的《醒狮》周报及其主笔曾琦也在那里,幸而我未曾遇见他。张伯简说,民厚里住的人很复杂,尤多官僚政客,因为朝西去再没有弄堂式房子了,朝东也需到西摩路才有弄堂式房子,周围很远都是大洋房或空地。上海大学在西摩路,所以民厚里住了好多上大学生,我们常听见人唱《国际歌》。

中央开会,我后来并不回避,但搬家后,中央在另一个地方开会,起初

在威海卫路一个柴炭行楼上，后来在闸北广东街，那里是秘书处，秘书兼会计，起初是薛世纶，后来是任作民。全党经费那时每月九百多元，北京和广东两地是否在内，我不知道，但其他各地则都在内的。独秀、和森、述之，每月领四十元；张伯简、向警予和我，每月领三十元。伙食自理，每月约摊六元至十元。工作虽不很忙，也不很闲。我的校对工作，除《向导》外，还有《新青年》，以及临时性的小册子，如第四次大会宣言及议决案之类。至于搜集材料，则是购买和储藏经济类的杂志，如《银行周刊》《钱业公报》，历年海关报告之类，不仅买新出的，而且买旧出的，往往买五六年出版的全套杂志，这些东西始终没有人去翻阅和利用。此外就是剪贴报纸。

我在《向导》写文章，起初是以"马道甫"名字假冒读者来信，后来用真名写些关于小问题的文章，五卅运动起写些记事性质的文章，有时写些国际问题的文章，此外翻译外国人的文章。不错，我到上海后，读者来信，除了二封以外，都是我回答的。"寸铁"本是独秀包办，但我也曾写了几条。《向导》不登理论文章，政治文章轮不到我写。《新青年》里，我翻译的文章不少，自己写的则带着东方大学或上海大学讲义意味。倒是《中国青年》上有几篇文章，是我用力作的，署名则连。

《向导》的灵魂是蔡和森，每期都是以他的文章为中心。独秀文章写得很短，很随便，有点近于敷衍塞责，倒是他一人包办的"寸铁"（三五十个字的短文）含有精彩的文字。

彭述之如愿从瞿秋白手里夺得了《新青年》。我们搬家以后就付印了一期"国民革命号"（季刊第四期）。那里面主要的是从莫斯科带回的一篇长文章《谁是国民革命的领导者？》。这篇文章后来成了瞿秋白的小册子《反彭述之主义》攻击的对象，以后还有机会说到它。暂时只说张崧年对于这期杂志的感想。张崧年写信给陈独秀抗议新出的《新青年》文字庸俗。他举出首页一篇启事为证。这是预告本杂志将由季刊恢复月刊的，用半文言写，其中有什么受人"爱戴"一类的话。张崧年是旧《新青年》的健将之一，他很注意文字格调，他认为《新青年》本是白话文的模范，不应当用文言写启事，即使用文言也应当用好的文言。不用说，这篇启事自然是出于新主笔的手笔。月刊第一号是"列宁号"，其中大部分稿子是我们从莫斯科带回来的。以后彭述之就病了,二、三、四诸号是秋白和我两人杂凑出版。

内部刊物之外,我曾在《民国日报》副刊《觉悟》上写文章,又曾与上海法文日报记者笔战,关于孙文过沪事情。我写过几封法文信去,都登载了。

一个大运动或革命,往往会出人意外地爆发的。中国1925至1927年的革命就是这样出人意料地爆发起来的。这话并不是说,革命本身是出人意料的。恰好相反,我们早知道中国不久就要爆发一个大运动。我曾对张伯简说:"辛亥革命八年之后有五四运动,五四运动至今也过去不少时间了,应当来一个什么运动才对。"我这话当然不是出于时间理由,而是根据种种潜伏的因素的。但这革命恰恰爆发于1925年5月30日,而且以那种形式爆发,则是没有一个人料想到的。

我丝毫不知道5月30日的准备。这日早饭后,蔡和森告诉我:"超麟,你没有事情可以到热闹马路看看,今天各学校学生要到租界里宣传。"我立刻穿了衣服出去。蔡和森虽没有说,我已经明白这是我们的中央决议的。全国学生联合会在我们手中,上海学生联合会在我们手中,许多学校有CY支部,各学校的国民党区分部差不多都可由我们指挥。我们已经动员几次学生上街宣传了,如国民会议事件,孙文逝世事件,援助罢工事件。但那是在中国地界街上。我们召集了几次群众大会,而且游行示威,但那是在西门外,"公共体育场"。我们尚未曾在租界范围内演讲,开大会和示威哩。上海大学学生有一次排队,举着标语,到浜北中国地界去参加追悼会,路过戈登路巡捕房时,被干涉,且有四个学生被捕。我同张伯简说:"我们何时能在跑马厅开群众大会!"

在租界讲演,无论如何是件新的事情。我一个人到大马路来,没有看见什么;从大马路弯到四马路去,也没有看见什么;直至棋盘街交通路口,才看见一个穿西装的学生站在凳子上演讲,一个印度巡捕正在干涉他,要他到巡捕房去。从过路人口里知道这种事情今天发生很多次了,他们说大马路也有。我再转到大马路去,在日升楼遇着俞秀松,他说下午3点钟要在新衙门示威。我们两人于是走到北浙江路会审公堂去,等了

好久不见动静,又慢慢地踱回大马路来;可是走到先施公司附近,看见人特别多,都很紧张,到处说着:刚才老闸捕房门口开了枪,打死好多学生。我们赶紧到老闸捕房门口去,——不是现在的门口,而是在大马路上,现在开钟表店的地方。那里已经没有群众聚集了,地下有些血迹,尸首都车走了。我同俞秀松分了手,一个人在马路上走,一面想:又有反帝国主义的宣传材料了。我走到北火车站来,在去吴淞的小火车站那里看见一群学生互相谈说刚才的屠杀经过。他们是耳闻和目见的。我才知道,马路演讲的学生被捕多名,都在老闸捕房里,其他的学生涌到门口来要求释放,过路的人也停下脚步,看热闹或跟着叫喊,人数越聚越多。一个外国三道头下命令叫巡捕向人群开枪,由此造成了惨案。

后来知道,死的大多数是看热闹的市民,学生很少,但上海大学学生、共产党员何秉彝死了。

从此,我专心做党报和宣传部工作了。——除了每星期在上海大学教几点钟书以外。五卅以前,我在"上大"教书是代课性质。彭述之教"社会学",1925年春季开学后,上课不到一个月就病倒了,他荐我去代教他的功课。所谓社会学,就是唯物史观,也就是布哈林的历史的唯物论,三班共九个钟头。暑假后,上大迁到闸北青云路,彭述之病好了,他教三年级,我正式教一、二年级。此时上海大学差不多是共产党的党校。校长于右任不在上海,副校长邵仲辉(力子)是共产党员,总务主任韩觉民是共产党员,社会学系主任施存统是共产党员,社会学系教授李季、高语罕、蒋光赤、尹宽、王一飞、萧朴生,以及彭述之和我,都是共产党员。中国文学系主任陈望道是过去的共产党员,现在与共产党合作,但学生认为他暗中阴谋破坏共产党的影响;英文学系主任周越然是无所谓的人,他那一系学生有反共倾向的,都跟前主任何世桢离去了。学生中,社会学系压倒的多数是共产党员,其他二系的学生也有好多共产党员,其余的多半是同情分子。上海大学是没有在北京政府立案的大学,那些贵族大学学生看不起它,称他为"野鸡大学"。功课的确是不认真的,青云路校舍尤其简陋,学生外省来的,比江浙来的更多些,尤多四川、湖南一带的学生,总之这是勤工俭学的缩影。此次革命下层干部中,上海大学学生占的成分,正如北伐军下层干部中黄埔军官学校学生占的成分一般,黄埔政治教官里面而且有几个上海大学学生,例如欧阳继修。所不同的,就在黄埔学生的军事知识确实是从学校学来的,上大学生的政治知识则不是从学校学来的,至少不是从正式功课学来的,而是从课外的活动和研究学来的。除了李季以外,其他的共产党教员都是敷衍塞责。李季译了《通俗资本论》,作为讲义,我们则说明不编讲义,上课以前也未曾有好好的准备。学生如果从我们得到什么益处,那么得自正式功课的少些,得自课外研究性的和纪念节的讲演,更多些,因为对于这些讲演,我们多少预备一下。彭述之不久连三年级功课也交给我了。以后李汉俊来,我也交出了一切功课。但李汉俊教了二三个月就走,社会学仍旧由我担任,直至上海大学被封闭时候。

# 钟伯庸
## 回忆上海大学

> 这是王家贵、蔡锡瑶等于1981年3月在杭州访问钟伯庸的记录整理稿,经钟伯庸本人审阅。原载王家贵、蔡锡瑶编著《上海大学(1922—1927)》(上海社会科学院出版社1986年版,第104—106页)。
>
> 钟伯庸(?—1988),浙江萧山(今属杭州市)人。1924年进入上海大学社会学系学习,1925年到上海大学附中兼任教员,曾任教务主任。

## 一、上海大学附中领导班子

上大附中主任(等于校长)是侯绍裘,我是1926年2月至8月任教务主任。下半年侯绍裘调我到松江景贤女中(初中)任教务主任。1927年我又调回上海,仍在上大附中任教务主任,同时兼代上海景贤女中高中部教务主任。1927年5月上海大学与附中同时被封闭停办,我离沪返浙。

附中训导主任是高尔柏。1927年国民革命军到上海后,侯绍裘要我和高尔柏同去南京。我俩于3月底到南京,在国民党江苏省党部工作(省党部地址在南京城内中正街安徽中学内),高尔柏任宣传部部长(省党部宣传部部长原为柳亚子,因柳在上海,由高代理),我任代理宣传部秘书。4月10日省党部被蒋介石派遣的特务流氓捣毁。我和高尔柏及高的妻子唐纯茵均遭逮捕,后设法逃走,秘密回沪。

附中事务主任是沈观澜。他大约在1925年进上大附中,1926年下半年去苏联学习。事务员是陆宗贽。

主要教师:

语文萧楚女(上大教师兼)、黄正厂(专任教师)

钟伯庸(教务主任兼)

英文沈观澜(事务主任兼)、徐文名(复旦大学附属实验中学教师)

数学张崇德(上大学生兼)、朱义权(上大学生兼)

戴邦定(上大学生兼)

## 二、上海大学附中办校特点

办学方针颇不同于一般中学。学校编制照教育部规定。学习期限初高中各为三年。各年级均兼收女生。各科教材用书,多数采用各大书坊编印的教科书,但语文科侧重教师选择的语文教材,大多是国内各种进步刊物的文章、诗歌和各类杂文。训导方面,依照上大的教育方针,特别重视"群育"和"美育",注重身心的自由发展,没有各种呆板的和压制性的教条和清规戒律的,创导自由、活泼的集体活动。不采取以记过、开除等作为惩戒的方法。在不妨碍教学的范围内,允许学生参加政治活动,如1925年五卅运动,附中学生参加群众示威游行者甚多。这一运动持续的时间达半年以上。我进校后,侯绍裘曾召集一次会议,由附中几个主要人员如高尔柏、沈观澜、黄正厂等,还有一个在英国巡捕房做地下工作的张企留参加,由我作记录,这是一次商讨如何保卫学生安全的会议。在上海工人三次武装起义期间,附中学生也与大学部学生一起参加武装斗争的活动,侯绍裘也召集过和上次同样的会议。

上大学生去苏联学习的并非少数,附中则有教师沈观澜,学生顾红玫等。去黄埔军校的多数是加入军校政治科,毕业后任军校和国民革命军

各部队的政治教官。

## 三、侯绍裘的办校方针和作风

侯绍裘是上大附中大家所敬仰尊崇的领导,他坚强、明智、果断、勇于批评、敢于斗争。他没有吸烟、嗜酒的恶习,工作认真严谨,待人诚恳热情,谁都愿意和他接近,觉得他平易近人而从不疾言厉色。他自奉俭约,但从不忧贫叹穷。他一辈子乐于帮助人,从不做假公济私的事。他自己一无贪图,也不吝啬。我这辈子不论在旧社会和新社会,都极少看到像他这样的人物。侯绍裘具有许多与一般人不同的特点,也反映在他的办学态度和教育人的方针上。他是南洋公学的学生,接受的是资产阶级大学教育,但是,他反对专断,痛恨独裁,憎恨依赖,颂扬自由和独立。他以这种精神来办学治校,所以一进上大附中,无论同事之间、同学之间和师生之间,谁都觉得自由舒畅。在那个时代,各校都奉行资产阶级道德礼教的教育方针,而上大则否。上大附中也看不到资产阶级道德礼教的痕迹,但教育秩序和学生生活秩序,都有一定的纪律,而不流于散漫松弛。所以上大和附中的学校风气和一般学校不同。

还有几件事情:

1. 侯绍裘的悲壮预言:1927年3月底,侯绍裘叫我和高尔柏去南京时,他于黄昏时分来附中教师寝室,对我们说:"这次去南京,不能一无准备,我们随时会碰到不测的变化,刀子会随时搁在我们的头颈上。"这是一句何等悲壮的预言啊!

2. 陈望道绝不妥协:1927年5月中旬,我从南京逃到上海,去见上大校务主任(代理校长)兼教务长陈望道。其时上大教师刘大白对陈望道说:上大遭封闭了,但是只要你肯代表学校向国民党低头,向国民党保证,以后永远不违背国民党的意旨,上大就可启封了。陈望道当即愤怒地回答道:"我决不向国民党低头!"

3. 1927年5月中旬前,上大被封闭后,陈望道对我说:上大被封了,被劳动大学接收了。但上大新校舍建筑费还欠有12万元之谱,而劳动大学不肯承担这种债务。我想由我代表上海大学,由你代表附中,到蒋保厘律师那里去做一个保证,保证由地产房屋来分期偿清债务。我就和陈望道去律师处盖章担保。

钟复光
# 回忆上海大学

> 这是王家贵、蔡锡瑶等于1982年6月在北京访问钟复光的记录整理稿,经钟复光本人审阅。原载王家贵、蔡锡瑶编著《上海大学(1922—1927)》(上海社会科学院出版社1986年版,第106—108页)。
>
> 钟复光(1903—1992),四川江津(今属重庆市江津区)人。1923年到上海大学社会学系学习。1924年加入中国共产党。新中国成立后,历任北京经济学院图书馆主任、院长办公室副主任,全国妇联执委、全国政协委员等职。

邓中夏、黄日葵是我在四川夏令讲学会认识的老师。以后重庆女二师择师运动中对我们帮助很大,从而建立了联系。1923年初,我从四川到北京,邓中夏写信给我说上海大学在社会科学方面是独树一帜的,要我到南方去进上海大学,信中附有一首诗:"光明在山顶上,可是山前山后,荆棘丛丛,山左山右,豺狼阻路,青年朋友们!去呢?不去。"在邓中夏的鼓舞下,我兑换了友人送给我的一只金手镯,作为旅费去了上海。

在上海大学我是"选科生",就是选几门社会科学的课,学费少。我的学费都是邓中夏老师为我交的。到校不久,向警予和邓中夏找我谈话,主要是谈妇女解放运动,启发我的觉悟。

关于四川同乡会：这是党把所有的人分别组织起来的一种形式。当时如果不参加一个组织就无法活动，所以上海大学各省的同乡会很多，其他学校也是如此。同乡会的活动主要是联络感情团结人，大家都是学生，在外面读书，有什么事情找同乡会，大家非常热心帮助，感情也非常好。

关于国民会议运动：党支持孙中山召开国民会议的主张，于是全国各地成立国民会议促成会，积极开展活动。上海女界国民会议促成会的活动，也围绕这个目的进行，是党从妇女这条战线多争取一个代表权。从妇女方面来说，就是争女权，争男女平等权利。为此，各校成立女同学会，一方面把女同学组织起来，参加社会活动，另一方面由女同学会产生代表，参加女界国民会议促成会。我是由上海大学女同学会选出的代表，参加上海女界国民会议促成会，再由上海女界国民会议促成会选为代表，参加在北京召开的国民会议促成会全国代表大会，这个工作由向警予亲自领导。

上海女界联合会在上海大学开过会，向警予常到上海大学开展工作。她当时是党中央的妇女部部长，国民党妇女部的秘书，是实际负责妇女工作的领导人。

我到北京参加会议，与北方地委负责人赵世炎联系。1925年3月12日，会议尚未结束，孙中山逝世，我与各地来的女界代表参加孙中山追悼大会筹备会的工作，负责接待。4月29日在北京开了"中国女界联合会（筹备会）"。成立大会之后，我就回上海。

从北京回上海时，赵君陶有病，她家要我把她带到杭州疗养，当时李硕勋、何成湘、欧阳继修、余泽鸿等上大四川同学会的同学都在杭州，我把赵君陶送到杭州就返回上海。当时韩觉民是上大总务主任，彭习梅协助韩觉民工作。我回学校时，上海纱厂工人罢工事件已发生，不久就发生顾正红事件，紧接着又是五卅运动。从1924年底到1925年上半年，一个运动接着一个运动，也就不能坐下来好好读书。

5月30日那天，从学校出发上街游行，有同学被捕，大家到老闸捕房要求释放被捕的学生和工人，后来听到枪声，知道出事了。5月31日那天，我去了天后宫，要求总商会签字罢市。这一天我和四位女同学被捕。

五卅运动爆发后，全国学总出面组织学生宣讲团，离沪到各地报告上

海五卅运动经过。朱义权去沪杭线，我走长江线，沿长江经芜湖、安庆、九江、武汉、长沙、沙市、宜昌、重庆，成都因内战未去。每到一地向学生、工人、市民宣传五卅惨案真相，在沿途宣传中，每到一处，群众情绪之热烈，不次于上海。

学总的活动由党中央、青年团领导。学总组织学生宣讲团，实际上是党的安排。当时贺昌是团中央书记，恽代英是团中央宣传部部长和国民党宣传部的秘书，也是上海大学教授，恽代英利用后两个身份公开活动。

学生们都尊敬于校长和邵力子，知道他们是国民党左派。五卅事件发生后，于校长回上海召开会议，对师生鼓舞很大，大家对他很有好感，当时邵先生已被逼走，五卅事件发生后没有人出面，他出面顶住，向帝国主义巡捕房提抗议，办交涉，这在当时是了不起。

周启新
# 上海大学始末

> 原载中国人民政治协商会议上海市委员会文史资料工作委员会编《文史资料选辑(第一辑)》(上海人民出版社1981年版,第110—128页)。
>
> 周启新(生卒年不详),上海大学学生。

上海大学是1921年中国共产党诞生后,最早创办的培养革命干部的学府,虽然前后不足五年,而收效甚宏,在中国近代革命运动史上,留下光辉的篇章。笔者青年时代,得受熏陶,现整理旧闻,录为是篇。

## 一、创办经过

1922年春,有吴梦非等创设上海专科师范学校于闸北,延吕凤子、王济远、汪仲山、李超士、仲子通等为教授,专事培养中等学校图画、音乐和工艺教员。不久,校内发生风潮,舍监陈太汉(常熟东乡人)率领一部分同学另组东南专科师范学校,内设文学与美术两科。文学分国学、英文两组,美术分图音、图工两组,并附设普通科。嗣因学生要求改组升格,改名为上海大学,英文名称是People's College of Shanghai,意即上海人民大学。

在改组升格之际，原拟推举陈独秀为校长，因陈氏政治色彩过于浓厚，未成事实。适于右任交卸靖国军总司令职务，由陕抵沪，遂推为校长，这是1922年10月23日的事。当时孙中山先生从广州蒙难脱险，留驻上海，在中国共产党推动下，筹划改组国民党，重新培养革命人才，对上海大学甚为关注。1923年春，孙氏南下驱逐陈炯明，重建革命政府，即亲自批准月拨万元资助上海大学。

于氏担任校长后，多次召集教职员讨论，订出计划，除继续办中学部外，大学部办社会科学院及文艺院两院，分三期逐步扩充，每期定为两年。第一期自1923年秋起至1925年夏止，主要是编定学校组织，募集基金，筹建校舍。教学方面，中学部添办高中，大学部除文艺院原有的中国文学、英国文学两系外，添办绘画系、俄国文学系，社会科学院新办社会学系，共计五个系。第二期自1925年秋至1927年夏，准备扩建校舍，社会科学院添办经济学系、政治学系、史学系，文艺院添办德国文学系、音乐系。第三期自1927年秋至1929年夏，准备继续扩建校舍，社会科学院添办法律学系、哲学系、心理学系、教育学系，文艺院添办法国文学系、雕刻系。

上项计划，除1923年9月开学时，改国学组为中国文学系、英文组为英国文学系，并成立社会科学院社会学系外，美术科的图音、图工两组于1924年办完毕业班后来再续办，其余为文艺院的绘画系、音乐系、雕刻系、法国文学系、俄国文学系，社会科学院的经济学系、政治学系、史学系、法律学系、哲学系、心理学系、教育学系，均迄未成立。

1926年夏，文艺院中国文学系及英国文学系各有一班毕业，学生多赴广州，有的入国民党中央党部设立由何鲁主持的学术院，有的入黄埔军校高级政治班，还有少数被选送莫斯科中山大学学习。1927年蒋介石发动"四一二"反革命政变后，学校横被摧残，中文、英文、社会学各系应届毕业班均未及办理毕业。

于右任以中国国民党中央委员身份兼任上海大学（以下简称"上大"）校长后，以左翼姿态号召青年参加国民革命，多方拉拢关系。社会科学院社会学系成立后，李汉俊、安体诚、瞿秋白先后任教，当时中国共产党中央负责人及机关刊物《向导》周报主持人与上大发生了关系。国学组改组为中国文学系后，叶楚伧、邵力子、陈望道皆来任教，国民党中央党报《民国日报》编辑部又与上大发生了关系。英文组改组为英国文学系后，何世桢、何世枚到校主持，国民党中央对外宣传人物又与上大发生了关系（何氏兄弟皆留美法学博士，当时在上海当律师，同时为广州政府作对外宣传工作。1926年流入西山会议派，脱离上大，另创持志大学）。由于以上各种关系，于是全国革命青年闻风景从，纷纷至上大入学，一时颇负声望。

上大各院系，以社会科学院社会学系最为著名。良以社会学一科（严复译作"群学"）自19世纪初法国学者孔德创始以来，至20世纪初，世界著名大学皆设有独立学系，而当时中国只有北京大学于哲学系中列有社会学原理及社会问题两门课程，由陶履恭主其事；马克思学说亦只有是校在经济学系中列有一门课程，然每周只有两小时，由陈启修、秦瓒主讲。故上大社会学系在中国实为首创，尤其是对马克思学说作系统的讲授，并以讲学与行动相结合，在当时中国大学中更属创举，因此颇具号召力，大学部学生中，社会学系竟占十分之六。

中学部由师专普通科扩充改组，学生人数较多，经费亦有盈余，大学部常赖以挹注。该部先后由陈德徵、沈志远主持，教员中知名者有韩觉民、萧楚女、赵景深、唐鸣时、曹聚仁、汪馥泉等。

上大成立之初，就东南师专原址，设于闸北青岛路师寿坊。当时计划拟通过国民党关系，假宋教仁墓旁隙地（闸北宋公园）建筑校舍，以经费无着，未能实行。1924年2月，以闸北校舍不敷应用，同时瞿秋白在校任教，引起军阀当局注意，遂迁公共租界西摩路南洋路口（包括时应里房屋在内）。1925年5月，因同学参加五卅运动，被租界当局摧残封闭，乃于秋季迁至闸北青云路，租赁民房，开学授课。旋以校舍狭小，无法发展，准备自建校舍，组织募捐委员会，劝募经费。当时因上大同学在五卅运动中表现突出，遐迩闻名，募捐易于着手，乃于江湾购地兴建。1927年春，新校舍落成，全部迁入。不料"四一二"反革命政变发生，学校被迫停办。

起初，学生来自各地，成分不同，政治信仰亦异，有属共产党者，有属国民党左派者，有属国民党右派者，有属张东荪系统解放与改造派者，有属曾琦等的国家主义醒狮派者，有属无政府主义者。遇有问题，往往互相辩论，墙报、壁报到处张贴，政治气氛极为浓厚。大学规定每周有一次集

会,教授同学济济一堂,往往众艺杂陈,诙谐百出,或讨论问题,展开争辩,一时妙语解颐,一时又面红耳赤,使各人能发挥所长,目的在于把学术理论与革命实践相结合,唤起同学共同奋斗。

上大成立后,即有社会问题研究会的组织,其性质与北大马克思学说研究会大致相似,唯重点专为研究社会实际问题,俾作实际行动指南。是会于1923年9月7日成立,李大钊曾到校演讲。

校中学生会组织严密,规定每一同学均须担负一项社会活动任务,或街头宣讲,或在民众夜校教课,或做工会工作,或缮写墙报等等。西摩路办有民众夜校两处,中有女生名蒋祎者,就是后来著《太阳照在桑乾河上》小说的作家丁玲。

同时与上大有姊妹关系者,为上海书店。是店于1923年11月1日成立,稍后于上大,地址在上海小北门外民国路振业里口。瞿秋白、安体诚等编著的《社会科学讲义》,瞿秋白著《社会科学概论》,陈望道译《共产党宣言》,瞿秋白、恽代英等著《反戴季陶的国民革命观》,恽代英著《反对基督教运动》等书,以及共产党内部刊物《向导》周报、《新青年》季刊、《向导》丛书等悉由该店发行或代售,是传播马克思主义的一个重要阵地。该店经过三年战斗历程,在1926年秋冬之际,为反动军阀孙传芳所封闭。

1924年于右任因事赴粤,校务由邵力子以副校长名义负责。教务长一职由叶楚伧、李汉俊、瞿秋白、陈望道先后充任。

1925年五卅前,校内政治思想活动以共产党与国民党左派占优势。时国民党已公开组织党部,由林钧、朱义权等主其事,国共双方真诚合作,成为东南革命的重心。这时上海各级党部组织,大都有上大同学参加,革命宣传的推进,也以上大同学编著的刊物为多。3月12日,孙中山先生在北京逝世后,上海革命群众运动风起云涌,上大同学无役不与,如全国学生联合会主席刘一清、总工会主要负责人刘华,皆上大同学,隐然执牛耳,起领导推动的作用。

时河南军务督办、国民军第二军总司令胡景翼,以患疔疮逝世。胡本于右任靖国军旧部,在任时对共产党活动常予回护。那时,向导周报社由杭州迁往开封,开封成为左派人物汇集之地。胡逝世后,上大举行追悼会,由邵力子报告胡氏生平事迹。

是年5月,上大颁发校章,人各一枚,图案是海上红日东升,中嵌"上大"两字。同时,广州国民党中央委员会决议,认为上大是国民党党立大学,胡汉民并以代理大元帅名义,正式通知校方,把上大作为国民党的党校。记得在一次大会上,有人说上大组织性质系国民党中央办理,陈望道当场予以更正,谓大学系于右任先生私立,与大夏、南方等私立大学同一性质,是故学校收费标准亦照当时私立大学同样办理,学费每期四十元,宿费每期二元,其他膳食书籍概归自理。

时当第一次世界大战结束,帝国主义对中国加紧侵略。5月初,上海日本纱厂发生枪杀顾正红案,同时公共租界以武力越界筑路,会审公廨审处中外案件一味偏袒洋人,民众积愤难平。于是5月30日,全上海学生有组织地进行大规模的反帝宣传运动,口号是:打倒帝国主义,为顾正红烈士复仇,反对越界筑路,收回治外法权,厉行关税自主等等。是日下午一时,上大学生会召集全体同学分组出发,规定沿静安寺路、南京路外滩转北京路回校,沿途散发传单,高呼口号,或作街头讲演。迨下午二三时,在南京路老闸捕房门首,被英国巡捕实弹射击,发生惨案,当场死难者多人,社会学系一年级同学何秉彝是其中之一,同时被逮者有周文在等数十人。事后,上大全体同学和全市学生及工人、职员等各阶层人民一起,与英帝国主义展开激烈的斗争。上大校名经常出现在伦敦《泰晤士报》上,英国首相张伯伦不断发表讲话诬蔑上大,由是上大声震中外,进而成为全国反帝民族革命运动的重心。这就是震动世界的五卅运动。

是年秋,以西摩路校舍被封,乃迁至闸北青云路开学,房屋虽破烂不堪,而同学却精神奋发,社会科学院并添聘教授,提高教学质量,文艺院逐步由文学革命进而提出革命文学的口号,致力于近代现实主义文学研究,由蒋光赤主其事。

是年冬,国民党西山会议派在北京召开非法的中央会议,反对孙中山先生的三大政策,由是左右派分裂,校内右派分子原属少数,为纯洁革命阵营,学校将右派学生悉数清除,叶楚伧、何世桢、何世枚皆于此时离校。叶还主持《民国日报》作为西山会议派的喉舌,于是同学咸与该报断绝关系,所有论著稿件,全力支援柳亚子新创的《国民日报》,作为左派的宣传

283

中心。

1926年夏,广州北伐军兴,上大应届毕业生多数前往参加黄埔军校,或随军工作,共达数百人,其他同学亦多散赴各地,或任联络宣传,或投笔从戎,或组织党部,或举办民团,凡有助于军事的发展和革命的推进者,无不竭力以赴。

1927年春,上海工人在中国共产党领导下,三次武装起义,取得胜利。4月12日,蒋介石发动反革命政变,对上大视为眼中钉,借口反共清党,命当地驻军荷枪实弹,到达上大江湾新校,强行搜查,肆意破坏。时在校同学七百余人,以主持乏人,只得各自分散,校舍亦为劳动大学鹊巢鸠占,经过四年惨淡经营、生气蓬勃的革命学府,不得不顿告停办。

1931年"九一八"事变后,东北尽失,经过五年,国民党坚持不抵抗政策,步步退让,敌人则得寸进尺,毫无底止。上大同学目击时艰,咸有恢复过去光荣、共赴国难的愿望,为学籍问题,一再向国民党交涉,至1936年3月,国民党不得不在中央常务委员会第八次会议上,由蒋介石以中常委副主席名义提出,追认上海大学学生学籍,与国立大学同等待遇,并函伪国民政府府令主管院部遵照办理。于是各地上大同学纷纷组织同学会,而以南京为总会所在地。

这年3月18日在南京举行上大同学会总会筹备会,选定孔令俊、姚天羽、项一浸、戴介民、曹雪松、林钧、吴瑜、沈寿亚、童玉棠、朱洪烈、朱超然、王秋心、左明、杨冀成、朱昇本、王道南、丁丁等17人为筹备委员,丁丁、曹雪松、王秋心、姚天羽、林钧为常务委员,并以学籍问题最为重要,乃由原教职员方面推定各系主任三人及中学部一人,同学方面各系共推11人,组织学籍审查委员会,以高尔柏主其事;同时登报通告同学从速登记,前后七月,粗告段落。

1936年11月10日上午,借南京公园路民众教育馆大礼堂举行上大同学会总会成立大会。出席同学有120余人,以程永言为主席。当场选举理监事会,林钧、刘道行、彭镇寰、马文彦、毛君若、谢英皋、陈德圻、郑仲武、程永言、严子静、朱义权、关中哲、张一寒、蒋抱一、雷仲山、陆舒农、汪钺、蒋昆、安剑平、高良佐、丁丁等当选为理事,张一萍、陈荫南、凌昌策、韩福民、张庚由、张释蒙、葛克信、刘友三、张开元等9人为候补理事;张治中、吴开先、刘汉清、王友直、王秀清、吴怀民、秦望山、程起、倪畅予等当选为监事，姚天羽、杨若海、范天达、高怀诚、秦治安等5人为候补监事。并由理监事会推选程永言、高良佐、张一寒、林钧、朱义权、蒋昆、谢芸皋等7人为常务理事，以程永言为理事长，张治中为监事长，王秀清为书记长。会上并通过《上海大学同学会总会章程》《总会成立大会宣言》。提案有收复校产、恢复母校、催促各地同学登记等案，均经决议交理事会办理。还推选蒋昆为复校运动委员会主任委员，刘道行为会员学籍资格审查委员会主任委员，确定以南京大光路190号为会址。

当时凡是申请登记的同学，都必须缴验证明文件（如上课证等），并由教职员三人负责证明。迄至1937年5月底止，由总会会员学籍资格审查委员会审核合格者共1 000余人，由总会先行发给油印证件，并通知补具照片两张、证书费若干元，由总会汇集转报教育部核发正式毕业证书或修业证书。但全面抗战开始，不久国民党政府内迁，以致发证复校等事乃告停顿。

抗战军兴，同学各奔前程，或转赴内地，或往延安，有的参加八路军、新四军，有的参加敌后民抗、江抗，积极投入抗日救亡运动，著有贡献。但也有少数败类认敌为父，充当汉奸。如李士群是上大出身，也曾赴俄留学，1941年至1943年间，投靠日军和汪伪，任特工头目和伪江苏省长等职，为虎作伥，无恶不作，而凭借上大同学关系趋附李氏者，亦不乏人，为广大同学所不齿。

上大成立不足五载，前后同学共1 800余人，籍贯以江苏、湖北、陕西、湖南、四川、安徽等省较多，造就了不少对民族复兴和共产主义运动极有贡献的人才和社会知名人士。

## 二、教授动态

上大成立之初，经费短绌，设备简陋，而革命思潮磅礴，革命精神昂扬，意志集中，精诚团结，当时国内各大学无出其右者。虽入学青年大都是革命志士，时势使然，但教授、讲师中，有的是中国共产党创始人、老一辈无产阶级革命家，有的是旧民主主义革命中的知名人物，有的是专家、学者，启发诱导，出力甚多；也有极少数思想一贯反动，或晚节不忠的，起

了反面教员的作用。现就记忆所及,简述如次。

李大钊(守常),民初留学日本早稻田大学,为当时留日学界政治活动积极分子。1915年留日学生界《告全国父老书》,即系李氏手笔,同时主办《言治》月刊。回国后与陈独秀等主持《新青年》笔政,并受北京大学聘为图书馆主任兼经济学教授,积极宣传马克思主义,组织马克思学说研究会,与陈启修、顾孟余、高一涵同为该会导师。著有《史学思想史》《唯物史观》等书,皆在校讲课时的讲稿。1921年,中国共产党成立,与陈独秀同为领导人之一,有南陈北李之称。1924年9月7日,曾来上大讲演,题为"社会主义释疑"。数月后,又以上大社会科学院特别讲师名义,莅校讲学,连续三个下午,题为"历史学",皆据旧著讲稿,贯串讲述。同学仰慕其名望,群赴听讲,座无隙地,窗槛户外也站满了人。李氏身穿白色帆布西装,玄色领带,架"托立克"眼镜,态度和蔼、严肃,大有学者风度。

瞿秋白,江苏武进人。初为上大教务长兼社会科学院社会学系主任。前已说过,旧中国的大学中成立社会学系,本系上大首创,而一切规模皆由瞿氏手订。他并讲授社会哲学(即辩证唯物主义)及现代社会学(即历史唯物主义),参考苏联郭列夫著《无产阶级的哲学——唯物论》及布哈林著《唯物史观》编撰讲稿,刊入上大社会科学讲义,为社会学系主要课程。同时,著《社会科学概论》小册,为当时最通俗的马克思主义教科书,上大同学几乎人手一篇。1925年初,瞿氏身份为租界当局注意,施存统亦将瞿氏共产党员身份在同学前公开,乃于是年离校。旋赴苏区,在长汀被捕,遇害于福州。

张春木(太雷),十月革命后赴俄留学。瞿秋白在北京俄文法政专门学校毕业后,以《晨报》记者身份赴苏采访新闻,即系张介绍参加共产党,并任东方大学汉文教授。张回国后,于1925年到上大讲授国内外时事问题,嘱学生以唯物史观方法,观察、分析国内外形势,并要同学将沪上《大陆报》、《字林西报》、《密勒氏评论报》、《向导》周报、《醒狮》周刊、《时事新报》、《民国日报》等阅读后,提出问题,由他总结论点,在课堂时提出讨论。堂课每周一次,下午连续四小时。时学生派系不同,讨论含有争论性质,热烈时往往拖延一两小时,连夜饭也满不在乎。回忆当时讨论的问题,大致有下列数端:(1)国民会议与善后会议问题;(2)民生主义与共产主义异同问题;(3)攻击孙中山问题(孙中山死后,张东荪以"圣心"笔名,在《时事新报》发表题为《孙文真死矣》的社论,攻击孙中山);(4)国家主义派《醒狮》周刊攻击国共两党对政治不择手段问题;(5)中国之大患是帝国主义,还是俄罗斯问题。

张氏讲课时,还曾论及中美两国大学生思想不同,志趣不同,说:"我们虽是'弄堂大学',但同学们思想新颖,情绪热烈,立志为革命作出贡献。美国以哈佛大学为最大,较我们大几百倍,但学生大都浑浑噩噩,毫无生气,只想毕业后多赚几个钱。"

安体诚,早期留日学者,与李大钊齐名。在上大讲授现代经济学,根据日本京都帝国大学经济学教授、日本人称为"日本陈独秀"的河上肇博士所著《经济学讲义》编撰讲稿,刊入上大社会科学讲义。嗣任教杭州浙江省立法政专门学校。当时《向导》报通讯处亦设在该校,由安负责。1927年"四一二"反革命政变时,任职黄埔军校,被捕殉难。

蔡和森,湖南人。陈独秀主办《新青年》时,常有通信发表。旋留学苏俄。上大成立之初,讲授社会进化史,以恩格斯著《家庭、私有制和国家的起源》一书为蓝本,编撰讲义,后在民智书局出版,列为上海大学丛书之一。

恽代英,江苏武进人,少年中国学会会员。在上大讲授心理学,以当时比较流行的行为主义心理学者郭任远所著《人类的行为》为课本,但讲课时常针对醒狮派曾琦、李璜的言论从理论上进行批驳,尝谓他们虽系多年留法学生,又能作古色古香的文章(曾、李在《醒狮》周刊发表的论著都系文言),讲学问,虽然我不如他们,但最后结果,他们必然失败。讲课时热情洋溢,声若洪钟,往往汗流浃背。

任弼时,湖南人,留俄,东方大学毕业。在上大讲授社会学系初级俄语,讲义由瞿景白(瞿秋白弟)抄印,模糊不清,初学者甚感不便。他在讲课时,曾教唱俄文《国际歌》,歌谱虽与汉语相同,但声调似较激扬。嗣以事他去,调一俄女前来代课,不能汉语,又不懂英语,以致无法进行,中途停顿。

萧楚女,湖南人,与恽代英齐名,曾到校讲学三天,题为"什么是帝国主义?",取材于列宁所著《帝国主义是资本主义的末日》(即《帝国主义

论》,旧译如此)一书,讲述既扼要又详尽,对学生作对外宣传演讲起了巨大的帮助作用。1927年"四一二"反革命政变中,在广州遇难。

李春涛,留日经济学者,曾以特别讲师名义,到上大讲学一周,题为"殖民主义",以漆树芬所著《经济侵略下之中国》一书为参考。时李年仅二十一二岁,为年纪最轻的讲师,但讲解清晰,学生咸能领会,与萧楚女所讲,相得益彰。

蒋光赤,即蒋光慈,安徽霍邱人,留俄,东方大学毕业。在上大讲授社会学系高级俄语、社会思想史及社会运动史,讲稿刊入上大讲义。善文艺,为中国无产阶级文学创始人之一,著有小说《短裤党》《鸭绿江上》,蜚声文坛,有"中国高尔基"之称。嗣后创作《丽莎的哀怨》等,流入浪漫主义作风。

施存统,又名施复亮,留日经济学者。安体诚、瞿秋白离上大后,接充社会学系主任,并讲授经济科学及社会意识学。嗣后与陈望道合作,从日语转译波格丹诺夫著《经济学大纲》及《社会意识学大纲》,在开明书店出版,即系施氏当日讲课的蓝本。1927年4月上大停顿后,施于秋季曾创立上海社会科学院,似有继上大之意,但不久即结束。

李季,湖南人,五四时期肄业北京大学英文系,为辜鸿铭得意门生,与罗家伦、傅斯年、狄膺等同为学生中的活动分子。毕业后留学德国,专攻马克思主义学说。五卅运动后回国,任上大社会学系社会主义史教授,后沦为托陈取消派中委。陈独秀被逮后,曾充神州国光社及中山文化教育馆编译,先后译著有《社会主义史》《社会思想与社会运动》《法国革命史》《我的生平》《胡适中国哲学史大纲批判》等书。在上大教授时,曾拟著述《马克思、恩格斯传》,内容包括两人生平、著作、学说及其批判等,预计四百万言,虽未完成,但讲授社会主义史大都取材此书,也将编著计划在课堂上讲述。此书当时曾出版过第一分册,列入社会主义丛书。后该书马、恩生平及著述部分分上、中、下三册,作为传记上册,由蔡元培作序,于抗战前由平凡书局出版,有人认为其中包含很多普列汉诺夫的观点。下册学说与批判两部分,则迄无下文。

高语罕,安徽正阳关人,五四时期参加白话文学运动,著有《白话书信》等书,在上海亚东图书馆出版。旋与朱德、张申府同往德国留学,专研马克思主义学说。中共党刊《向导》周报发行，高等三人联名予以赞助。五卅运动后回国，在国民党第二次全国代表大会上被选为中央监察委员，同时任上大社会科学院教授。1926年，蒋介石阴谋叛变，高氏以监察委员名义首先提出弹劾。1929年后，沦为托陈取消派中委。陈独秀被捕后，流寓沪上，一度充任《申报》读者栏及神州国光社编辑。嗣后又隐名为马相伯私人秘书，1935年左右病死南京。高氏在上大讲授西方革命史，每周五次，每次两小时，既无课本，亦无讲义，往往旁征博引，无所不谈，学生以其渊博动听，亦时常满堂。

彭述之、郑超麟，皆《向导》周报负责人，曾先后代瞿秋白讲课，因系短期性质，不作系统讲授，只是采摘《新青年》等杂志论文，宣讲唯物论及唯物史观，嘱学生提出问题，随时讲解。两人都追随陈独秀，上课时每谈及陈独秀，必称仲甫先生。1929年后，皆随陈成为托派人物。彭系湖南人，1930年，与陈独秀在沪同时被捕。郑系福建人，皆留俄东方大学毕业。

章太炎，上大成立初，曾聘为中国文学系特别讲师，到校讲学每次连续三天，排在下午，约三小时左右，讲题为"群经诸子源流"。同学以章氏素以"国学大师"闻名，咸愿听讲，讲堂拥挤，户限为穿，但结果不免失望。一是内容艰涩，同学非读过章氏《国故论衡》《诸子学要略》《国学概论》及胡适《中国哲学史大纲》者，不免茫无头绪，难以领会。二是章氏讲话，全是余杭土音，听不明白。三是老气横秋，唯我独尊，令人反感。

邵力子，浙江人，原名闻泰，字仲辉，力子系笔名，清末曾考中举人。1924年于右任赴粤后，以副校长名义负全校责任，并讲授古代散文及新闻学。他讲授新闻学时，大都以当时他所主持的《民国日报》的评论、报道为资料，不采用课本讲义，听者津津有味。他教古代散文，为结合新闻实用起见，曾选古代史传、论文三十余篇，嘱学生熟读，谓日后写作通讯或撰述社论，不论文言、语体，必能流利畅达。

叶楚伧，江苏吴江人，原名单叶，笔名小凤。上大成立之初，曾任教务长及中文系主任。在校讲授小说及古诗。小说为中文系主要课程，每周达八小时之多。叶氏除讲授古典小说外，并就所著《古戍寒笳记》《蒙边鸣筑记》，选名家小说介绍学生阅读，每学期并须创作小说一篇，由叶评

阅，择优刊登《民国日报》副刊《觉悟》。古诗则以《古诗源》为课本，择要讲诵。

戴季陶，国民党第一届中央委员，随孙中山赴日。孙先生病逝北京后，由京来沪，适上大学生要求开设三民主义课，因聘为讲师，一度来上大讲演，题为"孙文主义之哲学基础"，在西摩路时应里社会学系大教室举行。是日听者甚众，几至座无隙地，自晨8时至午12时，连续四小时，戴氏滔滔不绝，大肆宣扬孙中山的哲学思想，继承孔子二千年的"绝学"，为三民主义披上封建圣人外衣。次日墙报栏贴满论文，加以驳斥，大都为瞿秋白、恽代英等撰写，后汇订成册，题曰《反戴季陶的国民革命观》，列入《向导》丛书。戴氏所讲，后经增订，由民智书局出版，为国民党西山会议派理论支柱，亦为日后孙文主义学会以及陈立夫唯生哲学理论的来源。

杨杏佛，1925年5月5日，到上大讲演。是日为马克思诞生纪念日，也是孙中山就任非常大总统的纪念日，杨氏在讲演中指出，今天一天有两个纪念日，表示着国共合作、精诚团结的象征，关系国家民族前途甚巨，故感想也较深，现在中华民族在帝国主义、封建军阀双重压迫下，革命风暴不久即将到来等等，不啻为五卅风暴及1927年大革命作出预言。后在上海，为蒋介石特务所暗杀。

陈望道，留学日本中央大学毕业，为我国早期介绍马克思学说者之一，曾以陈佛突名义从日文本转译《共产党宣言》出版行世。任上大教务长甚久，兼授中文系国文法及修辞学，嗣后开明书店出版所著《修辞学发凡》，即系在上大授课时的讲稿。解放后，历任全国人大代表、上海市人大代表、复旦大学校长，所著《修辞学发凡》重版行世。当时他讲课深入浅出，议论精辟，为同学们所敬仰。

沈德鸿（茅盾），一名雁冰，文学研究会会员，当时是商务印书馆编辑。在上大讲授"西洋文学概论"，据名著节本，演讲世界文学故事，生动活泼，颇受同学欢迎。

刘大白，五四时期为新文学运动健将之一，著有新诗集数种，在商务印书馆出版，与经亨颐、夏丏尊齐名。在上大讲授中国文学史及文字学，督课严格，经常举行考试，一度引起学生反感，发生拒考风潮。而他则贴出通告，表示坚决执行，凡拒考学生，谢绝听讲。当时他的讲稿，后来在开明书店出版。抗战前一度任国民党政府教育部次长。

张君谋,张静江之侄,留瑞士大学理科博士,即系后来任中央大学校长的张乃燕。上大成立初期,聘为英文特别讲师。有一个学期,英文系西洋史一课无人任教,以张氏对西洋史有研究,请其担任,采用海氏、蒙氏合著《欧洲史大纲》为课本。他讲课清晰,同时指导学生自学课本,一学年完成功课。

周越然,上大后期任英国文学系主任,讲授西洋文学名著选要及英文文学翻译,每周十二小时。此人系逊清秀才,上海广方言馆毕业,任商务印书馆编辑,曾编《英文模范读本》,以广销致富。为使文学与翻译两者结合起见,所授英国文学名著以有中文译本者为限,指示学生对照阅读,研究翻译凡例。一学年中只选讲十篇,不厌求详,务使学生心领神会,运用自如。每逢学期终结,学生须实习翻译一篇,至少三千字左右,材料自择。周以秀才出身,崇拜严复的"信、达、雅"三原则,故主文言翻译。谓文学翻译尤应注意"雅"字,自诩为国内研究英国文学的老前辈,胡适系其学生。曾计划整理中国近代翻译文学,择优加以注释,中英文对照刊行,以便学人研究,但未实现。

邵诗舟,在上大讲授中外史地,这是普通常识,不论中文、英文、社会学各系皆须学习,每周四小时。邵氏讲课简单扼要,国名、人名、地名、山名、河名,皆以英文为标准。讲课资料与后来《世界知识》所载《列国志》内容大致相似。

王登云,陕西人,与于右任同乡。上大成立初期,任英文系主任,讲授高等英文文法及英文作文,常选英国古典文学名著名句,嘱学生抄录熟读,以便作文时应用,并要求学生依照伦敦标准语言发音,以符英语实际,或云王系留英牛津大学出身,故而如此。

朱湘,留美文学士。在上大讲授社会科学院英文。根据学生要求,讲课要结合社会学课程,故选材都系世界马克思主义学者名著。其人原为"不问政治"的学者,表示不党不派。五卅前一度遭受所居房东英人欺侮,悲愤异常,上课时大声疾呼,声泪俱下,谓非打倒帝国主义不足以平愤慨,当场要求加入国民党,参加国民革命,同学报以掌声。后流为"新月派"诗人,曾出版新诗集数种。嗣又不知受何刺激,投江自杀。

汪馥泉,留日文学研究者,在上大讲授中国文学概论,以日人盐谷温博士所著《中国文学概论》及儿岛献吉郎博士所著《中国文学通论》为讲课资料。盐谷、儿岛皆长沙叶德辉门人,汉学造诣颇深,所述《文心雕龙》《诗品》等书,非有相当素养者不易了解,汪氏讲课清晰,深受同学欢迎。但此人在汪伪时期,更名汪正禾,充当了文化汉奸。

其他如邓中夏、张国焘、韩麟符等,也曾来上大讲课,内容已不复记忆。另有英、美、德、俄、日等国进步人士到校讲学,其姓名亦已忘却。记得有次一位美国人华特生前来讲学,聘有翻译口传,邵力子深为不满,认为大学生倘对英语不能直接听讲,不如不请外国人讲学,以免名不符实。

### 三、立校精神

自1912年到1927年,16年间,中国学生参与大规模的民族解放运动,北有五四时期的北大,南有五卅时期的上大。五四受十月革命影响,处于启蒙思想时期,五卅则处于大革命的前夜,已趋实际行动。故上大立校精神,着重在理论与实际结合。

在理论研究方面,上大平时教学特别强调使同学读活的书,把读书与社会生活打成一片。所以平日有研究会组织,师生之间,以诚相见,共同勤奋研读,热烈讨论,相互启发,相互促进。他们鄙弃那些在讲台上高谈空论的教授和学而不行的学生,认为那是把学问作为个人资本的"冷血行为"。所以上大的教育方式具有活生生的动力与集体性的教育。

在理论传播方面,上大同学可以说没有一个是读书不做事的。他们深知在民族存亡之秋,救亡图存的工作刻不容缓,所以多数同学虽节衣缩食,使自己能安心研究,然而绝不苟安自足。他们除在校内各就所长,参加一定的活动外,有的到各地学校教课,有的到军队、工厂、农村宣讲,把自己的革命热情和学得的革命理论,在广大群众中传播。于是课堂里殚精竭虑的讨论与街头巷尾如火如荼的讲演、舞台上惊心动魄的表演、大量刊物传单的散发,以及日常与工农兵及妇女青年的通信等等,紧密结合,起到唤起民众、组织民众的作用。

在理论著述方面,许多教授将平日的研究成果和从历史上推演下来和从实际社会现象中细绎出来的革命理论,编辑成书,在全国发行,把这些无声炸弹,投向封建军阀与帝国主义者的深沟高垒,成为广大革命人民的理论武器,因而一时上大成为革命学说、革命理论的渊薮,有力地推动了中国民族解放运动的进展。

在实际行动方面,上大同学在上海历次大规模的反帝反军阀运动中,总是站在前列。其荦荦大者,有参加五卅运动和支援上海工人三次武装起义两事。关于上大同学在这两次重大革命斗争中的表现,各方记载很多,不拟赘叙,在这里补充一二片段:(1)五卅运动兴起后,帝国主义者和封建军阀对上大同学恨之入骨,但又十分惧怕上大同学的战斗力量。记得上大西摩路校舍被查封时,英美水兵层层包围,用大炮和机关枪口对准校舍,如临大敌,但竟无一兵一卒敢于闯入校内,据说深恐校内有武器,同学们武装反抗,其实校内寸铁皆无,有的只是一些旗帜和标语、传单之类。上大同学顽强斗争的威力和帝国主义纸老虎的本质即此可见。(2)第三次上海工人武装起义时,上大同学曾掘开淞沪铁路路轨,使吴淞来市区增援的军阀部队全车倾覆,缴获大批枪械,武装了起义工人,使反动军队闻风丧胆。有位上大同学某君竟以一人一枪迫使闸北一个警察局的全部警卒缴械投降,一时传为美谈。

综上所述,可见上大立校精神,不是一个死读书本的学校,而是一个与革命密切结合的新型的社会的学校。它维系着数千个活跃的心,数千个愿为社会解放而学习的人。若是一个外来的参观者,看到这些年轻人的生活定会感觉惊异,你可以看到他们有时黑压压地挤满了教室学习着什么,有时又三三两两分散在各处讨论着什么,有时看见他们在街头的小饭铺里填着饥肠,有时又看见他们在繁华的街道上大声疾呼。他们几乎整天毫无休止地忙着,但不希求舒适的生活,鄙视那些但求名利的庸人。在他们的头脑里,考虑的不是个人,而是全中国和全中国人民。在帝国主义和封建军阀的淫威下,上大几度挣扎,虽然终于被扼杀,但是上大师生的革命精神永远不会被消灭,他们对中国人民革命事业的贡献也永远不会被人们忘记。

(郦根宝整理)

周文在
# 回忆上海大学

> 这是王家贵、蔡锡瑶等于1980年12月、1982年5—6月两次在苏州访问周文在的记录整理稿,经周文在审阅。原载王家贵、蔡锡瑶编著《上海大学(1922—1927)》(上海社会科学院出版社1986年版,第99—104页)。
>
> 周文在(1906—1994),江苏常熟人。1925年2月进入上海大学中学部学习,同年12月加入中国共产党。新中国成立后,历任福州军区政治部副主任、福建省军区副政治委员等职。1955年获少将军衔,1977年后任江苏省政协副主席。

## 一、上海大学的一般情况

1925年2月我进上大附中学习,学校已开学很久了。到校报到的那天,是侯绍裘接待的,当他知道我就是周文在时,对我很热情,好似盼望很久的一样,给我印象很深,感到这么关心学生的老师,是我们从未遇到过的。附中侯绍裘、黄正厂、沈观澜三位老师住校,常和学生在一起。黄正厂负责卖书,实际是负责党的书报流通处工作,我们买书和报章杂志都是在他那里登记。

萧楚女是国文老师,讲课的特点是鼓动性很强;恽代英讲课的特点是理论性战斗性强,学生都喜欢听他们讲课。他们上课教室里鸦雀无声,学生思想都被他们吸引住了。杨贤江讲伦理课,比较枯燥难懂。比如有一次讲人不要怕老虎,他从老虎属猫科讲起,说人不怕猫,因此人也不应怕老虎。

上大校本部、中文系和英文系在第一院,附中和社会学系在第二院,平民夜校也设在第二院。因此我有机会听社会学系的课,恽代英、萧楚女的报告我们都去听,他们在校外作报告,我们也去听。记得有一次复旦附中开五卅运动周年纪念会,先是国家主义派的曾琦演讲,宣传无政府主义,恽代英和群众一起在台下听。曾琦说:三十岁以上的人是不革命的。这时,恽代英上台指出这句话的荒谬,批驳了他的无政府主义观点。

我在学校参加政治活动,是在孙中山先生逝世后,先是参加追悼活动,宣传孙中山的事迹,继而参加国民会议运动,拥护召开国民会议,反对北洋军阀。以后也参加了非基运动和济难会活动。非基同盟、济难会等组织,都是党的外围组织,党用各种形式、各种办法把群众团结在党的周围,在党的统一领导下进行反帝反军阀的斗争。

我是五卅运动以后入党的,没有入过团,直接被吸收入党。介绍人王新恒。入党批准后周天僇找去谈了一次话,有好几个人,是集体谈话。他不讲党纪党规,党的性质和对党员的要求,而讲他为什么取名周天僇。他说"天"字加一个钩,就是无字,一贫如洗,是无产阶级,又说谁能杀我呢?只有天。谈话风趣得很。入党后没有编过小组,一开会就是支部会,团员也有。

学校所有活动都是以国民党和学生会组织出面进行,常常见到国民党区分部和学生会两张布告贴在一起。如办平民夜校是用的国民党名义,而各种社团活动,支援工人罢工进行募捐,则是由学生会组织。但是,不论是国民党出面组织还是学生会出面组织,都是由共产党决定的。当时共产党没有公开,国民党的负责人都是跨党的共产党员,学生会负责人更不必说都是共产党员或共青团员和积极分子。比如平民夜校主要是朱义权和林钧负责,他们是共产党员又是国民党员,公开的身份就是国民党员。

上海大学国民党右派的活动，在陈德徵、叶楚伧等离开学校后，捣乱就少多了。1925年在支援工人罢工和参加五卅运动中，国共两党的斗争不很厉害，到1926年两党斗争又尖锐起来，晚上常常听到吵闹，甚至听到喊打倒施存统的口号。当时施存统是社会学系的系主任。从整个上海来说，叶楚伧是国民党在上海的主要负责人之一，他掌管国民党的大印，他本人则整天吃酒。我们开展工作不需用国民党大印时，不去找他，自己放手干，需要用印时就通过他。叶楚伧是官僚，不接近群众，根本不会做群众工作，也不掌握群众。凡是发动、组织群众的工作，都是共产党人做的。

## 二、关于五卅运动

5月30日上街游行那天，我是上大附中一个小队的领队，带着早已印好的传单、标语，打着"学生演讲队"旗子出发了，先在浙江路永安公司北面向群众宣传，后来交通队同学通知我们，说南京路有同学被捕了，要我们向南京路方向移动，由永安公司向西走。这时我们看见南京路已很拥挤，同学多，马路上听演讲看热闹的人也很多，交通已停顿了。这时又有交通队同学给我们送来新的标语传单，我记得这批标语传单与早上的不一样，有反对印刷附律，反对增加码头捐等口号。我当时穿着一件青布长衫，正打开标语给群众看时，一个高大的英国巡捕从后面抓住我的衣领，这样就被抓进巡捕房。这时巡捕房里已有几十个工人、学生被关在里面了。不一会瞿景白也被抓了进来，他大吵大闹，吵得整个捕房不安。学生、工人陆续不断被抓进来，办公室和拘留所都关不下了，于是他们就放一批抓一批。在外面的同学见有同学和工人没有放出，就和群众大批涌向捕房，要求释放被捕的同学和工人。这时我们在捕房里听到外面的枪声，知道发生了流血事件。捕房的敌人也显得慌慌张张。

5月31日，他们审讯我们，问了籍贯、姓名等，之后我们被整整关了三天。最后学校给每人出了五元保金，由韩觉民出面把我们保出来。出来时捕房还给了我们一张保金单。我们6月3日被保释出来回到学校，校内同学不多，大部分外出搞宣传去了。6月4日我乘轮船回常熟。

## 三、1926年五卅周年纪念活动中被捕情况

1925年9月,我回学校上学。1926年初组织上调我到引翔港任部委宣传,部委书记是曾延生。部委宣传的任务是办好工人夜校。五卅一周年纪念,是继续进行反帝爱国宣传的活动,我组织引翔港的工人,兵分数路参加游行,手中拿着上面发的标语传单。其中有一路工人被捕,供出了标语传单是引翔港工人夜校所发,因而机关被破坏,当晚我在工人夜校被捕。敌人问不出结果,判决关押两周。出狱后我找到曾延生,他告诉我,组织上认为我已暴露,不能继续在引翔港工作,让我回家乡开展工作。我回常熟后与曾培洪(李强)介绍上大学生王耕英入党,组织了党支部。这是常熟的第一个中国共产党支部。这时东征结束,北伐开始了,我想参加北伐,于是再到上海,经组织同意报考了黄埔军校,是黄埔第六期学员,参加两广区委过组织生活。大革命失败,黄埔清党,我就逃了出来,后来参加了南昌起义。

## 四、上海大学出人才的问题

人才主要是指革命人才。青年学生进上海大学,这本身就是革命,因为上海大学的校舍、设备并不好,为什么许多青年不远千里到上海投考上海大学呢?就是因为许多青年受五四运动的影响和《新青年》《向导》的影响,不满现实,要求改革,希望国家富强、繁荣、昌盛;从个人前途说,也希望有一个理想的职业。我也是这种情况考上海大学附中的。所以上海大学的学生,大多数是有政治觉悟的青年。

上海大学出人才的因素,还在于学校不仅教授马列主义理论,而且让学生参加各种政治活动,让学生亲身参加实践。如河上肇翻译的《资本论》,由施存统译成中文公开在报上发表,这就是说,其他学校也有人学马列主义理论。上海大学学习理论不同于其他学校,它不是关门读书,而是把所学的理论用于实践,这在当时可说是全国第一。由于学生有一定的政治觉悟,所以不图安逸,不懒惰,有政治运动积极参加,没有政治运动

时认真读书。

在五卅运动中,上海大学的学生不仅在学生运动这一条战线起了带头作用,而且在整个运动中都起了骨干作用。上海大学的学生深入到总工会、工商学联合会等团体,把党的意图贯彻到这些团体的工作中去。党通过上海大学的这批人和其他各个区的骨干,掌握情况,领导着这次运动。另外,这次反帝爱国运动对后来整个国民革命运动,比如巩固广东革命政府、北伐、上海工人三次武装起义,都起了作用。从北伐和上海工人三次武装起义来说,就为我们党培养了武装斗争方面的人才。我认为,五卅运动为从群众性的反帝爱国运动发展到武装斗争,播下了种子,培养了干部,壮大了北伐军,这方面的作用是很大的。像阳翰笙他们,就是在这次运动中得到了锻炼,成为学生运动中的出名领袖。

上海大学与其他学校的区别:第一,上海大学很早就建立了党的组织,它直接受上海地委、江浙区委的领导。其他没有建立组织的学校,共产党员只是个人在那里起作用,比如南洋大学陆定一,他一个人或几个人就不可能把南洋大学的运动搞起来,更不可能掌握南洋大学的领导权。上海大学不仅有党的组织,而且邓中夏、瞿秋白等又是学校的领导人,这种情况就很不一样了。第二,其他学校除参加全市性的较大的活动外,一般活动比较少。上海大学则不然,一直不断地开展社会活动,学校内组织的团体也很多。我们除了上课就是搞社会活动,办平民学校,出刊物,运动不断,这也可能是上海大学出人才的一个原因吧。

## 五、关于于右任校长和其他

于右任是国民党的元老,紧跟孙中山,"四一二"后也不反共,在上海大学当校长时,他信任共产党,把学校权力交给邵力子、邓中夏等共产党人。于右任这个人右派也不反对他,是一个各方面能摆平、能接受的人物。

上海大学的讲义印得很漂亮。布哈林的《共产主义ABC》通俗易懂,当时影响很大,很多人是读了这本书要求参加共产党的。

　　五卅运动以后,上海大学曾制作校徽,名"海上明星"。长方形,蓝底,中间是一个圆圈,圈的上方是红五角星,下面是海水。